깃발의
세계사

왜 우리는 작은 천 조각에 목숨을 바치는가

깃발의
세계사

팀 마셜 지음 | 김승욱 옮김 | 구정은 해제

Worth Dying for

푸른숲

베테랑 언론인이 보여주는 깃발의 정치학

— 구정은(국제 전문 저널리스트)

2019년 중국 정부의 억압에 항의하는 홍콩인들의 시위가 벌어졌을 때, 친중국파로 알려진 배우 재키찬成龍은 중국의 국기인 오성홍기五星紅旗의 수호자를 자처하고 나섰다. 재키찬뿐 아니라 중국의 여러 유명 배우들과 가수들이 잇달아 소셜미디어 웨이보에 "오성홍기를 지지합니다"라는 글을 올렸다. 홍콩 시위대 일부가 오성홍기를 태우거나 바다에 버린 일이 알려지면서, 홍콩의 반反중국 감정 못지 않게 본토의 반홍콩 감정이 높아졌을 때였다. 대중들의 지지를 먹고사는 스타들로서는 공개 사상검증이나 다름없는 '웨이보 애국선언'을 해야 했던 것이다.

팀 마셜Tim Marshall은 영국 저널리스트다. 주로 스카이뉴스Sky News 채널에서 국제 이슈와 외교 문제를 다루었고, BBC에서도 논평을 했으며 영국 일간지들에도 글을 싣고 있다. 30여 년간 언론인으로 활동하면서 발칸 전쟁과 코소보 내전, 아프가니스탄 전쟁과 이라크 전쟁, 리비아와 이집트 등을 휩쓴 '아랍의 봄' 혁명의 현장에서 보도를 했다. 1991년 걸프 전쟁 때 스카이뉴스 특파원으로서 '여섯 시간 연속 생방송'을 한 것으로 유명하다. 자기 이름을 내걸고 '더 왓&더 와이'The What&The Why'라는 뉴스 플랫폼을 운영하고 있으며 《지리의 힘*The Power of Geography*》과 《장벽의 시대*Divided: Why We're living in an Age of Walls*》라는 책으로 국내 독자들에게도 알려져 있다.

이번 책의 주제로 그는 '깃발'을 선택했다. 깃발은 상징이고 디자인이다. 깃발의 이름과 유래에서부터 장식적인 디테일까지 꼼꼼히 짚으면서 저자가 펼쳐 보이는 것은 그 상징에 스며 있는 역사와 민족과 정치적 갈등과 분쟁과 평화와 혁명의 이야기다. 말 그대로 깃발을 통해 들여다보는 세계사, 그리고 현재의 세계인 셈이다.

세계의 모든 지역에서 '상징 전쟁'은 언제나 진행 중이다. 손기정과 일장기 말소 사건까지 굳이 거슬러 올라갈 필요는 없다. 한국의 '태극기 시위대'는 태극기와 함께 성조기, '다윗의 별'이 그려진 이스라엘기, 더불어 일장기까지 들고 나오는 것이 한국의 현실이다.

홍콩에서 오성홍기를 불태우는 시위와 그에 대한 탄압은 지금도 계속되고 있다. 중국 정부는 2021년 홍콩의 학교들에 '오성홍기를 게양하고 국가를 부르게 하라'는 지시를 내렸고, 중국 네티즌들은 유명 배우 판빙빙范冰冰이 나오는 미국 영화의 포스터에 오성홍기가 등장하자 "국기를 상업적으로 이용했다"며 문제 삼았다. 아프가니스탄을 장악한 탈레반Taliban은 국기를 다시 게양하려던 시위대에 총을 쐈으며, 미국 점령 뒤 출범한 정부가 채택한 국기를 자신들의 깃발로 바꾸려는 시도를 하고 있다.

2000년대에 브라질은 거대 신흥 경제국이자 여러 진보적인 정치실험들의 중심지였다. 하지만 저자가 칭찬한 브라질의 '소프트파워'는 몇 년새 우파 정부의 아마존 파괴와 반민주적인 행태로 추락했다. 국제행사에서는 아마존 파괴에 항의하는 원주민들이 국기를 들고 시위를 하고, 브라질 안에서는 우파들이 역시 국기와 함께 성조기를 들고 나와 파시스트 같은 구호들을 외치며 집회를 한다.

최근 인도군은 카슈미르의 해발 4,500미터 고지에 대형 국기를 내걸었다. 크로아티아, 몬테네그로 등 발칸반도 곳곳의 세르비아인들은 세르비아의 국경일(9월 15일)에 맞추어 국기를 내걸었다. 분쟁의 역사가 있는 곳에서 깃발은 이처럼 민감한 문제다. 반면 2020년 8월 이스라엘 텔아비브에 이스라엘과 아랍에미리트연합UAE 깃발이 나란히 휘날리는 모습처럼, '영원한 친구도, 영원한 적도 없다'는 국제관계의 진리를 보여주는 장면들도 있었다. 저자가 언급했듯이, 2015년 프랑스 파리 테러 뒤 세계의 소셜미디어에 걸린 삼색기처럼 종종 깃발은 애도와 연대의 표시가 되기도 한다. 그 프랑스 깃발의 파란색은 최근 조금 더 짙은 톤으로 바뀌었다. 정치적인 이유뿐 아니라 심미적인 이유에서도 깃발들은 진화한다.

책의 앞부분은 미국과 영국, 유럽 깃발들에 많은 분량이 할애되어 있다. 아랍에 이어 나오는 것은 이슬람국가IS다. 이슬람 조직들을 다루는 저자의 시각 밑에는 '서구인'들이 가진 중동이나 이슬람권에 대한 편견이 깔려 있는 것이 사실이다. 레바논의 헤즈볼라Hezbollah나 팔레스타인의 하마스Hamas는 무장력을 갖춘 정치 조직일 뿐 '테러 조직'이 아니며, 그들이 연루된 분쟁과 떼어놓을 수 없는 것은 현대 이스라엘이 팔레스타인에서 저지르는 반인도적인 행위들이다. 그런데 이스라엘은 싹

지우고 이슬람 정치 조직들을 모두 '공포의 깃발'로 묶었다. 팔레스타인 저항의 상징인 파타Fatah의 깃발조차 공포의 이름 아래 집어넣은 것이 온당할까.

그의 시선에서는 미국에 대한 공감도 짙게 느껴진다. 이슬람 예언자를 모독한 서구의 만평에 항의해 이슬람권 곳곳을 휩쓴 '성조기 화형식'을 보면서 그는 "그 행동에 동반된 흥분과 분노에는 다소 아이 같은 부분"이 있었다고 평하면서, 그런 행위를 하는 이들조차 잠재의식에서는 미국의 성공에 대한 무력감을 스스로 인정하고 있는 것 같다고 표현한다. 2001년 9.11 테러에 대해서도 세계무역센터에 꽂힌 성조기를 강조하지만, 그로부터 20여 년이 지나면서 미국은 도널드 트럼프Donald J. Trump가 부추긴 인종주의와 그 상징인 '남부연방기'로 갈등에 휩싸였다. '성조기의 감동'을 희석시키는 미국식 애국주의의 두 측면이다.

유니언잭의 흔적이 남아 있는 옛 영국 식민지들의 깃발을 논할 때 저자의 시선에 제국주의의 과거에 대한 반성은 그다지 눈에 띄지 않는다. 심지어 일부 인도인들에게서 찾아볼 수 있는 식민시절에 대한 향수 비슷한 감정을 '객관적인 묘사'인 양 전달하기도 한다. 저자가 이 책을 쓰고 난 뒤인 2021년 11월 중미의 섬나라 바베이도스는 영국 여왕을 '국가원수' 지위에서 몰아내고 공화국으로 재탄생하면서 왕실 깃발을 내렸다. 바베이도스 시인 윈스턴 패럴Winston Farrell은 "식민 시대의 모든 페이지들"을 접을 때라면서 "어떤 이들은 유니언잭 아래에서 어리석게 자라났고, 피부색의 성城에 갇혀 길을 잃었다"고 말했다.

그럼에도 저자가 보여주는 다채로운 세계의 깃발들, 그 깃발들을 든 세계의 풍경은 국내 독자들에게 충분히 새로운 경험이 될 수 있다. 아시아와 중남미와 아프리카의 국가적 상징들과 그것들이 만들어진 과정, 깃발 하나가 올라가기까지의 역사와 정치적 곡절을 이렇게 상세히 소개한 책이 국내에 거의 없기 때문이다. 그 점만으로도 저자의 작업은 충분히 의미가 있다. 역사에 대한 백과사전적인 지식을 나누어 받는 것만으로도 재미가 있지만, '지금 세계'의 이슈들을 폭넓게 다루고 있다는 것도 이 책의 큰 장점이다. '세계'를 서구로만 인식하는 경향이 아직도 남아 있는 한국에서 마셜의 이 책은 인식의 폭을 넓혀주고 국제 문제에 대한 관심을 갖는 데에 도움이 될 것으로 믿는다.

독일 총리 앙겔라 메르켈Angela D. Merkel은 기자회견장에서 슬그머니 연단 위의 독일 국기를 치우는 모습이 영상에 잡힌 적 있다. 국가주의의 상징물을 치우는 총리의 행위에 한쪽에서는 '국기를 중시하지 않는다'는 비판이 나왔지만, 많은 이들이 독일 지도자의 성숙한 행동을 높이 평가했다. 한국인들의 상당수는 '국기에 대한 맹세'를 외우며 자랐다. 그 시절의 강도 높은 억압과 떼어놓을 수 없는 것이 '맹세'와 '경례'로 이루어진 예식들이었다. 집단의 상징물이 갖는 중요성 못지않게, 그 상징물이 내포하고 있거나 유발하는 것들이 때로는 폭력적일 수 있다는 사실을 다시 한 번 되새기게 된다. 세계의 역사와 지리를 씨줄과 날줄로 엮으면서 저자가 들려주는 깃발의 역사학과 깃발의 정치학은 흥미진진한 동시에, 이처럼 고민거리들도 던져준다.

들어가는 말

천 조각 하나에 담긴 이념의 우주

나는 당신이 믿는 그대로의 것이며,

당신이 기대하는 모든 것이 될 수 있다.

― 미국 내무부장관 프랭클린 K. 레인Franklin K. Lane과의 '대화'에서 성조기의 말(1914, 국기의 날)[*]

9.11 테러가 발생한 날, 불길이 잡히고 자욱한 흙먼지도 대부분 가라앉은 뒤 뉴욕의 소방관 세 명이 아직 연기가 피어오르는 세계무역센터의 폐허 위로 기어 올라가 성조기를 올렸다.

계획에 없던 행사였으므로 공식적인 사진사도 없었다. 세 소방관이 그 엄청난 죽음과 파괴의 현장에서 "뭔가 좋은 일"을 해야 할 것 같아서 한 행동에 불과했다. 한 지역신문의 사진기자인 톰 프랭클린Tom Franklin이 그 순간을 포착했다. 나중에 그는 그 장면을 찍은 자신의 사진을 통해 "미국인들의 힘을 알 수 있었다"고 말했다.

그림이 그려진 천 조각 하나가 어떻게 그토록 심오한 의미를 지닐

---

[*] 미국 정부는 매년 6월 14일을 '국기의 날'이란 국경일로 정해 성조기 제정을 기린다.

수 있었을까? 프랭클린의 사진은 미국 전역뿐만 아니라 전 세계의 신문에 실렸다. 그 깃발이 지닌 의미의 원천은 바로 그것이 불러일으키는 감정이다. 미국인들이 '올드 글로리Old Glory(과거의 영광)'라는 별명으로 부르는 이 깃발을 보면서 미국인이 아닌 사람들은 결코 같은 감정을 느끼지 못한다. 우리 모두 이해할 수 있는 일이다. 자기 나라나 소속집단의 상징에 대해 많은 사람들이 비슷한 감정을 느끼기 때문이다. 국기가 상징하는 바에 대해 각자 드러내놓고 긍정적인 의견을 피력하거나 부정적인 말을 할 수는 있다. 그러나 그 천 조각이 그 나라의 화신이라는 사실은 변하지 않는다. 한 나라의 역사, 지리, 국민, 가치관, 이 모든 것이 그 천 조각의 형태와 색깔에 상징적으로 표현되어 있다. 각자 생각하는 의미가 다를지라도, 그 깃발에 의미를 띠고 있다는 것만은 사실이다.

분명한 것은 이런 상징들이 예전과 마찬가지로 큰 의미를 지닌다는 점이다. 심지어 의미가 더 커진 경우도 있다. 국가주의가 다시 부상하면서, 국가적인 상징 또한 다시 힘을 얻고 있기 때문이다. 21세기가 밝아올 무렵, 일부 지식인들 사이에서는 세계화 시대에 국민국가가 시들시들 사라질 것이라는 주장이 유행했다. 각 나라에 여전히 존재하는 국민적 정체성의 힘을 완전히 잘못 짚은 견해였다.

전 세계의 깃발들은 모두 독특한 동시에 비슷하다. 모두 뭔가를 말하려 한다. 어떤 경우에는 좀 지나치게 많은 말을 하려는 것처럼 보이기도 한다.

2014년 10월 세르비아 축구 국가대표 팀이 홈구장인 베오그라드의 파르티잔 스타디움에서 알바니아 팀과 벌인 경기가 좋은 예다. 1967년 이후 알바니아 팀이 세르비아의 수도를 방문한 것은 그때가 처음이었다. 지난 유고슬라비아 내전 때 코소보에서는 알바니아계 주민들과의 분쟁이 벌어졌다. 이 분쟁은 나토^{NATO}(북대서양조약기구)가 석 달 동안 세르비아 군대와 도시에 폭격을 가한 뒤, 1999년에 세르비아가 사실상 분리되면서 끝났다. 그리고 2008년에 코소보는 일방적으로 독립을 선언했다. 알바니아가 이 결정을 지지하고, 많은 나라들이 독립을 인정해 주었다. 그러나 에스파냐는 코소보의 독립을 인정하지 않았다는 점이 눈에 띈다.* 에스파냐는 코소보 국기가 독립국 코소보의 수도 상공에서 휘날리는 광경을 보고, 카탈루냐**의 독립운동이 힘을 얻을지도 모른다고 보았다.

그로부터 6년이 흐른 2014년에도 세르비아와 코소보, 그리고 알바니아 사이에는 여전히 긴장이 높았다. 당국은 원정 팀인 알바니아 대표 팀의 팬들이 틀림없이 공격당할 것이라고 확신해 그들의 경기 관람을 불허했다.

경기장의 분위기는 대단히 달아올랐으나, 경기의 속도는 느렸다. 관중석에서는 "알바니아 놈들을 죽여라"라는 구호가 크게 울려퍼졌다. 중간 휴식시간 직전, 처음에는 관중들이, 그다음에는 일부 선수들이 드

---

* 코소보는 옛 유고연방 내전이 끝나고 거의 10년 만인 2008년 세르비아로부터 독립을 선포했다. 알바니아 외 미국과 대다수 유럽 국가들은 코소보의 독립을 승인했지만 세르비아와 러시아, 에스파냐 등은 아직까지 인정하지 않고 있다. 알바니아 민족주의자들은 세르비아가 코소보를 다스리기 한참 전부터 알바니아인들이 정착해 살고 있었다고 주장한다. 세르비아에서는 이 나라를 '코소보 및 메토히야 자치주'라고 부르며 자국의 고유한 영토라고 주장한다.
** 바르셀로나를 중심으로 한 에스파냐의 광역자치주.

론의 존재를 알아차렸다. 리모컨으로 조종되는 드론이 천천히 밤하늘에 나타나 경기장의 하프라인을 향해 다가오고 있었다. 나중에 밝혀진 사실에 따르면, 이 드론을 조종한 사람은 서른세 살의 알바니아 민족주의자 이스마일 모리나지Ismail Morinaj였다. 그가 숨어 있던 대천사 가브리엘 성당의 탑에서는 경기장을 볼 수 있었다.

드론이 고도를 낮추자, 경기장에 점차 침묵이 내려앉았다. 그러나 센터서클 근처까지 다가온 드론을 본 관중석에서 갑자기 분노가 폭발했다. 드론이 알바니아 국기를 달고 있었기 때문이다.

그냥 알바니아 국기를 달고 있다는 사실만으로도 문제가 발생할 가능성이 높은데, 그 국기에는 머리가 두 개인 알바니아의 검은수리, 20세기 초 알바니아의 독립영웅 두 사람의 얼굴, 세르비아와 마케도니아와 그리스와 몬테네그로의 영토 일부가 포함된 '대 알바니아'의 지도가 그려져 있었다. 게다가 화려하게 새겨진 'autochthonous'라는 단어는 '토박이' 주민을 가리키는 말이었다. 즉 기원전 4세기 고대 일리리아*의 후손을 자처하는 알바니아인들이 이 지역의 진짜 주민이며, 서기 6세기에야 이 지역에 나타난 슬라브인들은 진짜 주민이 아니라는 뜻이었다.

세르비아 팀의 수비수인 스테판 미트로비치Stefan Mitrović가 손을 뻗어 국기를 움켜쥐었다. 나중에 그는 경기가 계속될 수 있도록 자신이 "그것을 대기심판에게 주려고 최대한 차분하게" 접기 시작했다고 말했다. 그러나 알바니아 선수 두 명이 그에게서 국기를 낚아챘고, 그것이

---

* 발칸반도 서부에 있었던 고대국가. — 옮긴이

도화선이 되었다. 여러 선수들 사이에 싸움이 벌어지고, 관중석에서 뛰쳐나온 세르비아인 관중 한 명이 플라스틱 의자로 알바니아 팀 주장의 머리를 맞혔다. 결국 많은 세르비아인들이 경기장으로 몰려나오자 정신을 차린 세르비아 선수들은 경기를 포기하고 출구로 도망치는 알바니아 선수들을 보호하려고 애썼다. 관중석에서 갖가지 물건들이 그들을 향해 비처럼 쏟아지는 가운데, 전투경찰이 진압에 나섰다.

이 사건은 정치적으로 극적인 결과를 낳았다. 세르비아 경찰은 알바니아 팀의 탈의실을 수색한 뒤, 알바니아 총리의 처남이 관중석에서 드론을 조종했다고 주장했다. 양국의 언론들은 민족주의 광풍에 휩쓸렸고, 세르비아의 이비카 다치치^{Ivica Dačić} 외교장관은 자신의 나라가 '도발'을 당했다면서, "만약 세르비아인이 티라나**나 프리슈티나***에서 대 세르비아의 국기를 펼쳤다면 벌써 유엔^{UN} 안보리 의제로 올라갔을 것"이라고 말했다. 거의 70년 만에 처음으로 세르비아를 방문하기로 예정돼 있던 알바니아 총리는 며칠 뒤 방문을 취소했다.

축구는 "총성 없는 전쟁"이라는 조지 오웰^{George Orwell}의 말이 옳았다. 언제 터질지 모르는 발칸의 상황에 축구, 정치, 깃발이 섞여 정말로 분쟁으로 발전할 수도 있었다.

쌍둥이 빌딩이 있던 자리에 미국 국기를 세운 것은 정말로 전쟁의 예언이었다. 프랭클린은 그 사진을 찍었을 때, 예전 전쟁의 유명한 사

** 알바니아의 수도. ― 옮긴이
*** 코소보의 수도. ― 옮긴이

진, 즉 제2차 세계대전 때 미국 해병대가 이오지마에서 미국 국기를 게양한 사진과 그 장면이 흡사하다는 사실을 이미 알고 있었다고 말했다. 많은 미국인들도 그 점을 인지하고, 두 사진에 모두 슬픔, 용기, 영웅주의, 저항, 집단적인 인내와 노력 등 강렬한 감정들이 감동적으로 포착되어 있음을 인정할 것이다.

두 사진은 또한 미국 국가인 〈별이 빛나는 깃발The Star-Spangled Banner〉의 1절, 그중에서도 특히 마지막 두 줄의 가사를 상기시킨다. 어쩌면 둘 중 9.11 때의 사진이 더 강한 효과를 내는 것도 같다.

오, 말하라, 별이 빛나는 깃발이 아직 휘날리고 있는가?
자유의 땅과 용감한 자들의 고향에서

미국인들에게 엄청난 충격을 안겨준 그날, 아직 국기가 휘날리는 모습은 많은 사람들에게 안도감을 안겨주었다. 50개 주를 상징하는 별들이 제복을 입은 사람들의 손에 높이 게양되었다는 사실이 미국 문화에 살짝 깃들어 있는 군사 우선주의를 일깨웠을 가능성도 있지만, 끔찍한 회색의 파괴현장에서 빨간색, 하얀색, 파란색 깃발이 휘날리는 모습은 많은 평범한 시민들이 그날 뉴욕 시에서 찍힌 비참한 영상들에 휘둘리지 않는 데 도움이 되었을 것이다.

우리가 그토록 애정을 느끼는 이 국가적 상징들은 어디서 기원했을까? 깃발은 인류 역사에서 비교적 최근에 등장했다. 깃발이 나타나기 이전에도 기장과 상징을 그린 천이 고대 이집트, 아시리아, 로마 등에서 사용되기는 했다. 그러다 중국이 비단을 만들어내면서 오늘날과 같은 깃발이 널리 퍼져나갈 수 있게 되었다. 그 전에 쓰이던 천은 너무 무거웠기 때문에, 펼쳐서 높이 들어 올리기가 힘들었으며, 바람에 잘 휘날리지도 않았다. 특히 그림이 그려진 천은 더 무거웠다. 반면 비단은 훨씬 가벼워서 군대가 전장까지 깃발을 들고 가는 것이 가능해졌다.

신소재인 비단과 그것으로 깃발을 만들어 들고 다니는 관습은 실크로드*를 따라 전파되었다. 아랍인들이 이 관습을 가장 먼저 채택했고, 십자군 전쟁 때 그들과 접촉한 유럽인이 그 뒤를 따랐다. 이런 군사원정과 서구의 대규모 군대에서 갖가지 상징과 문장紋章이 부대원들을 식별하는 데 확실히 도움이 되었을 가능성이 높다. 이런 상징들은 나중에 계급과 혈통, 특히 왕조를 표시하는 데에도 사용되었다. 유럽의 깃발들이 처음에는 군기와 해상 수기手旗에서 출발해 국민국가의 상징으로 발전한 이유 중 하나가 바로 이것이다.

현재 모든 국가는 국기를 갖고 있다. 유럽의 제국들이 세력을 넓히면서 그들의 사고방식이 전 세계에 퍼져 현대 세계에도 영향을 미치고 있음을 보여주는 증거다. 요한 볼프강 폰 괴테Johann Wolfgang von Goethe는 베네수엘라 국기를 디자인한 프란시스코 드 미란다Francisco de Miranda에게 이렇게 말했다. "국가는 이름과 깃발에서 출발해서 이름과 깃발 그

---

* 내륙 아시아를 횡단해 중국과 서아시아, 지중해 연안 지방을 연결하던 고대의 무역로. 고대 중국의 특산물인 비단을 서방의 여러 나라에 가져간 데서 유래된 말이다.

자체가 됩니다. 사람이 자신의 운명을 실현하는 것과 같습니다."

한 나라를 깃발 하나로 상징한다는 것은 무슨 의미인가? 같은 이상, 목표, 역사, 신념으로 사람들을 통일시키려 애쓴다는 뜻이다. 거의 불가능한 임무라고 할 수 있다. 하지만 높이 휘날리는 적기敵旗 때문에 열정이 일어나면, 사람들은 자신의 상징 주위로 몰려든다. 깃발은 우리가 오래전부터 지니고 있는 부족적 성향과 정체감, 즉 '우리와 그들'을 구분하는 사고방식과 깊이 관련되어 있다. 깃발을 도안할 때 사용되는 상징들 또한 분쟁과 적이라는 개념을 바탕에 둔 경우가 많다. 국민의 피를 상징하는 빨간색이 흔한 테마로 등장하는 것이 좋은 예다. 그러나 분쟁을 줄이고 조화, 평화, 평등을 지향하고자 하는 현대 세계에서는 사람들의 이동이 잦아져 '우리와 그들'을 가르는 선이 흐릿해졌다. 그렇다면 지금은 깃발이 어떤 역할을 수행할까?

분명한 것은 이런 상징들이 여전히 막강한 힘을 발휘하며, 사상을 재빨리 전달하고 감정에 강렬히 호소한다는 점이다. 현재 지구상에는 그 어느 때보다 많은 국민국가가 존재하고 있으나, 국가가 아닌 행위자들도 싸구려 상품의 진부함에서부터 종교적 폭력과 인종적 폭력의 타락상에 이르기까지 다양한 개념을 전달하는 간략한 시각적 요소로서 깃발을 이용한다. 우리는 현대역사에서 이런 사례를 끊임없이 목격하고 있다. 아돌프 히틀러Adolf Hitler와 나치의 십자가swastika(이 상징은 오늘날에도 강렬한 반응을 불러낸다), 사람들의 주의를 사로잡고 때로는 지지까지 확보할 수 있는 종교적 상징이나 예언적 상징을 강조하는 IS의 부상이 좋은 예다.

깃발의 기원은 고대까지 거슬러 올라가지만, 지금도 그 유행이 사라질 기미는 보이지 않는다. 소비재 중 최신 기술제품인 스마트폰을 통해 우리는 자신이 원하는 국기의 이모티콘을 사용할 수 있다. 어느 나라에 비극이 발생하면, 전 세계 사람들이 연대의 표시로 그 나라의 국기 이모티콘과 함께 메시지를 올린다.

마음만 먹으면 이 책에 그런 사례를 수백 개도 더 실을 수 있었다. 193개 국민국가가 모두 국기를 갖고 있기 때문이다. 하지만 그랬다가는 이 책이 아주, 아주 두꺼운 참고서적이 되어버렸을 것이다. 그래서 이 책에는 중요한 깃발 몇 개, 덜 유명한 깃발 몇 개의 이야기만 싣기로 했다. 순전히 재미있는 역사가 얽혀 있어서 선택된 깃발도 있다. 대개는 국기의 무늬, 색깔, 상징이 지닌 원래 의미가 중요하지만 일부 사람들이 그 의미를 다른 것으로 변형시켜 받아들인 경우가 간혹 있다. 의미란 결국 보는 사람의 눈에 달린 것이다.

가장 먼저 이야기의 문을 여는 깃발은 세계에 가장 널리 알려져 있는 국기, 즉 성조기다. 아메리칸 드림을 시각적으로 대변해주는 이 깃발은 대다수 미국인들에게 존중받으며, 상징이 어떻게 한 나라를 규정하고 단합시킬 수 있는지를 보여주는 가장 강력한 사례다. 이렇게 현재의 제국을 살펴본 뒤에는 과거의 제국 중 하나로 옮겨가 유니언잭의 영향력을 살펴볼 것이다. 지구상의 가장 먼 지역까지 뻗어나간 이 깃발은 광대한 제국의 통일된 전선을 상징했으나, 그 표면 아래에는 영국 제도에 사는 여러 민족들의 강렬한 민족적 정체성이 끈질기게 살아 있었다. 2016년의 브렉시트 투표*와 지속적인 스코틀랜드 독립요구**에서 보듯이 그런 정체성은 지금도 사라지지 않았다.

유럽연합의 깃발도 단합을 위해 애쓰고 있다. 그러나 각 민족의 민족적 정체성이 깊이 뿌리를 내린 유럽 대륙의 많은 유럽인들은 각자 자기 나라의 국기에 그 어느 때보다 애착을 느끼고 있다. 일부 국기들은 그리스도교 이미지를 바탕으로 만들어졌으나, 세월이 흐르면서 종교적 의미는 대부분 퇴색되었다. 남쪽 아랍 국가들과는 다르다. 아랍의 국기에 자주 등장하는 이슬람의 상징과 주장은 몹시 강렬한 반면, 국민국가는 비교적 힘이 없는 편이다. 앞으로 세월이 흐르다 보면 이 나라들과 깃발들이 또 변화를 겪을 것이다. 어쩌면 이 지역에서 활동 중인 다양한 테러 조직이 그런 변화의 촉매가 될지도 모른다. 우리의 대중매체에 항상 등장하는 이런 조직들의 행동과 영향력을 반드시 이해할 필요가 있다. IS 같은 집단들도 종교적 상징을 이용해서 공포를 심고 세계적인 인지도를 확보하는 데 큰 효과를 거두고 있다.

동쪽의 아시아로 눈을 돌리면, 20세기는 물론 그 이전부터 이루어진 여러 사상, 민족, 종교의 대규모 이동을 반영하는 깃발들이 있다. 이 지역의 현대 국민국가들 중에는 자신의 뿌리인 고대문명을 바탕으로 국기를 만든 곳이 많다. 주로 역사적인 전환기에 옛것과 새것을 융합해

★ '영국Britain'과 '탈퇴exit'의 합성어로 영국의 유럽연합 탈퇴를 가리킨다. 영국은 2016년 국민투표를 통해 유럽연합에서 나가기로 결정했고, 2020년 12월 31일 밤 탈퇴협정이 공식 발효됐다.

★★ 스코틀랜드는 2014년 9월 독립 찬반투표를 거쳐 잔류를 결정했으나, 2021년 분리독립 투표를 재추진하겠다는 공약을 내세운 스코틀랜드국민당SNP이 스코틀랜드 내 제1야당을 차지하면서 다시 쟁점화되었다.

서 만든 깃발들이다. 반면 아프리카에서는 이 대륙에 대한 몹시 현대적인 인식을 반영하는 색깔들이 사용된다. 식민주의라는 족쇄를 벗어던지고 자신감을 강화하며 21세기를 맞고 있는 대륙의 이미지다. 라틴아메리카의 혁명가들은 현재의 세상이 만들어지는 데 큰 영향을 미친 식민지 개척자들과의 문화적 연결고리를 그대로 보존했다. 이 대륙의 많은 국기에는 19세기에 나라를 건설한 사람들의 이상이 반영되어 있다.

깃발은 강력한 상징이다. 국가 외에도 깃발을 사용해 커다란 효과를 거두는 단체들이 많다. 각각 공포, 평화, 연대 등 다양한 메시지를 구현한 이런 깃발들은 변화하는 세상에서 국제적인 인지도를 얻고 있다.

사람들은 깃발을 휘날리기도 하고, 불에 태우기도 한다. 의사당과 궁전, 주택과 전시장 앞에서 깃발들이 펄럭인다. 그들은 권력자의 정치와 군중의 힘을 상징한다. 많은 깃발에 숨겨진 역사가 현재를 만들었다.

지금은 지역, 국가, 민족, 종교 등에서 정체성 정치학이 한창 다시 부상하고 있는 듯하다. 권력이 이동하고 과거에 확실하던 것들이 사라지는 시기에 사람들은 이념적인 의지처로 친숙한 상징에 손을 뻗는다. 한 나라의 국기에 표현된 이상이 항상 현실로 실현되는 것은 아니지만, 그렇다 해도 레인 내무부장관이 '인용'한 성조기의 말처럼 국기는 "당신이 기대하는 모든 것이 될 수 있다."

국기는 감정이 듬뿍 배인 상징이다. 국기가 불러내고 구현하는 감정이 워낙 강렬해서, 때로 사람들은 이 천 조각을 따라 포화 속으로 몸을 던지고 그 천 조각이 상징하는 가치를 위해 목숨을 바친다.

차례

제6장　　에덴의 동쪽

: 중앙아시아와 동아시아 국기에 담긴 역사적 전환점

제7장　　자유의 깃발

: 아프리카, 식민의 시대를 지나 단합의 시대로

제1장

성조기

한쪽에서는 사랑과 존중을,
반대쪽에서는 분노의 화형을

이슬람주의 조직 자마트웃다와Jamaat-ud-Dawa의 지지자들이 2016년 5월 파키스탄 퀘타에서 미국 드론의 공격에 항의하며 성조기를 태우고 있다. 이 단체는 2008년 12월 유엔에서 테러 조직으로 지정됐다.

AMERICAN GOVT:
IS THE BIG TERRORIST
AGAINST THE MUSLIM
WORLD.
STOP
DRONE ATTA
IN PAKI
STOP
ATTACKS
TTACKS. DRONE ATTACKS
M IN PAKISTAN.
MAHAZ MULTAN.

거기에는 방종, 심약함, 탐욕에 대한
경멸이 있을 뿐이다

☛ 찰스 에번스 휴스Charles Evans Hughes(전 미국 국무장관)

오, 말하라, 보이는가, 새벽의 여명에.* 미국에서 이 질문의 답은 강력한 '그렇다'이다. 새벽에서 황혼녘까지 미국에서는 빨간색, 하얀색, 파란색이 마구 휘날린다. 정부 청사에서, 슈퍼마켓 지붕에서, 자동차 전시장에서, 화려하기 그지없는 저택과 소박하기 그지없는 하얀 울타리의 농가 지붕에서, 통나무집과 백악관에서 모두 이 깃발이 휘날린다. 아침이면 수백만 개의 깃대에 이 깃발이 게양된다. 그리고 '신의 나라'는 매일 지상에서 아직 본 적이 없는 성공적인 나라를 새로이 건설하려고 나선다.

이 국기가 바로 '별이 빛나는 깃발'이다. 이 세상에서 가장 유명하고, 가장 큰 사랑과 증오와 존경과 두려움과 찬탄의 대상인 깃발.

이 깃발은 전 세계 60여 개국의 군사기지 700여 곳에서 휘날린다. 해외에서 복무하는 미국 군인은 25만 명이 넘는다. 이 나라들에서 어떤 사람들은 군사기지의 성조기를 보고 자기 나라의 안보 일부가 이 초강대국에 달려 있음을 되새긴다. 그러나 미국을 비방하는 사람들에게 이

* 미국 국가의 가사 첫 줄이다. ─ 옮긴이

깃발은 거드름 피우는 힘과 오만의 상징이다. 이제는 시대에 뒤떨어진 제2차 세계대전 이후의 질서를 상징하는 깃발. 심지어 제국주의의 깃발로 보는 사람도 있다. 폴란드의 어느 기지 밖에서 이 국기를 볼 때와 이라크에서 이 국기를 발견했을 때 느끼는 감정은 각각 다를 가능성이 높다. 타이완 섬 근해에서 조업하는 일본 어선들은 성조기를 휘날리는 항공모함이 중국 함대처럼 당당히 바닷길을 누비는 것에 전혀 의문을 품지 않을 것이다. 그러나 일부 반미주의자들, 특히 유럽 극좌파가 느끼는 감정은 크게 다르다. 그들은 심지어 성조기에 별 대신 나치 십자가를 그려 넣어 역사지식이 얼마나 부족한지를 스스로 드러낸다. 아메리카 America를 'Amerika'라고 쓰기도 한다. 미국에 찬탄하며 어려울 때 엉클 샘Uncle Sam*을 부르는 수많은 사람들에게는 낯선 사고방식이다.

미국인들은 해외에서 휘날리는 국기를 보며 자신들이 전 세계에서 어떤 활동을 하고 있는지, 다양한 전쟁에 얼마나 참전했는지를 떠올린다. 이 깃발에 대한 비판은 미국에서 고립주의와 참여를 놓고 벌어지는 영원한 논쟁의 연료다. 조지 W. 부시George W. Bush 대통령은 해외에서 벌어지는 새로운 전쟁에 미군을 몰아넣었고, 버락 H. 오바마 Barack H. Obama 대통령은 군대를 빼내려고 했으나 외교가 얼마나 복잡한 일인지를 배우고 결국 전임자보다 더 많은 나라에서 군사행동을 취하게 되었다. 지금의** 도널드 J. 트럼프 대통령이 점점 깨닫고 있듯이, 강

---

* 미국을 의인화한 가상인물. 1812년 미영 전쟁 때 처음 쓰였다.
** 2016년 집필 시점 기준. 2020년 대선에서 조 바이든 민주당 후보가 공화당의 트럼프를 누르고 승리해 2021년 1월 미국 대통령으로 취임했다.

대국인 미국은 좋든 나쁘든 국제무대에서 그 존재감을 반드시 드러내야 한다. 대통령이 행동에 나서지 않기로 결정하든 개입하기로 결정하든, 거기서 파생되는 영향은 똑같이 강력하다.

분열된 나라의 충성과 단합을 유도하다

미국인들이 국기를 존중하는 방식은 독특하다. 국기에 사용된 색깔들은 국민적 정체성의 가장 중요한 상징이며, 때로는 성조기 자체가 일종의 예술작품으로 간주된다. 예술가 재스퍼 존스Jasper Johns는 성조기를 연필로 캔버스에 옮기고, 청동으로 묘사하고, 여러 표면 위에 그 이미지를 입히는 작업에 많은 시간을 쏟았다. 그에게 성조기는 널리 알리거나 끌어내려야 할 아이콘이 아니다. 예술가로서 그는 그 깃발이 상징하는 엄청난 힘과 사람들에게 불러일으키는 감정에 매혹되었다. 앤디 워홀Andy Warhol도 미국과 미국인에 대해 시각적으로 논평한 작품에서 이 깃발을 소재로 선택했다. 예를 들어, 달 표면에서 닐 암스트롱Neil Armstrong이 찍은 버즈 올드린Buzz Aldrin의 사진***이 여기에 등장한다. 워홀은 올드린이 국기 옆에 서 있는 이 사진을 이 획기적인 달 여행 때의 다른 사진들과 융합시킨 다음, 분홍색과 파란색을 입혔다. 사진 속 국기도 마찬가지였다.**** 워홀은 작품에서 정치적인 주장을 노골적으로 드러내지 않았지만, 역사 속의 놀라운 순간뿐만 아니라 그 시대적 배경 또한 인식

*** 닐 암스트롱과 버즈 올드린은 미국 유인우주선 아폴로 11호를 타고 인류 최초로 달에 도착한 인물들로, 달 표면에 성조기를 꽂는 상징적인 장면을 연출했다.
**** Andy Warhol, 〈Moonwalk〉, 1987, Screen Print.

하고 있음을 보여주었다. 실크스크린으로 색을 입힌 이 사이키델릭한 작품은 1960년대 말에 이루어진 달 여행의 눈부신 기술적 성과에 대한 찬사였다. 성조기는 브루스 스프링스틴Bruce Springsteen의 가장 성공적인 음반《본 인 더 U.S.ABorn in the U.S.A》에도 등장했다. 이 앨범 재킷의 숨은 의도와 정치적 메시지에 대해서는 많은 가설이 나와 있다. 스프링스틴은《롤링스톤Rolling Stone》과의 인터뷰에서 이렇게 말했다. "국기는 강렬한 이미지다. 국기를 내걸고 나면, 그것으로 무슨 일이 벌어질지 알 수 없다."

정치로 눈을 돌려보면, 성조기는 1984년 로널드 W. 레이건Ronald W. Reagan의 텔레비전 선거광고에서 엄청난 효과를 발휘했다. "미국의 아침Morning in America"이라는 제목이 붙은 이 59초짜리 창의적인 광고가 거의 끝나갈 무렵, 결정적인 내레이션이 흘러나온다. "미국에 다시 아침이 왔습니다." 그러고는 엉클 샘의 미래인 어린이들이 새로운 날, 희망의 날을 향해 올라가는 성조기를 찬탄하며 응시하는 장면이 나온다. 일출 장면, 성조기, 밝은 미래에 대한 기대는 미국인들의 심금을 울렸다. 당시 미국은 베트남 전쟁의 상처로부터 아직 회복 중이었을 뿐만 아니라, 1977~81년의 제임스 E. 카터James E. Carter 대통령 재임기간 중에 이란 테헤란의 미국 대사관에서 인질사태가 벌어지는 굴욕을 당해* 자신감을 잃어버린 상태였다.

자기 집 마당에서 국기를 응시하던 어린이들은 학교에 가서 국기에

---

* 아야톨라 루홀라 호메이니Ayatollah Ruhollah Khomeini가 이끄는 이란이슬람혁명 뒤 일부 강경파들이 수도 테헤란의 미국 대사관을 점거하고 대사관 직원을 444일간 인질로 잡았다.

대한 맹세를 되뇌었을 것이다. "나는 미합중국 국기와 그것이 상징하는 국가에 대한 충성을 맹세합니다. 우리는 하나님 아래 나뉠 수 없는 하나의 나라이며, 모두를 위한 자유와 정의의 나라입니다." 1892년에 처음 발표된 이 충성 맹세는 서서히 전국으로 퍼져나갔으며, 남북 전쟁 이후와 이민이 한창이던 시기에 국가적 정체성을 만들어내는 데 유용하게 쓰였다. 다양한 사람들이 모여 살며 분열되어 있던 나라에서 국기는 충성과 단합을 강조하는 도구였다. 그 이후로 미국인들은 매일 아침 나라를 상징하는 이 깃발 앞에 차려 자세로 서서 심장에 손을 얹는다. 국기에 대한 맹세가 공식적으로 인정된 것은 1923년에 전국 국기회의에서 국기규칙이 채택됐을 때였다. 이 당시에 이미 28개 주가 학교 행사에서 이 맹세를 사용하고 있었으며, 국기규칙은 1942년에 의회에서 법으로 통과되었다. 1943년에는 국기에 대한 맹세를 의무적으로 강요하는 것이 위헌이라는 결정이 내려졌지만, 지금도 미국 전역에 이 맹세가 널리 퍼져 있다. 다른 현대 민주국가에서는 거의 볼 수 없는 현상이다.**

색이 칠해진 이 천 조각은 반짝이는 한쪽 해안에서 다른 쪽 해안까지 온 나라에서 산들바람에 하루 종일 나부낀다. 모든 상점, 학교, 일터, 관청에서 이 깃발을 뚜렷이 볼 수 있다. 그러다 밤이 되면 대개 엄격한 지침에 따라 대단한 의식을 치르듯이 천천히 국기를 내린다. 국기의 어느 부분도 땅에 닿으면 안 되며, "대기하던 사람들이 팔과 손으로" 국기를 받아야 한다. 국기규칙은 다음과 같이 말한다. "일출부터 일몰까지

** '국기에 대한 맹세'는 현재 한국과 미국에만 존재한다.

만 건물들과 야외의 깃대에 국기를 게양하는 것이 보편적인 관습이다. 그러나 애국적인 효과를 내고 싶을 때는 24시간 내내 국기를 게양할 수 있다. 날이 어두워진 뒤에는 적절한 조명이 있어야 한다." 구체적인 법 규정에 따라 밤낮으로 국기가 휘날릴 수 있는 장소는 여덟 가지 유형으로 정해져 있다. 볼티모어에 있는 맥헨리 요새, 알링턴에 있는 미국 해병대 이오지마 메모리얼, 백악관, 미국 입국관리 사무소 등이 여기에 포함된다.

많은 미국인에게 국기는 거의 신성한 상징이다. 그들이 스스로 "하나님 아래 하나의 나라"라고 묘사하는 나라의 상징이기 때문이다. 미국 정치가들은 예수의 말을 변형해서, 미국을 "언덕 위의 빛나는 도시"로 자주 선전한다. 이 말이 사실이든 아니든, 이 나라를 상징하는 국기는 노래, 시, 책, 예술작품의 소재가 되었다. 이 깃발은 국민들의 유년기, 꿈, 처음 폭정에 맞서 반항했던 일, 지금의 자유를 상징한다. 국기의 역사는 곧 미국의 역사이며, 미국인들이 이 깃발에 느끼는 감정은 곧 이 나라의 이야기를 대변한다. 미국 국기만큼 인정받는 국기도 없고, 부정적인 감정과 긍정적인 감정을 이렇게 대규모로 불러내는 국기도 없다.

이 점이 무엇보다 뚜렷하게 드러난 것은 9.11 이후였다. 당시 미국의 많은 정치가들과 텔레비전 방송국의 일부 기자들 및 앵커들이 옷깃에 국기 모양의 핀을 달기 시작했다. 모두들 크게 감정이 고조되어 있던 2001년 당시의 분위기에서 국기 모양의 핀은 순식간에 애국심을 보여주는 명예의 상징이 되었다. 이 핀을 달지 않으면 애국심이 부족하다는 의심을 살 수 있었다. 물론 이런 이분법은 옳지 않다. 24시간 내내 열떤 뉴스가 흘러나오는 시대에 많은 사람들은 가장 먼저 안전을 선택했다. 따라서 부시 정부에서 일하던 거의 모든 사람이 이 핀을 달았다. 당시 상원의원이던 오바마는 9.11 이후 이 핀을 잠시 달았다가 그만두었다. 2008년 대통령 선거 운동 때 왜 도중에 핀을 떼었느냐는 의문이 제기되자, 그는 다시 그 핀을 찾아내서 거의 매일 달고 다녔다.

이 작은 감정적 상징이 주로 멀고 먼 동아시아의 공장들에서 만들어진다는 사실이 얄궂다. 2010년에 미국 국무부는 구내 기념품점에서 팔고 있는 미국 국기 핀에 '중국산'이라는 말이 적혀 있는 것을 발견하고 당황했다.

팽창하는 국가, 늘어나는 별

성조기는 183년 동안 여러 번의 변화를 거쳐 오늘날의 모습이 되었다. 미국의 50개 주를 상징하는 50개의 별이 그려진 현재의 도안이 어쩌면 영원하지 않을 수도 있다. 이 국기의 원형이 등장한 것은 아직 나라가 태어나기도 전인 1760년대 중반이었다. 지금도 보수적인 티파티 모임에서 그 당시의 메아리를 들을 수 있다. 1773년에 '자유의 아들들'이 보스턴 항구에서 불공정한 세금에 항의하기 위해 영국산 차가 들어 있는 상자 342개를 바다로 던져버린 사건에서 이름을 따왔기 때문이다. '보스턴 차 사건Boston Tea Party'이라는 이름으로 알려진 이 사건 덕분에, 외국인이라는 인식이 점점 강해지던 영국인에게 맞서는 '애국자들'의 고향이 바로 매사추세츠라는 생각이 더욱 굳건해졌다. 자유의 아들들은 하얀색과 빨간색 수평선 아홉 개가 그려진 깃발을 사용했다. 성조기의 기본 도안을 여기서 따온 것으로 보이지만, 아직 증명되지는 않았다.

　미국 독립 전쟁에서 식민지 민병대와 영국군 사이에 처음으로 소규모 교전이 몇 차례 벌어졌을 때, 민병대 병사들은 콘티넨털Continental이라고 불리던 깃발을 내걸고 싸웠다. 이 깃발은 때로 그랜드 유니언Grand Union이라고 불리기도 했다. 여기에는 반란에 참여한 13개 주를 상징하는 13개 선이 빨간색과 하얀색으로 교대로 그려져 있었다. 1776년 7월 4일에 의회는 영국으로부터 독립을 선언했고, 1년 뒤에는 세 개의 중요한 국기법 중 첫 번째 법을 통과시켰다. 제2차 대륙회의* 해양위원회는 "합중국의 깃발은 빨간색과 흰색이 교대로 그려진 13개 줄이 될 것이며, 연합은 새로운 별자리를 상징하는 파란 바탕에 하얀색으로 그려진 13개의 별이 될 것"이라는 결의안을 채택했다. 13이라는 숫자는 이제 독립을 얻어내서 새로운 나라(하지만 아직은 그리 빛나지 않던 나라) 미합중국을 만든 13개 주를 상징했다.

　그러나 이 법에는 별을 어떤 모양으로 그릴지, 선을 수직으로 그을지 수평으로 그을지가 규정되어 있지 않았다. 그래서 지금도 간혹 줄무늬가 수직이 되도록 깃발을 거는데, 이것이 틀린 방식으로 간주되지 않기 때문이다. 별은 왜 등장한 것일까? 당시에는 이 점에 대한 설명이 없었으나, 1977년에 나온 하원의 발표문에는 "별은 인간이 아득한 옛날부터 지향하던 신성한 목표와 천국의 상징"이라고 되어 있다.

　깃발에 사용된 색깔들이 무엇을 상징하는지에 대한 설명도 없었다.

---

* 독립 전쟁에 참여한 13개 주의 대표자회의. — 옮긴이

그러나 의회가 1776년에 의뢰해서 제작한 미국 국새의 색깔과 일치한다. 국새 제작을 맡은 위원회는 건국의 아버지들의 가치관을 반영한 도안을 만들어내야 했다. 그래서 선택한 색깔이 빨간색, 하얀색, 파란색이었고, 이 국새는 1782년에 채택되었다. 대륙회의 서기 찰스 톰슨^{Charles} ^{Thomson}은 이 국새를 대륙회의에 소개하면서, 이 색깔들이 "미합중국 국기에 사용된 색깔들입니다. 하얀색은 순수와 청정을 상징하고, 빨간색은 꿋꿋함과 용맹을 상징하며, 파란색은… 경계심과 끈기와 정의를 상징합니다"라고 말했다. 국새는 지금도 일부 연방 문서를 법적으로 인증하는 데 사용되며, 미국 여권에도 찍혀 있다.

국기의 색깔에 대한 설명은 이것이 전부인 것 같겠지만, 성조기는 모든 미국인의 깃발이므로 모든 미국인이 그 색깔들을 자유로이 해석할 수 있다. 어떤 사람은 빨간색이 독립 전쟁에서 목숨을 잃은 애국자들의 피를 상징한다고 말하고, 또 어떤 사람은 그것이 이 나라를 위해 목숨을 바친 모든 사람을 상징한다고 말한다. 물론 빨간색, 하얀색, 파란색이 영국 국기의 색깔이라서 1776년에 국기를 만든 사람들이 이 세 가지 색깔을 떠올렸을 가능성도 있다. 하지만 이런 해석은 이제 자유를 찾은 이 나라에서 그리 잘 받아들여질 것 같지 않다.

처음 성조기를 도안한 사람이 누군지는 불분명하다. 전설에 따르면, 펜실베이니아 해군을 위해 깃발을 만들어주던 벳시 로스^{Betsy Ross}라는 침모가 최초의 도안을 만들었다고 한다. 적어도 그녀의 손자가 1870년에 필라델피아에서 열린 역사학회 회의에서 밝힌 이야기에 따르면 그렇다. 그러나 프랜시스 홉킨슨^{Francis Hopkinson}이라는 사람이 의회에 제출한 송장도 존재한다. 그는 자신이 국기를 도안해준 대가로 의회가 자신에게 "에일 두 통"을 지불해야 한다고 주장했다. 명확한 사실은 아직 밝혀지지 않았다.

얼마쯤 세월이 흐른 뒤 문제가 생겼다. 1791년에 버몬트 주가 유니언에 합류하고, 그 이듬해에는 켄터키 주도 합류했다. 이것을 계기로 만들어진 1794년의 국기법은 새로 합류하는 주가 생길 때마다 별 하나와 줄 하나를 국기에 추가해야 한다고 규정했다. 이것이 바로 나중에 '별이 빛나는 깃발'이라고 불리게 된 국기다. 이 이름은 미국의 국가 가사가 된 시에서 따온 것이었으나, 자세한 이야기는 나중에 하겠다.

1818년 무렵, 이 깃발에는 얼룩말보다 더 많은 줄무늬가 생겼다. 18개 주가 유니언에 소속되어 있었고, 메인 주와 미주리 주도 이미 반짝이는 별이 된 것이나 마찬가지였기 때문이다. 따라서 새로이 통과된 3차 국기법은 새로운 주가 합류할 때마다 별을 하나씩 추가한다는 규정을 유지하는 한편, 줄무늬는 처음에 합류한 13개 주를 상징하는 13개로 되돌렸다. 그러나 의회가 별의 모양을 아직 확실히 결정하지 못한 탓에, 미국 전역의 박물관에서는 지금도 19세기에 다양한 도안으로 만들어진 국기들을 볼 수 있다. 1912년에 윌리엄 H. 태프트^{William H. Taft} 대통령은 당시 별이 48개이던 국기의 모양을 정확히 규정한 법안을 통과시켰다. 여기에 별이 두 개 더 추가된 것을 제외하면, 이때의 도안이 바로 오늘날의 성조기다.

맥헨리 요새에서 영국 포격을 이겨낸 성조기

미국의 변호사 겸 시인인 프랜시스 스콧 키Francis Scott Key는 대략 1792년의 국기에서 영감을 얻어 1814년에 시를 지었다. 그리고 그 시는 1931년에 국가의 가사가 되었다. 성조기가 대중의 상상력을 사로잡은 경위와 이유를 이해하는 데 이 시는 핵심적인 열쇠가 된다. 소박할 뿐만 아니라, 독립혁명의 달아오른 분위기 속에서 임의적으로 만들어진 도안이 세월이 흐르면서 지상 최강 국가의 가장 고결한 가치관을 구현하게 된 경위를 이 시를 통해 알 수 있다.

미국 국가가 만들어진 계기가 된 분쟁은 영국이 시작한 것이 아니었다. 나폴레옹 전쟁 때 미국 선박들이 간혹 약탈당하면서 분쟁이 신세계에도 영향을 미치자, 제임스 매디슨James Madison 대통령은 이를 빌미로 1812년에 영국에 선전포고를 했다. 하지만 매디슨의 입장에서는 몹시 안타까운 일이 벌어졌다. 나폴레옹 보나파르트Napoleon Bonaparte가 커다란 판단착오로 인해 유럽의 대부분 국가들을 상대로 싸우던 전쟁에 패해 1814년에 추방당한 것이다. 그 덕분에 자유로워진 당시 최강대국 영국은 미래의 세계 최강대국인 미국에 시선을 돌릴 수 있었다.

1814년에 백악관은 이미 영국군의 손에 불타 완전히 무너진 뒤였고, 볼티모어 해안에서는 영국 해군이 맥헨리 요새를 포격할 준비를 하고 있었다. 이 요새는 당시 도시를 방어하는 가장 중요한 시설이었다. 실제로 이 요새는 도시를 훌륭하게 방어해냈다. 몇 차례나. 영국 해군의 공격이 막 시작될 무렵, 키가 출렁거리는 배를 타고 거대한 영국 군함 옆에 나타나 몇몇 포로의 석방을 요구했다. 그의 요구는 궁극적으로 받아들여졌으나, 영국군은 그가 요새를 포격하기 위한 준비상황을 목격했을 가능성이 있으므로 자신들이 요새를 파괴하는 며칠 동안 그를 배에 붙잡아두는 것이 현명하다고 보았다.

1814년 9월 13일 06시 30분, 영국군은 키를 전함 한 곳의 갑판에 세워둔 채, 요새를 향해 1,500개의 폭탄과 800개의 불화살을 쏘아대기 시작했다. 키는 그 뒤로 25시간 동안 연기와 불꽃 사이로 요새를 바라보았다. 요새 위로 높이 게양된 커다란 미국 국기가 아직 휘날리고 있는지, 포격이 성공해서 대기 중이던 영국 지상군이 요새로 쳐들어가 미국 국기 대신 영국 국기를 올리지는 않았는지 확인하기 위해서였다.

이날의 공격은 완벽한 실패로 끝났다. 요새는 무너지지 않았고, 미국 측 인명피해는 고작 네 명이었다. 키는 성조기가 아침 바람 속에서 여전히 펄럭이는 것을 보고, 바로 그 자리에서, 그러니까 영국 전함의 갑판에서 시를 썼다. "불화살의 붉은 화염, 허공에서 터지는 폭탄은 우리의 깃발이 밤새 그곳을 지켰다는 증거." 첫 번째 연은 질문으로 끝났다. 미국이 결국 승리를 거둘지 그가 아직 확신하지 못했기 때문이다. "오, 말하라, 별이 빛나는 깃발이 아직 휘날리고 있는가? 자유의 땅과 용감한 자들의 고향에서." 그로부터 몇 주 만에 이 시는 종이에 인쇄되어 볼티모어에서부터 미국 전역으로 퍼져나갔다. 그 뒤로 세월이 흐르는 동안 미국의 자신감이 점점 커진 덕분에 이제는 저 물음표가 불필요해진 것처럼 보이기도 한다.

맥헨리 요새에서 포격을 이겨낸 깃발은 1907년부터 스미소니언협회의 국립 미국사박물관에 소장되어 있다. 박물관 측은 보존을 위해 산소 농도와 조도를 낮추는 등 환경을 관리할 수 있는 방에 이 국기를 걸어두었다.

"날 밟지 마"

해병대 전투가의 가사처럼, "몬테주마의 궁정에서 트리폴리의 해안까지" 수많은 곳에서 미국은 이 깃발을 내걸고 싸웠다. 이 깃발을 휘날리며 애팔래치아산맥에서 평원을 건너 로키산맥까지, 그리고 태평양까지 서쪽으로 대륙을 가로질러 미국 제국을 세웠다.

그동안 새로운 주가 합류하면 별도 늘어나 국기의 모양은 조금씩 바뀌었다. 군대에서는 1830년대에 포병대가 이 깃발의 기본적인 도안(조금 변형시킨 경우도 있다)을 군기로 처음 사용했으며, 1842년에는 보병대가 그 뒤를 따랐고, 1861년에는 기병대도 마지막으로 그 대열에 합류했다. 기병대의 성조기는 오른쪽 중간을 자른 삼각형 모양으로, 게양될 때 줄이 감기는 쪽 꼭대기에 별들이 둥글게 원을 그리며 모여 있었다. 1876년 몬태나에서 벌어진 리틀빅혼 전투*에서 커스터^{George A. Custer} 장군의 제7 기병대가 사용한 군기 중에 이 깃발도 포함되어 있다.

커스터의 부대원들은 또 다른 유명한 깃발인 개즈던^{Gadsden}도 잘 알고 있었을 것이다. 그 시기에 이미 식민지 전쟁 때의 유물로 간주되던 개즈던 깃발은 미국 독립 전쟁 때 크리스토퍼 개즈던^{Christopher Gadsden}

---

* 1876년 6월 25일에서 6월 26일까지 지금의 몬태나 주 리틀빅혼 카운티에서 인디언 부족 연합군과 미국 육군 제7기병대 간에 벌어진 전투. 미국—인디언 전쟁사의 대표적인 전투로, 인디언 연합국의 승리로 마무리됐다.

준장이 디자인했으며, 콘티넨털 해병대가 군기로 사용했다. 노란색 바탕에 방울뱀이 똬리를 틀고 있고, 그 아래에 "날 밟지 마"라고 적혀 있는 모양이다. 이 글귀는 부탁이 아니라 경고다.

당시에는 이 깃발의 뜻이 명확했다. 13개 주 중 일부 지역에서 발견되는 방울뱀이 전쟁 무렵에는 이미 그 지역들과 함께 연상되는 존재였기 때문이다. "날 밟지 마"라는 글귀는 영국에 보내는 확실한 경고였으며, 영국 제국의 일부가 되기 싫다는 여론을 부추기는 데 도움이 되었다.

그 뒤로 이 깃발은 남북 전쟁 때 남부에서 일시적으로 반짝 사용된 것을 제외하면 계속 내리막길을 걸었다. 그러나 1970년대에 자유지상주의Libertarian 활동가들이 큰 정부에 대한 불신과 개인주의의 상징으로 이 깃발을 다시 꺼내들었다.

9.11 이후에는 이 깃발의 인기가 급속히 치솟았다. 본토에서 공격을 받고 아연실색한 국민들이 "날 밟지 마"라는 글귀에 공감했기 때문이다. 이 깃발 및 관련 제품의 매출이 21세기 초에 꾸준히 증가했으며, 자동차 번호판과 야구모자에도 이 깃발의 도안이 쓰이기 시작했다.

그러다 2010년 무렵, 티파티 지지자들과 총기 옹호론자들이 이 글귀를 슬로건으로 내세웠다. 또한 이 깃발에 다른 의미도 부여되기 시작했다. 최초의 흑인 대통령에 반대하는 극단주의자들이 이 깃발을 멋대로 가져다 쓰면서, 일부 사람들의 마음속에서 이 깃발이 점차 인종차별과 함께 연상되기 시작한 것이다. 개즈던이 노예를 부리는 사람이었다는 사실도 이런 추세에 일조했다.

2014년에 고용기회평등위원회에 한 우체국 직원의 사례가 접수되었다. 동료가 개즈던 깃발이 그려진 모자를 자주 쓰고 출근하는 습관이 있는데, 이것은 인종적인 괴롭힘이라는 주장이었다. 위원회는 이것이 충분히 조사할 만한 사안이라고 판단했으나, 그 깃발이 인종차별적인 상징이며, 그 모자를 쓰는 것은 차별에 해당한다는 결정까지는 내리지 않았다.

이 깃발을 열렬히 옹호하거나 반대하는 사람들은 결코 모호한 시각을 받아들이지 않는다. 이 깃발을 옹호하는 사람들은 위원회의 결정문에서 "개즈던 깃발은 독립 전쟁 중 인종적이지 않은 맥락에서 유래했음이 분명하다"는 문장을 가리킨다. 반면 반대편에 있는 사람들은 이 깃발이 "맥락에 따라 인종적인 의미가 가미된 메시지를 전달하는 것으로 해석될 때가 있다"는 말을 먼저 본다.

어느 편도 아닌 사람들에게 핵심이 되는 부분은 바로 '맥락에 따라'라는 글귀다. 이 책에서 앞으로 보게 되겠지만, 영국인들도 이와 비슷한 논쟁을 경험했다. 특히 잉글랜드 사람들이 그렇다. 지난 세기 말에, 영국 국기를 휘날리는 것이 맥락에 따라 인종차별의 잠재적인 가능성을 지닌 행위로 해석되던 시기가 있었기 때문이다.

남부연방기의 다중적 의미

깃발은 '다중적인 의미'를 지닐 수 있다. 깃발을 휘날리는 사람과 그것을 보는 사람의 해석이 완전히 달라질 수 있다는 뜻이다. 아주 명확한 상징이 아닌 한, 의도를 입증하는 것은 힘든 일이다. 이제 여기서 두 번째로 유명한 미국의 깃발 이야기를 꺼내야겠다.

미국 남북 전쟁 중에 북부군은 별과 줄무늬가 그려진 성조기를 내걸고 싸웠다. '올드 글로리'라는 별명이 바로 여기서 나온 것이다. 원래 이 이름의 원조는 북부군 출신의 퇴직 해군 장교인 윌리엄 드라이버 William Driver다. 그는 자신의 배에서 휘날리던 성조기를 오래전부터 이 이름으로 불렀다. 전쟁 중 테네시 주 내슈빌에서 무장한 남군 병력이 그에게 깃발을 넘기라고 요구하자 그는 이렇게 대답했다. "내 깃발을 갖고 싶다면, 나를 먼저 죽여야 할 것이다." 그 뒤로 이 깃발은 어딘가에 숨겨져 있다가, 제6 오하이오 연대의 북부군 병력이 내슈빌을 점령했을 때 드라이버의 손으로 다시 부대에 건네졌다. 제6 오하이오 연대는 나중에 '올드 글로리'를 부대의 모토로 채택했고, 이 이야기가 전국으로 퍼져나 갔다. 현재 내슈빌에 있는 드라이버의 무덤은 미국 국기가 24시간 휘날릴 수 있는 소수의 공식적인 장소들 중 한 곳이다.

북부군에 깃발이 있었던 것처럼, 남부군에도 깃발이 따로 있었다. 사실 여러 종류의 깃발이 있었으나, 그중에서도 남부의 확연한 상징으로 받아들여지는 깃발은 원래 남부연방의 공식적인 깃발이라기보다는 군기였다. 남부연방기Confederate flag라고 불리게 된 이 깃발(딕시Dixie 깃발이나 서던크로스Southern Cross라고도 불렸다)은 빨간 바탕에 하얀색 별이 그려진 파란색 대각선 두 개가 교차해서 그려진 형태였다. 북부가 전쟁에서 승리한 뒤에도 많은 남부 사람들은 남북 전쟁 관련 모임, 행사, 장례식에서 계속 이 남부연방기를 사용했다. 전사자들을 기념하고, 남부 특유의 문화를 기리기 위해서였다. 그러나 이 깃발은 또한 노예제도를 옹호하며 전투에 나선 남부 사람들, 그리고 전쟁이 끝난 뒤에도 흑인이 예속박상태를 벗어나지 못하게 각종 인종차별적인 법으로 그들을 옭아맨 남부 사람들의 상징이 되었다. 특히 악명 높은 '짐 크로Jim Crow' 법*들은 많은 흑인의 투표권 행사를 사실상 막아버렸다. 그러나 이런 남부의 분위기를 가장 분명하게 상징하던 딕시 깃발이 미국 국내와 해외에서 차례로 인정받은 것은 1940년대 말의 일이다. 1915년에 나온 D.W. 그리피스D.W. Griffith의 블록버스터 무성영화 〈국가의 탄생The Birth of a Nation〉에는 미국 흑인들을 인종적인 편견으로 묘사하는 장면이 끊임없이 나올 뿐만 아니라 남북 전쟁 이후 결성된 KKK단**이 모여 있는 장면도 많이 나오지만, 남부연방기는 전혀 등장하지 않는다. 심지어 남북 전쟁 전투 장면에서도 이 깃발을 볼 수 없다.

제1차 세계대전 이후 특히 남부에서 백인우월주의 집단들이 급속히 성장하면서, KKK단이 점차 그 상징을 채택하게 되었다. 1948년에는 당시 막 싹을 틔우던 시민권 운동에 맞서서 인종차별을 지지하던 주권州權 민주당States' Rights Democratic Party이 남부연방기를 상징으로 사용했다. '딕시크랫Dixiecrats'이라는 별명으로 불리던 이 당의 당헌 제4조는 다음과 같이 규정했다. "우리는 인종분리를 찬성한다."

이런 부정적인 인상에도 불구하고, 이 깃발은 1950년대 내내 문화적인 아이콘으로 점점 더 자주 등장했다. 어떤 사람들은 이 깃발을 문화적 유산과 지역적 자부심의 상징이자 남북 전쟁 때의 역사적인 존재로

---

* 19세기 말과 20세기 초에 미국 남부에서 제정돼 1965년까지 시행된 여러 인종차별법의 총칭.

** 미국 남부 곳곳에 퍼져 있던 백인 극우파 조직. 흰 두건을 쓰고 다니며 흑인들을 린치하는 등 폭력을 저지른 것으로 악명 높다.

만 받아들였다. 그래서 이 깃발은 대중문화와 광고에 널리 사용되었다. 예를 들어 오랫동안 계속된 텔레비전 시리즈 《해저드 마을의 듀크 가족Dukes of Hazzard》에는 닷지 차저를 개조해서 조지아 일대를 돌아다니는 사촌형제가 나오는데, 그들은 이 자동차에 남북 전쟁 때의 유명한 영웅 이름을 따서 '리 장군'이라는 별명을 붙여주고 자동차 지붕에 남부연방기를 내건다. 이것은 듀크 형제가 인종분리를 지지한다는 뜻이 아니라, 단순히 그들이 남부 출신의 '구식 청년들'이라는 뜻이었다.

그러나 이 깃발에 실린 정치적 의미 및 KKK단과의 관련성 때문에 경우에 따라 공공장소에서 이 깃발을 휘날리는 것이 부적절하다는 인식이 생겨났다. 2015년에 사우스캐롤라이나에서는 백인 남성 딜런 루프Dylann Roof가 흑인 교회신도 아홉 명을 살해하는 사건이 일어난 뒤, 의사당 건물에 걸려 있던 이 깃발을 내리는 의식이 거행되었다. 루프는 성조기에 침을 뱉고 남부연방기를 흔드는 자신의 모습을 인터넷에 올린 적이 있었다. 그 의식이 끝난 뒤 오바마 대통령은 트위터에 이런 메시지를 올렸다. "남부연방기를 내리는 사우스캐롤라이나. 선의와 치유의 신호이자 더 나은 미래를 위한 의미 있는 한 걸음."

1865년부터 대략 1950년대까지 남부연방기의 인기가 성조기의 인기를 심각하게 위협한 적은 없었다. 그러나 20세기 후반에는 이 깃발의 인기가 점점 커져서, 남북 전쟁 때의 이슈들이 모두 과거지사가 된 것은 아니라는 점을 다시 일깨우는 계기가 되었다. 하지만 이 깃발에 사용된 색깔들은 성조기를 통해 이미 미국인들의 의식 속에 단단히 자리 잡고 있었다.

성조기에 관한 규칙들

성조기는 두 차례의 세계 전쟁, 한국 전쟁, 베트남 전쟁, 이라크 전쟁, 아프가니스탄 전쟁, 9.11을 미국인들과 함께 겪었다. 대공황과 시민권 운동 역시 함께 겪었다. 지금까지 수백 번이나 치러진 올림픽 금메달 수여식에서 미국이 꺼지지 않는 젊음과 활기를 축하할 때 휘날린 깃발도 성조기다. 성조기는 에베레스트 산 정상뿐만 아니라, 심지어 달에도 나타났다. 그동안의 모든 투쟁과 승리를 통해 성조기는 미국이 소중히 생각하는 많은 가치들, 특히 자유와 성공이라는 가치의 상징이 되었다. 대부분의 미국인이 이 깃발을 소중히 대하는 것도 무리가 아니다. 어떤 미국인은 외국인들이 보기에 이상하게 여길 정도로 깃발을 떠받들기도 한다.

미국 국기를 어떻게 다뤄야 하는지 정해놓은 법과 규정은 정신이 어지러울 정도로 복잡하고 다양하며, 대단히 상징적이다. 이런 법률들 속에서 우리는 때로 거의 성물처럼 여겨지는 이 깃발에 대해 그들이 품은 감정이 얼마나 깊은지 언뜻 엿볼 수 있다. 미국인들의 감정을 자극하는 핵심 단어들, 즉 '충성', '명예', '존중' 같은 단어들도 자주 들려온다. 국기에 관한 규칙들을 모으면 책 한 권을 거뜬히 채울 수 있겠지만, 아래에 열거한 몇 가지 사례들만 보아도 애국적인 미국인들이 국기를 보거나 만지거나 생각할 때 어떤 감정을 느끼는지 알 수 있다.

국가가 연주되고 국기가 등장하면, 제복을 입지 않은 미국인들은 국기를 향해 차려 자세로 서서 오른손을 심장에 올려야 한다. 제복을 입은 사람들은 국가가 시작되자마자 경례를 해야 하며, 국가가 완전히 끝날 때까지 그 자세를 유지해야 한다. 한밤중에 도쿄 시내에서 주당들의 가라오케에나 어울리는 연주로 국가가 흘러나오든, 베르디 오페라의 마지막 장면에서 뚱뚱한 귀부인이 폐병으로 죽을 때 국가가 연주되든 상관없다. 국가의 음이 온 힘을 쥐어짜 불러야 할 만큼 높은 것은 위대한 미국 국민들의 잘못이 아니다. 야구, 농구, 미식축구 등의 경기에서 전년도 리틀리그 우승자가 나와 국가를 부를 때 음을 너무 높게 잡거나 낮게 잡아서 노래를 망쳐버리는 일은 거의 일상이다. 코드 변화가 어찌나 복잡한지 처음 노래를 잘못 시작하면 끝까지 바로잡을 수 없다.

이제 나라를 상징하는 국기를 어떻게 다뤄야 할지 규정한 법률들 얘기로 다시 돌아가보자. 이제부터 얘기가 점점 심각해지기 시작한다. "미합중국 국기를 향해 불손한 행동을 보여서는 안 된다. 어떤 사람이나 사물을 향해 국기를 살짝 내렸다가 올리는 행동을 하면 안 된다." "길에 국기를 걸 때에는 반드시 수직으로 걸어야 하며, 별들이 북쪽이나 동쪽을 향해야 한다. 국기가 건물, 바닥, 나무, 덤불 등에 닿아서는 안 된다." 이런 규정들이 몇 페이지나 이어진다. 그중에는 이런 것도 있다. "국기로 관을 덮을 때는, 연합의 표상*이 관의 머리와 왼쪽 어깨에 오게 놓아야 한다. 무덤에 국기를 함께 내리면 안 되며, 국기가 땅에 닿아서도 안 된다." "어떤 목적이든 광고에 국기를 사용하면 안 된다." "국기는 살아 있는 국가를 대표하며, 그 자체로서 살아 있는 존재로 간주된다. 따라서 옷깃에 꽂는 국기 모양 핀은 국기의 복제품이므로 반드시 심장과 가까운 왼쪽 옷깃에 꽂아야 한다."

* 성조기에서 연방을 구성하는 주들을 상징하는 별. — 옮긴이

사람들이 이 규칙을 모두 잘 지키는 것은 아니다. 특히 광고에 관한 규칙이 그렇다. 그러나 국기가 존중받는 상징이라는 사실은 변하지 않는다. 국기에 대한 존중은 국기를 접을 때도 적용된다. 나는 미국 군인의 장례식에서 국기를 접는 모습을 여러 차례 보았다. 글로 읽을 때는 조금 이상하게 보이는 방식이다. 국기를 단순히 서랍에 넣어두려고 접을 때라면 그렇게 엄숙한 방식을 따르는 것이 좀 지나치게 보일 수도 있겠지만, 장례식이라면 침묵 속에서 천천히 정성 들여 국기를 들어서 접는 방법이 상당한 감동을 안겨줄 수 있다. 나라를 위해 봉사해야 한다는 의식이 미국에서 유독 발달되어 있는 듯하다. 대의를 위한 희생이라는 의식이 미군, 특히 해병대의 집단의식에 깊이 자리한 것도 사실이다. 전사한 미국 해병대원의 장례식이나 추모식에 참석하면, 마치 가족의 죽음을 애도하는 것 같은 기분을 느낄 수 있다.

국기를 접는 방식을 글로 세세히 적으면 마치 과장된 신파극처럼 보이는데도, 이 방법이 실제로 적용될 때는 그 자리에 딱 맞는 일처럼 보이는 이유가 바로 이것이다. "국기를 길게 똑바로 펼친 다음 가로로 한 번 접는다. 파란색 바탕의 별들이 겉으로 드러나게 한 번 더 가로로 접는다. 이때부터 접힌 쪽 가장자리의 줄무늬 귀퉁이를 접히지 않은 쪽 가장자리로 접어 삼각형으로 만드는 과정이 시작된다." 이렇게 계속 접다 보면 파란색만 겉으로 남고, 국기는 챙을 위로 젖힌 모자 모양이 된다. 미국 독립 전쟁 때 독립을 지지하는 애국자들이 쓰던 삼각모를 상징하는 모양이다.

매일 저녁 국기 하강식과 장례식에서 국기를 내려 접는 작업을 감독하는 미군에게는 국기를 한 번 접을 때마다 의미가 있다. 첫 번째 접힘은 생명을, 두 번째 접힘은 영생에 대한 믿음을, 세 번째 접힘은 몸의 부활에 대한 믿음을 상징한다. 네 번째와 다섯 번째 접힘의 의미는 해군 장교 스티븐 디캐터Stephen Decatur의 유명한 말, 즉 "우리나라"와 "옳은 것과 그른 것"을 참고로 했고, 여덟 번째 접힘의 의미 역시 "죽음의 어두운 계곡에 들어선 사람에게 우리가 한낮의 햇빛을 볼 수 있을지도 모른다는 뜻으로 바치는 헌사"라는 말을 참고로 했다. 국기를 접는 의식이 마지막 단계에 이르면, 빨간색과 하얀색 줄무늬가 마침내 파란색 안으로 접혀 들어간다. 군의 설명에 따르면, "밤의 어둠 속으로 한낮의 햇빛이 사라지는" 것이다. 여기에 그리스도교적인 의미가 깔려 있음을 생각하면 이런 의미들 중 일부에 문제가 있는 것처럼 보일 수도 있지만, 미국이 어떤 신을 섬기는지 헌법에 규정되지 않은 것처럼 미군도 이 점에 대해서는 상세히 설명하지 않는다.

국기의 장례식과 화형식

국기법에는 국기를 깨끗하게 씻는 방법과 손상된 국기를 수선하는 법도 나와 있다. 그러나 "국기가 너무 낡아서 우리나라의 상징 역할을 더 이상 수행할 수 없다면 정중하게 불에 태워 폐기해야 한다"는 규정도 있다. 이것은 사실상 장례식이다. 국기를 태우는 의식에 관한 미국 국기법 지침에는 다음과 같은 내용이 포함되어 있다.

개별 국민, 소규모 집단, 단체의 경우 국기를 폐기하는 행위가 항의나 모독으로 보이지 않게 신중을 기해야 한다…. 올드 글로리를 아끼는 사람들 중 이미 세상을 떠났거나 건강상의 이유로 참석하지 못한 사람들을 위한 '명예의 자리'로 빈 의자를 놓아둘 수 있다.

의식의 시작. 각자의 전통에 따라 성직자의 말이나 기도로 시작한다.

의식 집전자: "우리는 더 이상 역할을 수행할 수 없다고 판단된 이 국기를 폐기하기 위해 이 자리에 모였습니다…. 이 국기는 자유를 갈망하는 사람들에게 용기를 주었고, 폭정이나 테러에 시달리던 사람들에게 희망의 상징이었습니다…. 이 국기가 명예롭고 훌륭하게 역할을 수행했음을 알아주십시오. 여기에 새겨진 별들과 줄무늬는 자유의 바람에 휘날리고, 자유의 빛을 쐬었습니다."

이렇게 의식이 어느 정도 이어지다가, 다같이 〈신이여 미국을 축복하소서^{God Bless America}〉를 부르는 것으로 끝난다.

이보다 더 공식적인 의식도 있다. 이때는 국기를 태우기 전에 최소한 여섯 명의 자원자가 '퇴역 팀'을 이루어 뒤에서 기다리다가 국기를 여러 조각으로 자른다. 네 명이 각각 국기의 네 귀퉁이를 잡고, 한 명이 국기를 자르면 나머지 한 명이 그 조각들을 받는 식이다. 이 의식 역시 복잡한 절차를 따라 진행되며 다음과 같이 끝난다.

그러고 나서 국기를 불에 태운다. 장작 중에는 미국삼나무가 포함되어야 하는데, 이는 "이 깃발 아래에서 이 나라를 건설하기 위해 전투에 나서 목숨을 바친 붉은 피의 미국인들을 되새기기 위해서다. 떡갈나무는 이 깃발을 들고 이 나라를 종횡무진했으며 지금은 하늘의 별에도 손을 뻗고 있는 거친 힘을 상징하고, 히말라야삼목은 질병과 부패로부터 우리를 보호해주고 우리 미국의 생활방식을 보존하기 위해서"이며 "호두나무는 우리 조상들이 세운 비옥한 형제애, 기름진 땅, 아름다운 시골을 일깨우기 위해서다."

애국적인 미국인들은 실제로 이 복잡한 의식을 모두 수행한다. 손상된 토라 두루마리를 공동묘지에 묻어 '하느님의 말씀'에 절대적인 예의를 다하는 정통 유대교 전통과 비슷하다. 미국인들이 국기를 대하는 마음이 토템 신앙과 얼마나 비슷한지 알 수 있다.

국기의 '퇴역식'에 실제로 참석한 경험이 있는 미국인은 별로 없을 것이다. 어떤 사람들은 이런 의식이 지나치다고 생각할 수도 있다. 그러나 그들도 분노한 사람들이 국기를 불태우거나 모독하는 광경을 보고도 느긋한 태도를 취하지는 못할 것이다. 미국 국기를 불태우는 행위는 지구상의 여러 곳, 특히 중동에서 자주 발생한다. 하지만 미국 영토 내에서 발생할 때도 있다. 장소가 어디든, 이런 행동을 하는 사람들은 그 행동의 의미와 그것이 자극하는 감정에 대해 잘 알고 있다. 자기들이 그런 행동의 의미를 말로 명확하게 설명하지는 못하더라도, 그들은 그것이 엄청나게 모욕적인 행동임을 본능적으로 안다. 그들이 그런 행동을 하는 이유도 바로 그것이다. 나는 파키스탄, 이라크, 이집트, 가자, 이란,

시리아에서 미국 국기가 불타는 모습을 본 적이 있다. 그때마다 그 행동에 동반된 흥분과 분노에는 다소 아이 같은 부분이 있었다. 국기를 불태우는 사람들이 미국을 향해 살기 어린 감정을 표현하고 있음은 분명했지만, 그들의 잠재의식은 자기들이 그토록 증오하는 미국의 시스템이 그토록 성공을 거둔 것에 대한 무력감과 좌절감이 이런 식으로 표출된다는 사실을 아는 것 같았다. 그들은 또한 명예를 거의 맹목적으로 숭배하는 문화 속에 살고 있으므로, '적'에게 이런 불명예를 안기는 것에서 엄청난 기쁨을 얻었다.

외국 사람이 자기 나라의 국기를 불태우는 모습을 볼 때와 자기 나라 안에서 자기 나라 사람이 국기를 불태우는 모습을 볼 때의 감정은 서로 다를 수 있다. 어떤 의미에서는 후자의 경우 훨씬 더 큰 분노를 느낀다. 미국 가수 조니 캐시Johnny Cash는 세상을 떠나기 몇 년 전 성조기를 주제로 한 노래 〈낡고 오래된 깃발Ragged Old Flag〉을 소개하면서, 객석을 가득 메운 사람들에게 이렇게 말했다. "우리가 이 나라에서 누리는 모든 자유에 대해 하느님께 감사합니다. 제게는 그 자유가 소중합니다. 심지어 국기를 불태울 권리조차도, 여러분, 저는 그 권리조차도 자랑스럽습니다." 컨트리 음악을 사랑하는 청중들은 이 말을 듣고 깜짝 놀랐다. 일부는 야유를 보내기까지 했다. 캐시는 조용히 해달라고 요청한 뒤 말을 이었다. "하지만 말입니다, 우리에게는 무기를 들 권리 또한 있습니다. 만약 여러분이 나의 국기를 태운다면, 나는 여러분을 총으로 쏠 겁니다."

이것은 "의회는 기성종교를 존중하거나, 그것의 자유로운 행사를 금지하거나, 표현의 자유나 언론의 자유를 빼앗거나, 평화로운 집회를 열고 정부에 불만사항의 시정을 청원할 수 있는 국민의 권리를 빼앗는 법을 만들면 안 된다"는 수정헌법 제1조에 대한 흥미로운 시각이었다. 수정헌법 제2조는 "자유로운 국가의 안보를 위해 규율 있는 시민군이 필요하므로, 무기를 소유하고 들 수 있는 국민의 권리를 침해하면 안 된다"고 규정한다.

1989년에 대법원은 수정헌법 제1조를 들어, 미국에서 국기를 태우는 일이 불법이 아닌 이유에 대한 해석을 내놓았다. 그러나 대법원이 수정헌법 제2조를 근거로, 캐시의 협박을 허용하는 해석을 내놓을 것 같지는 않다. 1989년의 판결은 텍사스 대 존슨 재판에서 나온 것으로, 1990년 미국 대 아이히만 재판에서도 인용^{認容}되었다. 이 판결은 여러 면에서 흥미롭다. 특히 법원이 국기를 '상징적인 발언'으로 보았다는 점이 그렇다. 따라서 국기를 태우는 것은 하나의 견해를 표현하는 행위이므로, 수정헌법 제1조의 보호를 받는다는 것이 법원의 해석이었다.

이 판결이 나오기 전 오랫동안, 특히 베트남 전쟁 중에 국기를 태우는 일이 많이 일어났다. 1968년에 의회가 연방국기모독법을 승인하면서, "미국 국기를 공개적으로 훼손하거나, 손상시키거나, 더럽히거나, 태우거나, 발로 짓밟아" 일부러 모독하는 행위가 불법이 되었다. 그런데 1984년에 레이건 대통령의 정책에 반대하는 그레고리 리 존슨^{Gregory Lee Johnson}이라는 사람이 텍사스 주 댈러스에서 공개적으로 국기를 불태우는 시위를 벌였다. 텍사스 주는 주법을 어긴 혐의로 그를 체포했고, 그는 징역 1년을 선고받았다.

존슨은 수정헌법 제1조를 들어 항소했다. 그리고 대법원은 결국 5대

4로 그의 손을 들어주었다. 이 판결에 참여한 재판관 중 앤서니 케네디 Anthony Kennedy 대법관은 다음과 같이 주장했다. "상징의 의미는 흔히 우리가 만드는 것이지만, 국기는 미국인들이 공유하는 신념, 법과 평화에 대한 믿음, 인간의 정신을 지탱해주는 자유에 대한 믿음을 항상 표현하는 것이다. 오늘의 이 재판은 그런 신념과 믿음이 우리에게 요구하는 대가를 인정할 수밖에 없게 만든다. 국기를 경멸하는 사람도 국기의 보호를 받는다는 사실이 통렬한 동시에 근본적이다."

이 싸움은 지금도 미국뿐만 아니라 세계 많은 나라에서 벌어지고 있다. 의회에 아직도 계류 중인 법안 중에 '2012년 국기보호법'이 장차 통과된다면 미국뿐만 아니라 외국에서도 국기를 모독한 사람들을 기소할 수 있을 것이다. 이 법안은 미국 국기를 파괴하거나 손상시키는 사람이 "10만 달러의 벌금이나 최대 징역 1년, 또는 이 두 가지 처벌을 모두" 받을 수 있다고 규정한다. 미국 소유의 미국 국기를 훔쳐서 손상시키거나 파괴한 사람은 "최대 25만 달러의 벌금이나 최대 징역 2년, 또는 이 두 가지 처벌을 모두" 받을 수 있다. 이 법이 "미국이 이용할 수 있는 땅이나 미국의 배타적 관할 또는 공동관할하에 있는 땅 안에서" 적용될 수 있다는 규정도 있다. 만약 2010년대에 이 법안이 통과되었다면, 바그다드에서 미국의 침공에 항의하며 미국 국기를 태운 이라크인이 기소되어 징역형을 선고받았을 수도 있다.

트럼프 대통령은 당선인 시절 트위터 메시지를 통해 "누구도 미국 국기를 태우면 안 된다. 태운 사람은 대가를 치러야 한다. 시민권을 잃거나 징역형으로!"라는 견해를 밝혔다. 대법원이 밝힌 논리를 감안할 때, 이 메시지는 그가 2013년 트위터에서 "표현의 자유를 빼앗긴다면, 우리는 도살장으로 끌려가는 양처럼 말 한 마디 못하고 끌려다닐지도 모른다"는 조지 워싱턴George Washington의 말을 인용한 것과 모순을 이룬다고 볼 수 있다.

국기모독에 관한 법은 나라마다 다양하다. 또한 국기모독을 불법으로 규정한 곳의 목록에 억압적인 국가들만 있는 것도 아니다. 이런 법률들을 어떤 패턴을 기준으로 분류할 수 있을 것 같지는 않지만, 현대 민주국가에서는 독재국가만큼 관련법을 엄격히 시행하는 경우가 드물다. 예를 들어 영국, 오스트레일리아, 벨기에, 캐나다, 일본에는 아예 국기모독을 금지하는 법이 없는 반면, 독일, 이탈리아, 오스트리아, 크로아티아, 프랑스, 멕시코, 뉴질랜드에는 법이 있다. 독일의 법에 규정된 처벌은 중국과 마찬가지로 최대 징역 3년이고, 프랑스에서는 최대 징역 6개월이다.

중국으로부터 지켜야 할 사업 아이템

다시 미국으로 돌아와서, "빨간색, 하얀색, 파란색이고 중국에서 만들어진 것은?"이라는 질문을 자주 던지는 법률가들에게는 할 일이 많다. 이 질문에 미국 국기라는 답이 나오면, 법률가들이 일을 시작할 수 있기 때문이다. 여러 주들이 반드시 미국에서 생산된 미국 국기만 판매해야 한다고 규정한 법률을 통과시켰거나 제정할 예정이다. 이런 흐름의 물꼬를 튼 미네소타 주에서는 외국산 미국 국기를 판매하다 발각된 상점에 1,000달러의 벌금이 부과되고, 상점 책임자가 90일 동안 감옥에 갇힐 수 있다. 이런 사건이 실제로 재판에 회부되면, 흥미로운 사건이 될 것이다. 미네소타 주의 법이 연방정부가 서명한 국제 무역거래의 규정들에 어긋날 수 있기 때문이다.

　미국에서 국기는 커다란 사업 아이템이다. 매년 판매되는 국기가 5,000만 장이나 되고, 2006년에는 외국산 국기의 매출액만 530만 달러 상당이었다. 이 외국산 국기 중 대부분이 중국산이었는데, 그 뒤 법률가들이 노력을 기울였음에도 상황은 여전히 변하지 않았다. 중국을 비롯한 여러 나라들은 2001년 9.11 테러 이후 시장에서 틈새를 발견했다. AP 통신이 인용한 미국 통계국 자료에 따르면, 2000년 9월 12일 월마트 체인은 6,400장의 성조기를 판매했다. 1년 뒤, 즉 쌍둥이 건물이 공격당한 다음 날의 판매고는 8만 8,000장이었다. 그 뒤 몇 달 동안 애국주의가 온 나라를 휩쓰는 가운데, 국기 판매고는 미국 전역에서 급등했다. 해외 공급업자들은 이 새로운 도전을 기꺼이 맞이했다. 2000년에 약 75만 달러였던 외국산 미국 국기의 매출액이 2001년에는 5,100만 달러로 치솟았다. 그 뒤로 수요는 자연히 줄어들었으나, 여전히 9.11 테러 이전 수준보다는 훨씬 많아서 외국산 국기의 연간 매출액이 약 500만 달러에 이른다. 미국 내의 국기 제조업체들과 주지사들은 이 숫자를 줄이려고 노력하고 있다.

　일부 국가, 예를 들어 스웨덴 같은 곳에서는 열광적으로 국기를 흔드는 일이 불필요하다 못해 거의 무식한 일로 여겨진다. 영국 같은 나라에서는 평범한 사람들이 극우주의자로 보일까 봐 국기를 흔들면서 불안해하던 시기가 있었다. 그러나 미국에서 국기는 애플파이만큼이나 미국적인 물건이라서 대다수의 미국인들은 국기를 자랑스럽게 여기며 공개적으로 과시한다.

아메리칸 드림이 악몽 같은 여러 프로젝트, 교도소 시스템, 인종주의 등과 맞닥뜨리는 미국의 현실과 이런 자부심을 어떻게 조화시켜야 할까? 국기는 이 나라에 훌륭한 부분뿐만 아니라 썩은 부분도 있다는 신념을 표현하는 데 지금도 간혹 사용된다. 예를 들어, 2016년 5월에 뉴멕시코 주 앨버커키에서 트럼프가 집회를 열었을 때, 집회장 밖에서 그에게 반대하는 활동가들이 성조기를 불태웠다. '흑인의 생명도 소중하다BLM' 집회에서도 국기모독이 여러 번 발생했다. 그러나 이런 다양한 측면을 조화시키는 것은 그리 어려운 일이 아니다. 미국의 방식에는 긍정적인 면이 많기 때문이다. 모든 국기가 그렇듯이, 미국 국기도 독특한 상징이자 동경의 대상으로서 미국인들의 마음을 두드린다. 우리나라가, 이 세상이 완벽하지 않다고 해서 우리가 꿈을 꿀 수 없는 것은 아니다.

소속감, 자유, 희망의 메시지

물론 이런 사고방식이 모두에게 효과가 있는 것은 아니다. 옛날 옛적에 나는 미국에서 자동차를 배달하는 일을 했다. 자동차를 배달시킨 손님들은 이사할 때 자기들 대신 내가 자기들 차를 몰고 수천 킬로미터를 달려 배달해주는 대가로 돈을 지불할 여유가 있는 사람들이었다. 어느 날 나는 필라델피아에서 텍사스 주까지 차를 배달하는 일을 맡았다. 거리는 고작 2,400킬로미터였다. 나는 모텔 숙박비를 낼 여유가 없었으므로, 조지아 주 어딘가에서 주유소로 들어가 한 시간쯤 잠을 자기로 했다. 그런데 주유소로 들어가던 도중, 어떤 크리올* 남자가 남쪽으로 가기 위해 엄지손가락을 내밀고 서 있는 것이 보였다. 제대로 씻지도 않고 신발도 없이 넝마 같은 바지만 입은 30대 초반의 빨간 머리 남자였다.

나는 주유소에서 잠시 잠을 청한 뒤 커피를 한 잔 마시고 다시 고속도로로 나갔다. 몇 시간 뒤 루이지애나 주 근처에서 나는 다시 커피 한 잔을 마시려고 휴게소에 차를 세웠다. 그런데 거기서 출발하는 길에 그 남자가 또 보였다. 역시 남쪽으로 가려고 엄지손가락을 내밀고 있었다. 나는 재빨리 계산을 해보았다. 그 남자가 아까 주유소에서 차를 얻어 탄 뒤 운전자를 죽이고, 시체도 처리하고, 자동차도 버리고, 또 새로운 희생자를 찾아나섰을 가능성은 희박했다.

우리는 정말 죽이 잘 맞았다. 우리가 루이지애나 주에 들어설 무렵, 나는 길을 우회해 뉴올리언스로 가려던 계획을 버리고, 대신 곧장 텍사스 주로 가기로 했다. 그는 텍사스 주 갤버스턴의 자기 집으로 나를 초대했다. 우리가 배를 타고 멕시코만을 건너는 동안 앞에서는 돌고래들이 질주하며 수면 위로 뛰어올랐다. 아름다운 날의 아름다운 순간이었다. 그리고 나서 우리가 차를 몰고 들어간 곳은 미국의 악몽이었다.

갤버스턴은 인종적으로 갈라져 있는 유전 도시다. 그리고 내 새 친구가 사는 곳은 그 도시의 좋지 않은 구역이었다. 나는 그때도 그 이후로도 제1세계 국가에서 그렇게 가난한 곳을 본 적이 없다. 그는 허름한 방 하나짜리 아파트를 누이와 함께 쓰고 있었다. 전구는 모두 갓도 없는

---

* 루이지애나 주에 이주한 프랑스인의 자손 또는 프랑스인이나 에스파냐인과 흑인의 혼혈. — 옮긴이

알전구고, 가구도 몇 개 없고, 벽에는 바퀴벌레가 너무 많아서 마치 벽 자체가 움직이는 것처럼 보였다. 나는 그곳에 이틀 동안 머물렀다. 그중에 7월 4일이 있었다. 친구와 함께 간 수영장에서 나는 수백 명의 흑인들 중 유일한 백인이었다. 몸에 걸친 옷이 별로 없기 때문에 피부색의 차이가 더욱 확연히 눈에 들어왔다.

성미 급한 어린 친구들이 나더러 계속 '시팔' 무슨 꼴을 보려고 자기네 수영장에 왔느냐고 물어대자, 내 친구와 나이 많은 남자들 몇 명이 그들을 설득했다. 나는 나를 보호해준 그들 중 한 명에게 혹시 7월 4일 독립기념일 파티에 갈 예정이냐고 물었다. 그는 나를 잠시 바라보다가 느릿느릿 말했다. "이 시팔 놈의 나라에 내가 축하할 것이 뭐가 있어서?"

그래도. 몇 달 뒤 나는 다시 필라델피아로 돌아와 대학의 수업에 출석했다. 얼마 전에 친구가 된 흑인 두 명은 졸업반인데, 나중에 미국 해병대에 입대할 계획이었다. 내가 이유를 묻자 한 명이 대답했다. "나한테 수많은 기회를 준 이 위대한 나라에 보답하고 싶으니까." 1980년대 초 영국인 백인 청년이던 나는 영국인 흑인 청년에게서 이런 말을 한 번도 들어보지 못했다.

텍사스 주와 필라델피아에서 마주친 두 가지 감정이 모두 정당하지만, 더 널리 퍼져 있는 감정은 후자다. 수많은 결점에도 불구하고, 미국은 국민들에게 소속감, 자유, 희망을 불어넣는다. 이것이 과연 올바른 현실인식인지를 놓고 논쟁하는 것은 중요하지 않다. 그들은 현실이 이렇다고 믿고 있기 때문이다. 지금도 미국에 가고 싶어 하는 사람이 아주 많다는 점을 생각하면, 빨간색, 하얀색, 파란색의 성조기는 지금도 사람들의 마음을 움직이고 있다.

감정적인 의미가 듬뿍 배어 있는 국기의 역사에 포착된 미국의 이상은 비록 미국 역사 속에 많이 등장하는 가혹한 현실과 동떨어져 있다 해도 사람들의 마음에 호소한다. 이유가 무엇이든, 마틴 루서 킹^{Martin} ^{Luther King}의 말처럼 사람들은 이 국기 덕분에 "꿈을 가질" 수 있다.

제2장

유니언잭

태양이 지지 않던
영국의 영광

우익 정당인 **SNP**의 지지자들이 2013년 6월 런던의 의사당 앞을 행진하면서 유니언잭을 흔들고 있다. 유니언잭은 **1970**년대와 **1980**년대에 극우의 상징으로 인식되었으나, 나중에 많은(전부는 아니다) 영국인들이 이 깃발을 받아들였다.

이 축복받은 땅,

이 흙,

이 영토

☛ 윌리엄 셰익스피어William Shakespeare, 《리처드 2세》〈2막, 1장〉 중에서

빨간색, 하얀색, 파란색. 이것이 여러분에게는 무엇을 의미하는가? 현대적이고 활기와 자신감이 넘치는 국민국가의 상징? 아니면 2016년 초에 배우 엠마 톰슨Emma Thompson이 말한 것처럼 "구름에 가려지고 비가 내리는 유럽의 아주 작은 귀퉁이, 때가 끼고 비참하기 짝이 없는 오래된 회색 섬"*? 유니언잭의 빨간색, 하얀색, 파란색은 여전히 강대한 국가의 찬란한 과거를 상징할 수도 있지만, 쓰디 쓴 별명을 연상시킬 수도 있다. 예를 들어, 아일랜드 일부 지역에서 이 깃발은 억압적인 식민통치와 피에 물든 깃발을 의미하는 '푸주한의 앞치마Butcher's Apron'라고 불린다. 어쩌면 이 깃발은 이 모든 것과 더불어 훨씬 더 많은 것을 동시에 상징할 수도 있다. 미국의 51번째 주? 쿨 브리타니아**?

모든 국기가 그렇듯이, 이 국기의 아름다움과 의미는 보는 사람의 눈과 상상력과 정치적 견해에 따라 달라진다. 그러나 영국 국기는 여러

* 영국 배우 엠마 톰슨이 브렉시트 투표 때 유럽연합 탈퇴에 반대하면서 한 말.
** '멋진 영국'이라는 뜻으로, 1997년에 보수당의 18년 장기집권에 종지부를 찍고 집권한 토니 블레어Tony Blair가 내놓은 구호. ─ 옮긴이

상징들의 연합이라는 점에서, 자신이 대표하는 나라의 여러 지역에서 조차 불화의 원인이 될 수 있다. 셰익스피어가 《리처드 2세》에서 "홀笏을 쥔 이 섬"에 보낸 찬사를 생각해보자.

> …덜 행복한 땅들의 부러움 앞에서
> 이 축복받은 땅, 이 흙, 이 영토
> 이 잉글랜드.

현재 "덜 행복한 땅들" 중 세 곳을 꼽는다면 아마 스코틀랜드, 북아일랜드, 웨일스가 될 것이다. 이 지역의 주민들 대다수에게 '영국Britain'과 '잉글랜드England'라는 단어는 같은 뜻이 아니기 때문이다.

네 지역의 연합체에서 지배적인 위치를 차지하고 있는 잉글랜드에서는 이것이 문제가 되지 않는다. 그러나 다른 지역들, 특히 스코틀랜드와 웨일스에서는 언제나 문제였다. 2016년 여름 브렉시트의 충격으로 잉글랜드 안팎에서 많은 사람이 더 이상 그 땅을 축복받은 곳으로 보지 않게 되었다. 이 연합체가 이제 유럽연합에 속하지 않는다면, 일부 지역은 유니언잭의 결합을 풀고 대신 유럽의 12개 별과 자기들의 깃발을 합칠 준비가 되어 있다.

잉글랜드의 시각이 단적으로 드러난 사례로 1966년 7월 30일 웸블리 축구장에서 있었던 일을 꼽을 수 있다. 이날 잉글랜드는 독일을 꺾고 월드컵 우승을 차지했다. 이날의 영상을 자세히 살펴보면, 경기장이 빨간색, 하얀색, 파란색의 물결로 뒤덮여 있기는 하지만 독일 국기를 제외한 거의 모든 깃발이 영국 국기임을 알 수 있다. 잉글랜드의 깃발(하얀 바탕에 성 조지St. George의 빨간 십자가가 있는 모양)은 가끔 보일 뿐이다. 그날 경기에 나선 것은 영국 팀이 아니었으나, 잉글랜드 사람들에게는 영국 국기가 잉글랜드 깃발과 동격이었다. 가능성은 희박하지만, 만약 그날 월드컵 결승전에 출전한 것이 스코틀랜드 팀이었다면 관중석에서 휘날리는 깃발 중 유니언잭은 단 하나도 없었을 것이다. 대신 스코틀랜드의 솔타이어 깃발(파란색 바탕에 성 앤드루St. Andrew의 엑스 자 모양 십자가가 하얀색으로 그려진 것)을 비롯해서 스코틀랜드의 여러 상징들이 수만 장이나 관중석에 등장했을 것이다.

잉글랜드 사람들 중 일부는 잉글랜드인의 정체성보다 영국인의 정체성을 어느 정도 우선시한다고 볼 수 있을 것이다. 그러나 다른 사람들이 보기에는 잉글랜드가 곧 영국이고 영국이 곧 잉글랜드다. 잉글랜드인들의 용의주도하고 노골적인 우월감에서 이런 생각이 태어난 것 같지는 않다. 그보다는 그들이 함께 살고 있는 다른 민족들의 감정에 대한 이해가 부족하고 자기만족이 강한 데서 나온 결과다. 어쩌면 앤Anne 여왕 시절이던 1707년에 잉글랜드(당시 이미 웨일스와 병합한 상태)와 스코틀랜드에서 통과된 연합법의 불가피한 결과일 수도 있다.

당시 스코틀랜드 인구는 약 100만, 잉글랜드와 웨일스의 인구는 550만 명이었고, 스코틀랜드 남부는 점점 경제의 기관차 역할을 하고 있었다. 숫자로만 보면 결코 동등한 관계가 아니었으므로 18세기부터 줄곧 분열이 심화되었다. 국가통계청 자료에 따르면, 현재 영국 인구 6,500만 명 중 84퍼센트가 잉글랜드인, 8.3퍼센트가 스코틀랜드인,

4.8퍼센트가 웨일스인, 2.9퍼센트가 북아일랜드인이다. 대부분의 사람들은 이런 숫자의 영향을 받을 수밖에 없다. 그러나 유럽연합의 모든 회원국이 동등하다고 규정되어 있듯이, 1707년의 연합 역시 동등한 나라들의 연합이었다.

잉글랜드, 스코틀랜드 왕실의 융합과 새로운 깃발

그레이트브리튼Great Britain*의 왕실 깃발은 1707년보다 1세기 전부터 이미 사용되고 있었다. 1603년에 스코틀랜드의 제임스 6세James VI이자 잉글랜드의 제임스 1세James I가 스코틀랜드, 아일랜드, 잉글랜드의 왕위를 하나로 합쳤기 때문이다. 그러나 그는 이 나라들을 하나로 합치지는 않았다. 그는 자신의 연합 왕위를 상징하기 위해 배에서 사용할 새 깃발의 제작을 맡겼다. 그러나 이 깃발이 국기로 사용되지는 않았다. 그결과 스코틀랜드의 솔타이어와 잉글랜드 깃발이 뒤섞이게 되었다. 여기에는 두 가지 문제가 있었다. 하얀 솔타이어 위에 빨간 십자가가 놓인 탓에, 스코틀랜드인이 원한다면 이것이 두 깃발 사이의 우열을 의미한다고 볼 수 있었다. 또 다른 문제는 헨리 8세Henry VIII가 1535년에서 1542년 사이 웨일스 법을 통해 잉글랜드와 웨일스를 통일한 뒤, 웨일스는 나라가 아니라 공국으로 간주되었으므로 이 깃발에 전혀 등장하지 않는다는 점이었다. 하다못해 불을 뿜는 작은 용 그림조차 깃발에서 볼 수 없었다. 웨일스의 용은 적어도 5세기까지 거슬러 올라가는 역사

---

* 잉글랜드, 스코틀랜드, 웨일스를 하나로 본 명칭. ― 옮긴이

를 갖고 있다. 당시 이 용은 빨간색 또는 금색으로 묘사되었다고 알려졌으며, 로마인들이 브리튼 섬을 떠난 뒤 권력의 상징으로 채택되었을 가능성이 있다. 이 용이 웨일스의 상징으로 등장하는 가장 오래된 기록은 820년경 역사가 네니우스Nennius가 집필했을 가능성이 있는 《히스토리아 브리토눔Historia Brittonum》이다. 이 기록에는 아서Arthur 왕의 이름이 나오는데, 이보다 3세기 뒤에 몬머스의 제프리Geoffrey**가 쓴 전설에 따르면 아서 왕의 아버지 이름이 유서 펜드래건Uther Pendragon(드래건의 머리)이었다고 한다. 아서 왕 이야기에는 또한 멀린Merlin이 빨간 용과 하얀 용 사이의 오랜 싸움을 예언했다는 내용이 나온다. 이 예언은 웨일스와 잉글랜드 사이의 싸움을 의미하는 것으로 받아들여지고 있다. 따라서 웨일스의 용은 의미가 깊은 상징이지만, 앞에서 말했듯이 영국 국기에는 자리를 잡지 못했다. 법적으로는 이런 것이 문제가 되지 않을지라도, 정서적으로는 오늘날에도 문제가 된다.

잉글랜드가 3세기의 성 조지를 수호성자로 채택한 이유에 대한 기록은, 그가 용을 죽였다는 증거만큼이나 확실하지 않다. 그러나 잉글랜드의 십자군이 12세기에 하얀 바탕에 성 조지의 빨간 십자가를 그린 깃발을 군기로 사용했을 가능성이 있다. 13세기 말에는 많은 잉글랜드 선원들 역시 이 깃발을 사용했던 것 같다. 성 조지의 십자가가 빨간색인 이유도 분명치는 않지만, 용을 죽이는 일이 확실히 쉽지는 않았을 테니

** 중세 영국의 수도승이자 연대기 작가. 그가 쓴 《브리타니아 열왕사Historia Regum Britanniae》는 아서 왕 전설의 중심 사료다.

아마 그의 옷에 피가 한두 방울쯤 튀었을 것이다.

　성 조지는 이런 업적 덕분에 11세기와 12세기에 만들어진 문장^{紋章}

들에서 '잉글랜드의 가치'라고 알려지게 된 것들, 즉 의협심, 명예, 용맹

과 동일시되었다. 그러나 그가 지금의 터키 지역에서 태어나 지금의 팔

레스타인 지역에서 세상을 떠났기 때문에, "홀^笏을 쥔 이 섬"에는 한 번

도 발을 들인 적이 없을 수도 있다. 비록 그가 1년 동안 글래스턴베리[*]

에 있었다는 전설이 있기는 하지만 말이다. 하기야 그는 보이스카우트

였던 적이 없는데도 보이스카우트의 수호성자가 되었다. 그가 매독환

자들을 돕는 성자로 믿어지는 이유 역시 세월의 안개 속으로 사라져버

렸다.

　한편 성 앤드루는 전설적인 왕 앵거스^{Angus}가 9세기에 색슨족 침략

군과 맞서 싸우다가 파란 하늘에서 엑스 자 형태의 하얀 십자가를 본

뒤로 스코틀랜드의 수호성자가 되었다. 이 십자가가 성 앤드루의 것으

로 여겨지는 것은, 그가 엑스 자 십자가에 못 박혔다는 전설 때문이다.

1286년에는 스코틀랜드 정부가 인장에 사용할 정도로 이 십자가가 널

리 알려져 있었다.

　제임스가 잉글랜드와 스코틀랜드의 왕위를 합친 1603년에 깃발은

수백 년 동안 분쟁을 벌여온 두 민족을 뚜렷이 대비시키는 상징이었다.

잉글랜드인들이 스코틀랜드 영토 안에서 약탈을 하며 돌아다니거나, 스

코틀랜드인들이 잉글랜드를 분주히 기습하는 일이 계속 되풀이되었다.

---

　*　잉글랜드 서머싯카운티에 있는 마을.

새로운 왕실 깃발을 디자인할 때, 어느 정도 긴장감이 도는 것은 당연한 일이었다. 제임스는 "반면 남과 북의 브리튼에서 바다로 항행하는 우리 신민들 사이에 각 깃발의 문장에 대한 의견 차이가 생겼다"는 말로 시작되는 포고문을 인가한 뒤, 성 조지의 십자가와 솔타이어의 융합을 공포했다. 잉글랜드의 십자가가 스코틀랜드의 십자가 위에 놓이는 모양이 될 것이 분명해지자, 저명한 스코틀랜드인들은 왕에게 재고를 요청해보라고 마Mar 백작에게 부탁했다. 그런 도안은 "전하의 신민들 사이에 어느 정도의 미움과 불만을 낳을 것"이기 때문이었다. 왕은 자신의 결정을 재고하지 않았고, 정말로 신민들 사이에 약간의 불만이 생겨났다. 몇 년 뒤 많은 스코틀랜드 배들은 솔타이어기 또는 새로운 연합 깃발을 게양했으나, 일부 증거에 따르면 연합 깃발의 경우 성 앤드루의 십자가가 성 조지의 십자가 위에 놓이는 모양으로 변형된 것이었다고 한다. 현대인의 눈에는 거대한 엑스 표가 잉글랜드의 상징을 지워버린 것처럼 보인다.

잉글랜드와 스코틀랜드의 융합으로 이 새로운 깃발이 왕실 깃발이 되었다. 그러나 올리버 크롬웰Oliver Cromwell은 권좌에 오르자마자 1649년에 이 깃발을 없애버리고, 국왕 찰스 1세Charles I의 목을 베었다. 11년 뒤 왕정이 되살아나면서, 이미 머리를 잃은 찰스는 돌아오지 못했으나 깃발은 되살아났다.

영국 국기, 유니언기, 유니언잭

이제 세월을 빨리 앞으로 돌려 1707년에 이르면, 새로운 브리튼 왕국을 상징하는 다양한 깃발 도안이 고려되었다. 여기에는 솔타이어가 성 조지의 십자가보다 우위를 차지하는 도안도 포함되었다. 이 도안은 "스코틀랜드인들이 사용한다고 일컬어지는 스코틀랜드의 연합 깃발"이라고 설명되어 있다. 앤 여왕과 추밀원*은 이 도안에 퇴짜를 놓고, 가장 처음에 올라온 도안을 선택했다. 성 조지의 십자가를 우위에 놓은 이 깃발은 이미 1세기 전부터 왕국의 배에서 휘날리고 있었다.

최초의 유니언 깃발인 이 깃발은 1801년에 그레이트브리튼과 아일랜드가 합쳐질 때까지 사용되었다. 그 뒤에는 아일랜드를 상징하는 성 패트릭의 빨간색 솔타이어가 깃발에 추가되어 오늘날과 같은 모양이 만들어졌다. 아일랜드 사람들 자신은 이 빨간색 솔타이어를 받아들인 적이 한 번도 없었다. 아일랜드 민족주의자들은 영국이 이 십자가를 강요했다고 보았기 때문이다. 그러나 1922년에 아일랜드가 독립한 뒤에도 빨간 솔타이어는 국기에서 사라지지 않았다. 북아일랜드가 아직도 영국의 일부라는 사실의 상징이기도 하고, 모든 것을 바꾸려 하다가는 비용이 무서울 정도로 많이 들기 때문이기도 했다.

성 패트릭의 십자가는 유니언잭에서 파란 바탕과 빨간 십자가 사이에 가느다란 하얀 선이 들어간 원인이기도 하다. 이 하얀 선은 가두리 장식이라고 불리는데, 일부 군기와 나중에 만들어진 국기 등의 도안에 바탕이 된 문장학 전통에서 색이 들어간 특정 영역들은 반드시 하얀색이나 은색 등으로 분리되어야 한다.

* 영국 군주의 자문기관.

지금쯤이면 독자 여러분도 영국 국기, 유니언기, 유니언잭이라는 명칭이 같은 뜻으로 사용된다는 사실을 알아차렸을 것이다. 이렇게 사용해도 된다는 사실을 내가 확실한 소식통에게 확인했다. 따라서 술집에서 이 문제를 놓고 싸움을 벌이거나《데일리 텔레그래프 *Daily Telegraph*》, 《타임스*The Times*》 같은 신문에 분노의 편지를 쓸 필요가 없다. "그게 국적을 알리기 위해 뱃머리에서 휘날릴 때만 유니언잭으로 부를 수 있어"라는 말 때문에 벌어진 싸움이 부지기수지만, 확실한 결론이 내려진 경우는 드물다. 따라서 나는 분명한 답을 얻기 위해《영국의 깃발들과 기장들 *British Flags and Emblems*》이라는 책의 저자이자 영국 깃발연구소에서 깃발 연구를 선도하고 있는 그레이엄 바트럼Graham Bartram에게 물어보았다. 깃발연구소는 깃발 연구에서 세계적인 권위를 인정받는 곳이다. 그레이엄이 트리스탄다쿠나*의 깃발을 직접 도안했고, 보스니아 국기를 만들 때도 도움을 주었다는 점을 감안하면, 불콰한 얼굴로 술집에 앉아 있는 사람보다 더 나은 정보원임은 분명하다. 그는 또한 술집의 그 남자와 달리, 서로 모순되는 증거들이 바로 규칙을 증명해준다는 점을 받아들일 준비가 되어 있다.

그레이엄과 깃발연구소의 설명에 따르면, '잭jack'이라는 단어는 1600년까지 작은 돛대에서 휘날리는 작은 깃발에 사용되었다. 유니언 깃발은 30년도 안 돼서 특정한 종류의 돛대에 흔히 게양되었는데, 이제는 그런 돛대가 '잭'이라고 불렸다. 당시 사람들이 이 깃발을 유니언 깃발

** 희망봉과 남미 사이의 영국령 화산도군群. ─ 옮긴이

이라고 불렀다는 사실은 확실히 알려져 있다. 국왕 찰스가 1634년 포고문에서 이 깃발을 유니언 깃발로 지칭하며, 해군 선박에만 이 깃발을 게양해야 한다고 주장했다("짐의 큰 노여움을 살 것이다")는 기록 덕분이다. 이 깃발이 잭 깃발이라고 불리다가 유니언잭이 되었다는 증거가 있다.

지금까지 "잭은 오로지 배에만" 게양되었다. 하지만 이에 대한 공식적인 지시는 존재하지 않았으며, 유니언잭이라는 이름은 깃발이 어디에 걸리든 상관없이 흔히 쓰이게 되었다. 1902년에 영국 해군본부는 이 깃발을 유니언잭 또는 유니언 깃발로 부를 수 있다고 선언했다. 6년 뒤 크루Crewe 백작은 의회의 질문에 답변하면서 "유니언잭을 국기로 간주해야 한다"고 진술했다. 이것으로 이 문제가 완전히 결정된 것처럼 보일 것이다. 그러나 해군본부도 의회도 (적절한 절차 없이) 이런 선언을 할 권위와 그것을 최종적인 결정으로 만들 권위를 갖고 있지 않았다.

게다가 깃발연구소의 지적처럼 1902년의 메모를 읽어본 적이 없는 해군본부의 누군가가 1913년에 문서에서 이 깃발을 '유니언 깃발'로 지칭하며 각주에 다음과 같은 말을 덧붙여놓았다. "잭은 '잭' 깃대에만 게양할 수 있는 깃발이다." 권위 있는 리즈 항해력^曆은 "잭 깃대에서 휘날리는 작은 깃발"만이 유니언잭이라고 엄숙히 선언하곤 했다. 그러나 1993년에 이 거친 물속에 발가락을 살짝 담근 뒤로는, 아예 이 주제를 언급하지 않는 편을 선택했다.

1933년에 내무부장관이던 존 길모어John Gilmour 경은 "유니언 깃발이 국기이며, 육상에서 영국 신민 누구나 이 깃발을 적절히 휘날릴 수 있다"고 선언했다. 하지만 그가 이런 말을 했다고 해서 그것이 곧 현실이 되지는 않았다. 유니언잭/깃발을 영국 국기로 명문화한 법은 지금까지도 통과된 적이 없다. 이 깃발이 국기가 된 것은 관습과 실행을 통해서다. 비록 이례적인 일이긴 해도, 영국에 성문헌법*이 없다는 점이 여기에 부분적으로 영향을 미쳤다. '유니언' 뒤에 '잭'을 붙일지 '깃발'을 붙일지를 놓고 벌어지는 논쟁과 관련해서, 엇갈리는 증거가 발견되지 않는 한 깃발연구소의 소책자 〈유니언 깃발인가 유니언잭인가?〉를 최종적인 기준으로 삼아야 할 것이다(하지만 그렇게 되지 않을 가능성이 크다). 이 소책자의 2쪽을 인용하면 다음과 같다.

이 주제에 대해 잘 아는 사람들은 두 이름 모두 사용할 수 있다는 주장을 대체로 받아들이는 편이다…. 일부에서 부정확하다는 이유로 '유니언잭'이라는 이름을 배제하려는 운동이 있음은 분명하다. 정부의 일부 부처와 BBC를 포함한 언론매체들이 이 운동에 동참하고 있다는 주장이 나온 바 있다. 그렇다면 어떤 정치인이나 뉴스의 독자가 말이나 글을 통해, 또는 성찰이 담긴 사설을 통해 깃발의 힘과 역사에 이의를 제기하고자 할 때 그 깃발의 색깔과 성격은 과연 어떻게 될지 의문을 품어볼 수 있을 것이다. 그 말이나 글을 접한 대중이 유니언 깃발이라는 호칭을 이해하지 못하거나, 널리 알려진 '잭'이라는 이름보다 그 이름을 좋아하지 않을 때는 또 어떻게 될지…. 깃발연구소는 숙고 끝에 두 이름이 모두 정확하다는

---

* 헌법이라는 형식을 갖추고 성문화되어 있는 헌법으로서 형식적인 의미의 헌법과 같다. 불문헌법에 상대되는 개념이다.

결론을 분명히 내렸다. 두 이름 모두 사용할 수 있다.

깃발연구소의 방식으로 "적당히들 해요"라고 말하는 듯하다.

국기 안의 국기

이 깃발을 어떤 이름으로 부르든, 이 깃발은 가두리장식이 있고 여러 색으로 구성되어 있으며, 복잡하면서도 명확한 뜻을 품고 온 세상을 돌아다녔다. 워털루, 트래펄가, 발라클라바, 로크스 드리프트, 솜, 갈리폴리, 노르망디 해변, 포클랜드 섬의 구스그린, 이라크의 바스라, 아프가니스탄의 배스천 캠프에서 휘날린 것도 이 깃발이었다. 세계 각국 수도의 웅장한 관공서에도 이 깃발이 게양되었고, 인도, 말라야, 버마, 케냐, 수단, 오스트레일리아, 벨리즈 등 지도에 분홍색으로 표시되었던 수많은 땅의 오지에도 이 깃발이 꽂혔다. 대영 제국에 해가 지지 않던 시절의 이야기다. 결국 나중에는 해가 지게 되었지만.

어쨌든 그전에는 전 세계에서 그레이트브리튼의 깃발이 놀라운 역사를 지닌 섬나라를 대표했다. 이 깃발은 영국의 해군력, 제국, 과학적 발전, 탐험 등을 상징했다. 또한 이와 동시에 어느 정도는 사악한 식민주의의 상징이자, 강대국들의 경쟁에 참여한 또 다른 강대국의 상징이었다. 다양한 색깔과 신조를 내걸고 영국과 함께, 그리고 영국을 위해 싸웠던 군대들을 상징한 것 역시 이 깃발이었다.

현재 이 깃발을 바라보는 시각은 사람에 따라 다르다. 예를 들어, 팔레스타인 영토에서 유니언잭은 팔레스타인 위임통치령이 유대인과 아랍인의 땅으로 쪼개지는 데 영국이 수행한 역할 때문에 부정적으로 인식된다. 그러나 인도 사람들의 태도는 그리 분명하지 않다. 억압과 경제적 착취, 그리고 이로 인한 기근으로 점철된 영국 식민 지배의 역사를 감안할 때, 확실히 어느 정도 논란이 벌어지고 있다. 일부 사람들, 특히 힘 있는 자리에 앉은 사람들은 식민 지배가 영국에 남긴 부정적인 영향을 열심히 강조하는 편이다. 하지만 인도에 이런 감정만 존재하는 것은 아니다. 나는 영국 국기를 향해 아직 남아 있는 따뜻한 마음을 직접 경험했다. 인도를 여행할 때 나는 평범한 사람들에게서 "당신들 영국인이 돌아온다면 여기가 더 잘 돌아갈 거야"라는 농담을 자주 들었다. 정말 진지하게 한 말은 아니고, 인도에서 간혹 나타나는 현대 공무원들의 다소 혼란스러운 업무능력에 대한 논평이었다. 식민 지배국에 대한 적의가 속속들이 퍼져 있지 않다는 사실은 어쩌면 인도의 자신감이 점점 늘어나고 있다는 표시인지도 모른다. 세계에서 가장 빠른 속도로 경제가 성장하고 있는 인도는 영국인과 영국 국기의 중요성이 지금보다 더욱 줄어들 미래를 바라보고 있다.

요즘 유니언잭은 세계에서 두 가지 형태로 나타난다. 하나는 상업적인 형태다. 수억 장의 티셔츠, 앨범 재킷, 머그잔 등 수많은 상품에 의회와 산업혁명의 어머니이자 지금껏 존재했던 최고의 제국 중 하나인 훌륭한 조국의 상징, 그리고 새롭고 멋진 21세기 브리타니아의 상징인 이 깃발이 그려져 있다. 또 다른 형태는 언제나 그랬듯이 깃발 그 자체다. 영국이 과거 많은 식민지를 다스렸기 때문에 유니언잭은 지금도 많은 나라에서 바람에 펄럭이고 있다. 하지만 과거를 기억하면서도 미래를 바라보는 각 나라의 국기에서 유니언잭이 왼쪽 위의 귀퉁이를 차지하는 형태가 대부분이다.

예를 들어, 피지의 국기에도 영국의 상징이 포함되어 있다. 하지만 이 나라는 현재 국기를 바꾸는 작업을 진행 중이다. 바이니마라마Frank Bainimarama 총리는 "식민지 시대의 상징을 없앨 때"가 되었다면서, "이미 시대에 뒤떨어져 의미를 잃어버린 기존 국기에서 과거 식민지 시대와 닿아 있는 상징들을 교체할 필요가 있다. 새로운 국기에는 오늘날 현대 국가이자 진정한 독립국인 피지가 세계에서 차지하는 위치가 반영되어야 한다"고 말했다.* 다른 영연방 국가들도 여기에 동의하는 듯하다. 53개 영연방 국가 중 지금도 국기에 유니언잭이 들어가 있는 나라는 4개국(피지, 투발루, 오스트레일리아, 뉴질랜드)에 불과하다.

오스트레일리아와 뉴질랜드는 유니언잭을 없앤 새 국기를 도안하는 수고를 감수해야 하는지 주기적으로 검토해본다. 하지만 아직까지는 그럴 필요 없다는 결론을 내리고 있다. 2016년에 뉴질랜드의 국민투표에서 유권자의 56퍼센트는 기존 국기를 유지하는 쪽을 선택하면서, 멋진 은백색 양치류 가지가 들어간 암청색의 말쑥한 국기 도안에 퇴짜를 놓았다. 여론은 유니언잭을 계속 지지하는 듯하다. 많은 국민들은 이 깃발이 과거로부터 지금까지 영국과 맺어온 관계를 상징한다고 생각한다. 어쩌면 영국 식민지 시대가 지금도 계속 영향을 미치고 있기 때문인

---

* 피지는 2015년 2월 과거 영국 식민지의 상징인 유니언잭을 삭제하겠다고 언급했으나, 2016년 8월 다시 변경 계획을 철회했다.

지 모른다. 인구의 대다수, 즉 약 69퍼센트가 유럽계 혈통, 특히 주로 영국계와 아일랜드계다. 원주민인 마오리족은 인구의 약 15퍼센트를 차지한다. 앞으로 세월이 흐르면서 인구 구성이 바뀐다면 언젠가 이 나라의 국기가 바뀔 가능성이 높아 보이지만, 앞으로 10년 정도는 유니언잭의 위치가 보장된 듯하다.

유니언잭이 포함된 깃발을 사용하는 곳은 이 밖에도 몇 군데 더 있다. 뉴질랜드가 관리하는 니우에 섬, 영국 보호령인 버뮤다, 앵귈라, 케이맨제도, 몬세라트의 깃발 왼쪽 위에 유니언잭이 그려져 있다. 캐나다 온타리오 주와 매니토바 주의 깃발도 마찬가지다. 브리티시컬럼비아 주는 이 전통을 깨고, 깃발의 위쪽 3분의 1 지점까지 유니언잭을 그려 넣고 그 아래에는 태평양의 파도 위로 솟아오르는 태양을 그렸다. 뉴펀들랜드 래브라도는 깃발의 왼쪽 절반에 영국 국기의 도안을 일부 변형해서 사용하고 있다.

하와이 깃발에도 유니언잭이 등장한다는 사실은 비교적 덜 알려져 있다. 하와이 깃발은 미국 국기의 줄무늬를 본떴으나, 영국 국기가 왼쪽 위에 자리 잡고 있다. 하와이가 미국과 상대적으로 가까운 동시에 영국과도 전통적인 관계를 맺고 있다는 사실을 반영한 도안이다. 하와이는 영국 식민지였던 적이 없지만, 영국 국기 문양은 계속 하와이 깃발에 사용되고 있다. 1842년에 조지 폴릿George Paulet 경이라는 사람이 불행한 '오해'를 한 사건도 이 도안을 바꿔놓지 못했다. 영국 해군 지휘관이었던 그는 자신의 능력에 대한 자신감이 높고 대단히 진취적인 사람이었으나 시대가 시대인 만큼 요즘처럼 전화기, 트위터 계정 등 전기를 이용한 통신방법을 사용할 길이 없었다. 이런 것을 사용할 수 있었다면, 영국 정부가 하와이는 영국의 속국이 아니라고 인정할 준비를 하던 시기에 그가 영국 정부를 대신해서 일방적으로 하와이의 통제권을 손에 쥐는 일은 일어나지 않았을지도 모른다.

하와이와 영국의 관계는 우호적이었으며, 교역도 활발하게 이루어졌다. 따라서 1816년에 하와이의 왕 카메하메하 1세Kamehameha I 는 국기를 새로 도안하면서 지금과 같은 상징들이 들어 있는 도안을 승인했다. 그의 맏아들인 카메하메하 2세Kamehameha Ⅱ 도 이 도안을 유지했고, 차남인 카메하메하 3세Kamehameha Ⅲ 역시 굳이 도안을 바꿀 이유가 없다고 보았다. 그러나 1842년에 폴릿은 이 섬에 살고 있는 영국 신민들이 부당한 대우를 받고 있다는 혼자만의 생각에 잔뜩 흥분해버리고 말았다. 그는 호놀룰루 항구에 정박한 전함 HMS 캐리스포트 호에서 카메하메하 왕에게 연달아 여러 가지 요구를 하면서 이렇게 경고했다. "만약 지금 제가 이 섬의 왕에게 전하는 요구들이 내일(토요일) 오후 네 시까지 받아들여지지 않는다면, 우리 여왕 폐하의 배 캐리스포트 호가 저의 지휘하에 그 시각에 이 도시를 즉시 공격할 준비를 갖출 것이라고 알려드리게 되어 영광입니다."

포격 개시까지 한 시간이 남았을 때 왕은 신중함이 진정한 용기라는 현명한 결정을 내렸고, 폴릿은 하와이 섬 전역에 영국 국기를 게양했다. 그 상태로 꼬박 다섯 달이 지난 뒤 폴릿의 상관인 토머스Thomas 해군 소장이 나타나 그에게 호통을 치고, 왕에게 사과하고, 국기를 내려 하와이 주권의 회복을 인정했다. "피해는 없었소." 왕은 이렇게 말했다. 아니, 대략 이런 뜻의 말을 했다. 이렇게 지역적으로 약간의 문제가 있었고, 이듬해에 영국이 하와이의 주권을 공식적으로 인정했는데도 국기 도안은 바뀌지 않았다(1845년에 사소하게 수정되기는 했다). 미국의 주기州旗 중에서 유니언잭이 포함된 것은 이 하와이 깃발뿐이다. 따라서 영국 국기는 미국의 일부인 이 작은 땅에서 지금도 휘날리고 있다.

물론 모두가 그렇게 도량이 넓은 것은 아니었다. 특히 전함을 앞세운 외교뿐만 아니라 식민지 시대까지도 다소 길게 경험한 나라들은 대부분 다른 반응을 보였다. 파키스탄, 인도, 남아프리카, 케냐, 나이지리아, 버마 등 수많은 나라들이 독립하자마자 빨간색, 하얀색, 파란색으로 이루어진 이 깃발을 내팽개치고 색깔, 도안, 상징을 통해 자신의 주권을 선언했다.

게양할 때는 기운차게, 내릴 때는 격식을 갖춰서

그렇게 해서 지금에 이르렀다. 21세기 영국의 국기는 전 세계 국민국가의 국기 중에서 가장 유구한 역사를 지닌 편에 속한다. 찬란하지만 또한 많은 피를 흘렸던 과거에서 벗어날 수 없는 이 깃발이 대변하는 국민들은 국내외에서 현대적인 국가의 국민으로서 어떤 정체성을 가져야 하는지 끊임없이 자문하고 있다.

정치적인 차원에서 유니언 깃발은 비록 유럽연합에서 발언권을 잃을 처지이긴 하지만 지금도 세계의 주요 강대국인 영국의 상징이다. 이 깃발을 내걸고 전투에 나서는 군대의 규모는 엄청나게 줄어들었으나, 상대적으로는 유럽에서 가장 강력한 군대 중 하나라고 해도 무리가 없다. 경제적인 면에서 이 깃발이 상징하는 나라는 여전히 세계 최대의 경제 강국 중 하나이며, 과학과 문화 분야의 성공적인 수출 실적을 통해 '소프트파워'도 발휘하고 있다.

유니언잭은 이제 제국을 상징하지 않지만, 제국 시절의 함의는 앞으로도 영원히 사라지지 않을 것이다. 그래도 대부분의 국민들은 여전히 이 국기를 존중한다. 많은 영국인은 국기에 대해 잘 모른다. 하지만 그것은 국기를 존중하지 않는다는 표시가 아니라, 상냥한 문화적 특징의 일부일 뿐이다. 가끔 국기의 위아래가 뒤집힌 채로 게양되는 이유도 이것으로 이해할 수 있다. 사실 이렇게 뒤집힌 국기는 변고가 일어났음을 의미한다.

올바른 게양 방법은 빨간색과 파란색 사이의 하얀색 줄무늬 중 넓은 쪽이 왼쪽 위에 오게 하는 것이다. 그러나 왕족의 결혼식 날 버킹엄 궁전 앞에 서 있는 사람들이 유니언 깃발이 그려진 손수건이나 천을 흔들면서 깜빡 잊고 그 방향을 확인하지 않는다 해서 큰 죄가 되지는 않는다. 국제적인 행사에서는 이것이 좀 더 심각한 문제지만, 영국 정부조차 국기를 잘못 게양한 적이 있다. 예를 들어 다우닝 거리에서 중국과 무역 협상에 서명할 때도 그런 일이 일어나, 최고위급 영국인들조차 국기의 위아래를 구분할 줄 모른다는 사실이 증명되었다. 2016년에 영국이 유럽연합 탈퇴 여부를 묻는 국민투표에 앞서 유럽연합과 협상에 돌입할 때도 국기가 브뤼셀의 유럽연합 본부 앞에 위아래가 뒤집힌 채 게양되어 있는 것이 눈에 띄었다. 이것이 우연한 실수였는지, 프랑스가 장난을 친 건지, 영국이 변고를 알린 건지는 밝혀지지 않았다.

국기를 어떤 태도로 다뤄야 할까? 영국 국기를 게양할 때는 "기운차게", 내릴 때는 "격식을 갖춰서" 해야 한다. 찢어지거나, 더럽혀지거나, 손상되기 쉽게 국기를 다루면 안 된다. 그러나 불에 태우는 것을 포함해서 여러 방식으로 폐기하는 것은 법에 어긋나지 않는다. 미국을 비롯한 몇몇 나라의 전통과 대조적으로, 영국 국기는 땅에 닿아도 된다. 1980년에 로디지아가 짐바브웨로 바뀌면서* 그곳에 걸려 있던 영국 국기의 마지막 하강식을 촬영한 영상을 보면, 국기가 아프리카의 흙바닥까지 완전히 내려지는 것을 볼 수 있다. 이 광경의 상징적인 의미를 그 자리의 참석자들도 분명히 놓치지 않았을 것이다. 전사자 추도일에 국기는 땅에 늘어뜨려진다. 베일링Vailing이라고 불리는 이 방식은 존중의 표시다.

국기를 거는 방법에 대해 정부가 승인한 규정들도 있다. 국기뿐만 아니라 국민들은 잘 모르거나 유쾌하게 무시해버리는 경우가 많은 다른 깃발에도 적용되는 규정이다. 2012년에 비교적 자유롭게 개정된 규정에 따르면, 깃발을 내건 "장소의 전체적인 외관을 방해하지 않는 상태가 유지"된다면 깃발을 걸 수 있다. 물론 그 장소의 주인에게서 깃발을 걸어도 된다는 허락을 받아야 한다. 여기에는 지방 고속도로 관리국도 포함된다. 깃발에는 세 종류가 있다. "지방 계획국의 허가가 없어도 걸

---

* 1880년대 영국의 세실 J. 로즈Cecil J. Rhodes는 남부 아프리카 지역에 동인도회사를 모델로 한 영국남아프리카회사를 설립한 뒤 현재의 짐바브웨 일대에 있는 마타벨렐란드를 지배했다. 영국남아프리카회사는 그의 이름을 따 이 지역에 '로디지아'라는 이름을 붙였다. 1980년대 영국으로부터 독립하면서 북로디지아는 잠비아, 남로디지아는 짐바브웨가 됐다.

수 있는" 깃발, "다른 규제를 준수한다면 허가가 필요하지 않은" 깃발, "허가가 필요한 깃발." 자신의 깃발이 이 셋 중 어디에 속하는지 확실치 않다면, "해당 지역의 계획국에 연락하면 상세한 조언을 해줄 것"이라고 한다. 이때 "상세한"이라는 말은 진짜로 상세하다는 뜻이다.

예를 들어, 다른 나라의 국기를 걸 때는 허가를 얻지 않아도 된다. 심지어 프랑스 국기도 마찬가지다. 유엔 깃발도 문제없다. 사실 영국이 회원국으로 소속되어 있는 모든 국제기구의 깃발을 자유로이 내걸 수 있다. 따라서 국제통화기금IMF 깃발도 문제없이 걸 수 있지만, 국제 곰 연구 및 관리협회의 깃발을 걸고 싶다면 먼저 확인을 해보아야 한다. 영국이 이 단체의 회원국이 아니기 때문이다. 정부의 허용 가능한 깃발 목록에 이 단체의 깃발은 없다. "영국 내의 모든 섬, 카운티, 자치도시, 구, 교구, 도시, 마을"의 깃발은 얼마든지 걸 수 있고, 라이딩스 오브 요크셔의 깃발도 마찬가지다. 사실 영국 내에 역사적으로 존재했던 모든 카운티가 여기에 포함된다. 하지만 깃발에 광고를 붙이는 것은 허용되지 않는다.

크기, 글자, 숫자, 장소, 기간 등과 관련해서 여러 다른 규제가 적용되는 깃발도 있다. 예를 들어, 2012년부터는 국민이 각자 자신을 상징하는 깃발을 만들어서 거기에 자신의 이름을 새기고, 자기 집 지붕의 수직 깃대에 거는 것이 가능해졌다. 하지만 이런 깃발은 한 번에 하나씩만 허용된다. 만약 옆으로 돌출한 깃대에 깃발을 하나 걸었다면, 허가 없이 지붕의 수직 깃대에 다른 깃발을 걸 수 없다. 지붕과 마당에 각각 깃발을 하나씩 거는 것은 다행히 허가가 없어도 가능하다. 이 마지막 규칙은 또한 다른 몇 가지 규제의 제한을 받지만 그것까지 자세히 설명하지는 않겠다. 각자 해당지역의 계획국에 물어보면, 기꺼이 아주 상세하게 설명해줄 것이다. 개인을 상징하는 깃발을 포함해서 이 두 번째 종류의 깃발들의 크기에는 아무 제한이 없다. "뛰어난 자연경관, 특수 통제구역, 브로즈*, 보호구역, 국립공원 내에 깃발을 걸 때"는 예외다.

영국군은 깃발에 대한 자체 규정과 규제를 갖고 있다. 이것 역시 일반적인 규정 못지않게 상세하며, 그보다 훨씬 더 면밀하게 지켜진다. 예를 들어, 군주나 함대의 제독이 승선한 배의 돛대에 유니언잭을 게양한다(해군 함정이나 잠수함에는 항상 영국 군함기를 걸어야 한다). 아주 드물게 혹시 배에서 군사재판이 벌어지는 경우에도 국기를 걸지만, 이때는 돛의 활대에 걸어야 한다. 17세기에 국기를 건 군함들은 입항세를 면제받았기 때문에, 상업용 선박들도 세금을 피하기 위해 국기를 걸었다. 오로지 군함만이 유니언잭을 걸 수 있다는 찰스 1세의 고집스러운 규정은 오늘날에도 적용된다.

유니언 깃발을 향한 애정과 증오

영국은 많은 것으로 구성되어 있지만, 하나의 상징으로 요약된다. 바트럼은 이렇게 말했다. "깃발은 국가적 정체성 전체를 상징하는 단 하나의 물건이다. 100명에게 영국을 하나의 물건으로 어떻게 표현할지 묻거나 영국을 상징하는 하나의 물건을 가져와보라고 말한다면, 99명은 유니언 깃발을 가져올 것이다. 나머지 한 명은 아마 찻주전자를 가져올 것

---

* 잉글랜드 동쪽 끝에 있는 습지. ― 옮긴이

같다."

영국에는 자기혐오에 빠진 서구인이 상대적으로 적은 편이지만 어쨌든 그런 사람들과 그들을 응원하는 언론매체를 제쳐두고 보면, 유니언 깃발에 대한 존중은 물론 때로는 깊은 찬탄까지도 아직 남아 있음을 알 수 있다. 그러나 이런 감정의 깊이는 지역에 따라 다르다. 잉글랜드의 수많은 소수종족들은 잉글랜드 깃발보다 영국 국기에 더 마음이 끌리는 듯하다. 여론조사에 따르면, 영국 국기가 모두를 포용하는 것처럼 보이는 반면 잉글랜드 깃발은 일부 사람들이 보기에 '백인'의 상징처럼 보이기 때문이다.

유고브/브리티시 퓨처가 실시한 여론조사("홀笏을 쥔 이 섬", 2012)는 이러한 차이에 대한 매혹적인 통찰력을 보여주었다. 사람들을 하나로 모아주는 요인은 군주제였다. 잉글랜드의 응답자 중 84퍼센트가 이 깃발과 함께 군주제를 연상했고, 웨일스와 스코틀랜드에서도 이 비율이 각각 82퍼센트, 80퍼센트였다. 영국군과 이 깃발을 함께 연상한다는 응답자도 잉글랜드에서 80퍼센트, 웨일스에서 77퍼센트, 스코틀랜드에서 70퍼센트였다. 그러나 '자부심', '애국심' 같은 단어들에 관한 질문을 던지자, 차이가 분명히 드러났다. 잉글랜드의 응답자 중 80퍼센트는 이 깃발을 보며 자부심과 애국심을 함께 떠올렸지만, 웨일스에서는 이 비율이 68퍼센트로 떨어졌고, 스코틀랜드에서는 고작 56퍼센트였다. 전체적으로 봤을 때 대다수의 영국인들은 국기에 대해 대체로 호의적이었다. 그러나 국기의 부정적인 측면에 대한 질문에서는 또다시 차이가 드러났다. 예를 들어, 국기를 보며 인종차별과 극단주의를 연결시키는 잉글랜드인은 15퍼센트에 불과했지만, 스코틀랜드인 중에서는 이 비율이 25퍼센트였다. 이런 숫자들만으로 잉글랜드인들이 다른 사람들에 비해 유니언 깃발과 자신을 동일시하며 더 애착을 느낀다는 사실이 증명되었다고 할 수는 없으나, 이런 감정이 존재한다고 짐작해볼 수는 있다. 이 조사결과는 또한 영국의 여러 민족들 사이에 수백 년 전부터 존재하던 불화가 잉글랜드 이외의 지역에서 더 선명하게 느껴진다는 것을 보여준다.

이런 평가가 북아일랜드만큼 잘 들어맞는 곳은 없다. 그리고 브렉시트 위기 속에서 북아일랜드 문제가 다시 주목을 받게 되었다. 2016년에도 북아일랜드의 일부 지역에서는 깃발뿐만 아니라 인도의 연석 색깔까지도 종교적 성향과 정치적 성향을 대놓고 상징했다. 예를 들어, 벨파스트의 개신교 지역에서 길모퉁이를 돌면 유니언을 지지하는 빨간색, 하얀색, 파란색 연석이 나오고, 가톨릭 지역에서는 아일랜드를 상징하는 초록색, 하얀색, 오렌지색 연석이 나오는 식이다. 하지만 지금은 아일랜드 색깔이 예전보다 줄어들었다. 벨파스트 주민 대부분은 굳이 나서서 자기 편 색깔을 칠하려 들 정도는 아니지만, 공공장소의 색깔들이 그곳의 모든 주민이 알고 있는 상징을 통해 지금도 계속 이어지는 정체성 싸움을 대변하는 것은 사실이다.

아일랜드의 세 가지 색깔 중 초록색은 아일랜드의 가톨릭과 공화주의와 혁명을 상징하고, 오렌지색은 아일랜드의 개신교를 상징하며, 이 두 색깔 사이를 가르는 하얀색은 이 둘의 평화를 바라는 희망을 상징한다. 개신교의 색인 오렌지색은 1690년의 보인 전투와 연결되어 있다.

잉글랜드, 스코틀랜드, 아일랜드의 왕이자 개신교도인 오렌지 공 윌리엄^{William}이 아일랜드의 드로에다 인근 보인 강에서 폐위된 왕이자 가톨릭 신자인 제임스 2세^{James Ⅱ}의 군대를 물리친 싸움이 바로 보인 전투다. 이 전투로 잉글랜드(와 개신교 세력)의 아일랜드 지배가 공고해졌고, '오렌지당'의 개신교도들은 지금도 매년 7월 12일에 주로 북아일랜드에서 이날의 승리를 축하한다. 오렌지당은 영국 국기를 눈에 잘 띄게 내걸고 행진하며, 이날 저녁에는 축하의 의미로 피운 화톳불에 아일랜드 깃발을 태우는 일이 드물지 않다. 다른 나라의 깃발을 태우는 일은 이곳을 제외하면 영국 내 어디에서도 일상적이지 않기 때문에, 이런 일이 벌어진다는 사실 자체가 북아일랜드의 정치적 분위기와 관련된 감정을 보여준다.

관공서 건물에 깃발을 거는 것은 특히 민감한 문제다. 2012년 12월에 벨파스트 시의회는 시청에 유니언 깃발을 거는 날에 제한을 두기로 결정했다. "우리가 공동의 사회에 살고 있음을 인정"하기 위해서였다. 주로 개신교도의 후손이며 영국과의 통합에 찬성하는 통합파는 이것이 영국 주권을 상징적으로 희석하는 조치라고 보았다. 이로 인해 즉시 시작된 시위는 몇 달 동안 계속되었으며, 때로는 폭동으로 발전하기까지 했다. 2015년에는 스토몬트의 의사당에 아일랜드의 삼색기가 10분 동안 나타났다가 사라졌다. 통합파 정치인들은 이에 대해 "깊은 불쾌감"을 느꼈다고 단언했고, 경찰은 수사를 시작했다. 그러나 형사 일곱 명이 적어도 넉 달 동안 매달린 수사는 성과를 내지 못했다. 어둠 속에 가려진 아일랜드 독립단체 '1916 소사이어티즈^{1916 Societies}'는 자신들이 "영국의 지배는 정복으로 인해 시작된 것으로 정당성이 결여되어 있으며, 국민의 자주적인 의지를 강탈한다"는 점을 분명히 드러내기 위한 상징적 행동으로 삼색기를 의사당에 걸었다고 말했다. 이 단체의 이름은 영국의 아일랜드 지배에 반대해 발생한 1916년 부활절 봉기에서 가져온 것이다. 이때의 봉기로 최대 500명이 사망했다.

1848년에 널리 쓰이게 된 아일랜드 삼색기에 부분적으로 영향을 미친 것은 그해에 유럽 전역에서 일어난 공화주의 혁명이다. 아일랜드 민족주의자인 토머스 프랜시스 미거Thomas Francis Meagher가 1848년 3월 7일에 워터퍼드에서 열린 회의에서 이 깃발을 펼친 뒤 많은 사람이 이 깃발을 사용하게 되었다. 그는 연설에서 "중앙의 하얀색은 '오렌지색'과 '초록색' 사이의 항구적인 휴전을 상징합니다. 저는 이 깃발 아래에서 아일랜드 신교도와 아일랜드 구교도가 관용적이고 영웅적인 형제애로 서로 손을 맞잡을 수 있을 것이라고 믿습니다"라는 희망을 피력했다. 그의 희망을 실현하기 위한 작업은 벨파스트의 인도 연석에서 볼 수 있듯이 지금도 진행 중이다. 2016년에도 다르지 않았다. 부활절 봉기 100주년 기념일에 더블린에서는 긴장이 높아졌고, 아일랜드공화국, 북아일랜드, 스코틀랜드 일부 지역에서는 여러 사건들이 벌어졌다.

분열의 무기이자 희망의 상징

북아일랜드에서 영국 국기를 둘러싼 이 일촉즉발의 분위기와 누구나 훤히 알 수 있는 민감한 상황이 어쩌면 1970년대 말과 1980년대에 영국 전역에서 유니언잭이 차츰 눈에 띄지 않게 된 데에 영향을 미쳤는지도 모른다. 이 짐작이 사실인지 증명할 길은 없지만, 북아일랜드 문제라고 불리던 무장 폭력사태가 텔레비전으로 소개되자 많은 사람들이 공통의 역사와 상징에 대해 더 많은 것을 알게 되었을 가능성이 있다. 대략 이 시기에 영국 국기와 잉글랜드 깃발이 모두 잉글랜드 극우파의 전유물처럼 여겨지기 시작했다는 사실은 널리 받아들여지고 있다. 두 깃발 모두 극우 국민전선당NF*의 가두행진과 문헌과 담론에 눈에 띄게 등장하게 되었다. 특히 영국 국기가 더했다. 국민전선당은 옷깃에 국기 배지까지 달고서 잉글랜드의 축구장 앞과 술집 등에서 지지자를 끌어 모으려고 했다. 이렇게 해서 두 깃발은 점차 파시즘과 깊이 연결되었다.

영국은 국기에 경례를 하거나 학교에 국기를 거는 정도까지 나아간 적은 한 번도 없었다. 매일 해야 하는 충성맹세도 없었다. 국기를 다루는 법에 대한 규칙들도 예나 지금이나 아는 사람이 거의 없다. 하지만 국기는 나라의 상징으로서 존중받고 있었다. 그러나 국기의 인기가 떨어지기 시작하면서, 잉글랜드 깃발은 극우와 연관되는 것을 불안해하는 사람들에게 거의 금지구역 같은 존재가 되었다. 잉글랜드에는 영국 국기나 잉글랜드 깃발을 국가 행사 때 눈에 띄게 걸면 대량 이민 시대 이전의 지배적인 백인 문화를 공격적으로 지지한다는 뜻이 될 수 있다는 암묵적인 의식이 있었다.

실제로 그렇게 받아들이는 사람들이 분명히 있었다. 1980년대 중반

* National Front. 1967년 만들어진 영국의 극우 인종주의 정당. 범죄 형량 강화와 사형 확대. 이민자 통제와 강제송환 등을 주장한다.

에 내가 옥스퍼드 기차역에서 옥스퍼드 유나이티드 축구 클럽까지 버스를 타고 갈 때의 일이다. 그날 옥스퍼드 유나이티드는 리즈 유나이티드와 경기를 하기로 되어 있었다. 리즈의 응원단을 가득 태운 버스가 10대 후반의 흑인 남자 청소년 무리 옆을 지나갔다. 그러자 버스 2층에서 "유니언잭에 검은색은 없다! 놈들을 돌려보내라!"는 구호가 터져나왔다. 욕을 먹는 행동이긴 해도, 당시에는 이런 것이 일상이었다. 충격적이지만 놀랍지는 않았다. 설사 유니언 깃발에 검은색이 있었다 해도, 그 사람들은 똑같이 멍청하고 불쾌한 구호를 생각해냈을 것이다. 하지만 그들이 분열의 무기로 국기를 선택했다는 점이 흥미로웠다.

잉글랜드 깃발을 대하는 태도가 바뀌기 시작한 때는 1990년대 중반이었다. 나를 포함한 많은 사람들은 1996년에 열린 유럽 축구선수권대회 결승전이 결정적인 전환점이었다고 본다. 런던의 웸블리 축구장에서 잉글랜드와 스코틀랜드가 맞붙은 경기였다. 이 경기 이듬해인 1997년에 권력을 잡은 블레어의 노동당은 이때 이미 스코틀랜드에 권한을 이양하는 문제에 대해 이야기하고 있었다. 1980년대 말과 1990년대에 영국에서는 스코틀랜드와 웨일스 민족주의가 세를 얻었지만, 극우와는 관련성이 깊지 않았다. 노동당이 권한 이양을 이야기하던 그 시기에 마침 이 결승전을 유치한 잉글랜드 사람들을 겨냥해서 대규모 광고전이 벌어졌다. 1966년으로부터 30년이 흐른 시점이라, 잉글랜드 깃발과 유니언잭이 같지 않다는 인식이 더 널리 퍼져 있었다. 유니언 깃발에 스코틀랜드의 솔타이어도 포함되어 있으므로, 잉글랜드와 스코틀랜드의 경기에서 그 깃발을 휘두르는 것은 적절하지 않다는 인식도 있었다. 경기는 잉글랜드의 2대 0 승리로 끝났다.

그로부터 20여 년이 흐른 지금, 잉글랜드의 스포츠팬들은 잉글랜드 깃발의 성 조지 십자가가 그려진 셔츠를 입거나 잉글랜드 깃발을 휘두르는 일을 불편하게 생각하지 않는다. 2010년에 영국의 흑인 스타 래퍼 디지 라스칼Dizzee Rascal은 등에 자신의 이름을 쓴 잉글랜드 셔츠를 입고 잉글랜드의 공식 월드컵 노래를 자신 있게 불렀다. "자신 있으면 와서 한 번 덤벼봐"라는 가사였다.

스코틀랜드, 웨일스, 북아일랜드에 권한을 이양하자는 이야기가 나오면서, 잉글랜드 사람들의 의식이 강화되는 효과가 생겼다. 잉글랜드 시민들의 세금이 스코틀랜드 사람들의 복지 보조금으로 쓰이고 있다는 식의 이야기가 나왔기 때문이다. 이런 분열을 더욱 부추긴 것은 2016년의 국민투표 결과였다. 여기서 스코틀랜드인 대다수는 유럽연합 잔류 쪽에 표를 던졌으나, 잉글랜드와 웨일스의 투표결과 때문에 추는 다른 쪽으로 기울어지고 말았다. 이로 인해 스코틀랜드 독립이라는 주제가 다시 살아났다.* 만약 독립이 실현된다면, 그 뒤에 남은 영국의 국기를 무엇으로 할 것인지도 논의의 대상이 될 터였다. 예를 들어, 그때까지 유니언잭에 상징이 포함되지 않은 웨일스가 자신들의 상징인 용을 성 조지의 십자가와 똑같은 비중으로 깃발에 넣을 때가 되었다는 생각을 하게 될 수도 있었다.

---

* 스코틀랜드 조기 총선에서는 분리독립 주민투표를 다시 실시하겠다는 공약을 내세운 SNP가 압승을 거뒀다.

잉글랜드 깃발과 영국 국기는 세월이 흐르면서 수많은 작은 사건들, 때로는 사람들이 알아차리지도 못하는 사건들 덕분에 극우의 손에서 구출되었다. 1992년에 올림픽에 출전한 영국의 흑인 단거리 육상선수 린퍼드 크리스티^{Linford Christie}는 경기에서 우승한 뒤 관중이 던져준 영국 국기를 잡아 몸에 휘감고 관중의 갈채에 화답했다. 지금은 피부색과 상관없이 영국의 모든 운동선수들이 이런 행동을 하는데도, 뭐라고 한 마디 하는 사람이 거의 없다. 최근에는 이 순간에 작은 고백이 이루어지기도 했다. 여러 개의 금메달을 딴 모 파라^{Mo Farah}는 소말리아에서 태어나 영국인이 된 선수인데, 경기에서 또 승리를 거둔 뒤 어느 기자가 태어난 나라의 깃발을 휘두르고 싶지 않았느냐고 묻자 이렇게 대답했다. "이봐요, 여기가 내 나라입니다." 이 단 한 장면과 한 문장 안에 유니언잭이 과거를 인정할 수 있는 가능성뿐만 아니라, 미래를 바라보며 앞으로 나아가 원래 의도대로 통합의 상징이 될 가능성 또한 존재하고 있었다.

제3장

십자가와 십자군

유럽 깃발에 담긴 그리스도교의 향기

에스파냐 마드리드에서 2016년 3월에 난민의 유럽 대륙 유입을 관리하기 위한 유럽 연합과 터키의 협상 결과에 항의하는 시위대가 유럽연합 깃발에 빨간 페인트를 뿌리고 있다. 이민에 기인한 나라 사이의 긴장 및 각 나라 내부의 긴장으로 최근 유럽 지도자들과 국민들의 결의와 화합이 시험대에 올랐다.

이런 시시한 것으로
사람을 이끌 수 있다

☛ 나폴레옹(프랑스 황제)

유럽연합 깃발은 유럽의 깃발인 동시에 유럽의 깃발이 아니다. 사실 그 것이 실제로 깃발이기는 한 건지도 확실치 않다.

깃발이 깃발이 아닌 건 어떤 경우인가? 궁극적으로 유럽연합으로 발전한 단체의 초창기에 회원국들, 특히 영국은 이 단체의 깃발이 각국의 국기를 대체하지나 않을까 우려를 표명했다. 따라서 이 깃발은 공식적으로 "직사각형 천으로 만들 수 있는 상징"이 되었다. 즉 이 깃발은 일종의 반기半旗, 슈뢰딩거의 깃발이다.

그러나 고작 28개국을 '대표'하는 유럽연합 깃발*은 유럽평의회**의 깃발이기도 하다. 유럽평의회의 회원국은 터키, 러시아를 포함해서 47개국이다(유럽에서 빠진 나라는 벨라루스뿐이다). 그러니 이 깃발은 분명히 깃발이다. 유럽연합의 총인구는 5억 800만 명인 반면 유럽평의회

* 영국의 탈퇴로 지금은 유럽연합 회원국이 27개국이 됐다.
** 1949년 5월 5일 영국 런던에서 벨기에, 덴마크, 프랑스, 아일랜드, 이탈리아, 룩셈부르크, 네덜란드, 노르웨이, 스웨덴, 영국 등 서유럽 10개국이 결성한 정부 간 협력기구다. 정치, 사회, 문화 및 법적 협력을 도모하기 위해 만들어졌다.

의 총인구는 8억 2,000만 명이므로, 유럽평의회는 명실상부한 깃발을 갖고 있다고 주장할 수 있지만 유럽연합이 같은 주장을 하는 것은 조금 무리다.

유럽연합 본부의 훌륭한 사람들에게 이 문제에 대해 명확히 설명해 달라고 요청하는 수많은 이메일에는 "유럽연합 공식 저널(OJ C 271, 8.9. 2012, 5쪽)에 발표된" 협약을 참고하라는 답이 날아올 뿐이다. 그런데 이 협약은 관료들만이 이해할 수 있는 이상한 말로 적혀 있을 뿐만 아니라, 이 언어를 번역하려 해도 현재 인류가 알고 있는 어떤 언어와도 상관관계가 별로 없다. 하지만 걱정할 필요 없다. "깃발/상징은 각국의 국기보다 우선하지 않는다. 유럽 국가들의 공동체에 대한 지지와 공통의 가치 및 원칙에 대한 동의를 표시하는 상징에 더 가깝다."

진실이 무엇이든, 상징 또는 깃발 또는 반기半旗라고 할 수 있는 유럽연합 깃발은 현재 하나의 생각과 이상과 현실을 반영한다. 하나의 생각이란 유럽인들이 귀속의식을 느낄 수 있는 상징을 만들자는 것이고, 하나의 이상이란 평화롭게 번창하는 통일된 대륙을 만들자는 것이며, 하나의 현실이란 유럽 역사와 견주어봤을 때 제2차 세계대전 이후로 유럽이 실제 그런 대륙이 된 적이 있다는 것이다. 이 깃발이 상징하는 꿈을 성취할 수 있다고 아직 생각하는 사람들에게는 유럽인의 삶에서 이 깃발이 계속 의미를 지니게 만들기 위한 싸움이 현실이다.

진한 파란 바탕에 열두 개의 별이 원형으로 그려진 이 깃발은 1955년부터 지금까지 딱 한 곳을 제외한 유럽 모든 나라의 유럽평의회 건물에서 휘날리고 있다. 1949년에 서로 싸움을 벌이는 유럽의 '부족들'을 하나로 모으기 위해 설립된 유럽평의회는 여러 깃발 도안을 거절한 끝에 1955년에야 한 도안을 선정했다. 빨간색은 소련, 초록색은 이슬람, 하얀색은 항복, 검은색은 추모, 연한 파란색은 유엔 등 이미 많은 색깔이 여러 상징으로 쓰이고 있었으므로, 유럽평의회는 남색을 선택했다. 별을 원형으로 그려 넣자는 아이디어는 스트라스부르에서 유럽평의회 우편물을 관리하며 이미 수십 차례 도안을 제출한 적이 있는 아르센 에츠 Arsène Heitz에게서 나왔다.

원래는 15개 회원국을 뜻하는 별 15개를 그려 넣을 생각이었으나, 그 별들 중 하나가 독일의 일부였다가 프랑스의 일부가 된 자를란트를 대표한다는 점이 문제가 되었다. 당시 정보부의 수장으로 최종 도안을 실제로 그린 폴 레비 Paul Levy는 이렇게 설명한다. "독일은 별을 15개 그려 넣는다면, 그 지역이 정치적으로 독립된 곳처럼 보일 것이라며 반대했다. 그리고 별을 14개로 줄일 것을 제안했다. 자를란트로서는 받아들일 수 없는 제안이었다. 프랑스가 13개를 제안하자, 한 이탈리아인이 이렇게 말했다. '다 좋은데, 13은 불길합니다.' 그래서 그들은 12개의 별로 모두를 상징하기로 했다."

이렇게 합의가 이루어지고 1955년에 깃발을 선을 보인 뒤에야 도안에 상징적인 의미가 얹어졌다. 12는 완벽함의 상징이라든가, 예수의 제자도 12명이고 1년은 12개월이며 하늘에서 태양이 통과하는 황도의 별자리도 12개라는 식이었다. 심지어 〈요한계시록〉 12장 1절에도 12와 관련된 묘사가 있다는 지적까지 나왔다. "하늘에 큰 이적이 보이니 해를 입은 한 여자가 있는데 그 발 아래는 달이 있고 그 머리에는 열두 별의 면류관을 썼더라."

　인터넷 시대에 이르러서는 이것이 자연스레 음모론으로 발전했다. 유럽의 가톨릭교도들이 모두를 지배하기 위해 꾸민 사악한 음모의 일부라는 것이다. 음모론을 더 깊이 파고 들어가보면, 그러니까 예를 들어 2분쯤 조사해보면, 외계인과 모양을 바꿀 수 있는 도마뱀 종족도 등장한다. 그러나 유럽평의회가 이 깃발 도안을 승인했을 때도, 지금도 터키가 회원국이라는 사실은 음모론에 나오지 않는다.*

　인터넷 전사들은 사실에 구애받지 않기 때문에, 이런 음모론에 시간을 낭비하지 말아야 할 이유에 대해 더 많은 증거를 제시하겠다. 사실 음모론은 이 밖에도 아주 많다. 이보다 훨씬 더 말이 안 되는 것도 있다. 그러나 특히 유럽평의회와 유럽연합의 깃발이 일루미나티/도마뱀 종족/가톨릭교도 등의 상징이라는 음모론을 믿으려면, 세계에서 가장 지루한 조직인 이 두 곳이 심심해서 좀이 쑤신 나머지 영화 〈오스틴 파워Austin Pawers〉**의 이블 박사가 지하 소굴에서 시간여행 미션을 수행하다가 만들어냈을 법한 악마 같고 사악한 계획을 고안해냈다는 확신이 있어야 한다. 여담이지만, 이 조직들의 지루함은 아주 좋은 것이다. 특히 1939~45년과 비교하면 더욱 그렇다. 원래 지루한 건 심심한 법이다.

　* 터키는 헌법상 국교를 명시하고 있지는 않지만 전체 국민의 약 97퍼센트가 이슬람교 수니파다.
　** 007 시리즈를 패러디한 코미디 영화로, 지구의 평화를 위협하는 인류의 적 닥터 이블을 물리치기 위해 종횡무진 활약하는 영국의 비밀 요원 오스틴 파워의 이야기를 다룬다.

깃발 아래 모인 유럽 통합의 꿈

유럽평의회가 깃발을 정하는 데 몇 년이 걸린 반면, 유럽공동체(나중에 유럽연합이 되었다)는 1985년에 깃발을 하나 제정할 필요가 있다는 결정을 내리자마자 12개의 별이 그려진 깃발을 그대로 복사해서 채택해버렸다. 두 조직은 비슷한 이상(민주주의와 인권을 증진한다)을 공유하지만, 유럽평의회는 유럽공동체가 처음부터 항상 품고 있던 통합의 이상을 결코 받아들이지 않았다. 예를 들어, 유럽평의회 48개 회원국*** 중 하나인 러시아는 브뤼셀에 본부를 둔 정치적 연합으로 자신의 주권을 희석시킬 생각을 한 번도 한 적이 없다.

"유럽이 무엇인가?"라는 의문은 자주 제기된다. 이에 대한 답은 "누구에게 이 질문을 던지는가에 따라 다르다"이다. 유럽은 지리적인 개념이지만, 또한 관점에 따라 정의가 달라지기도 한다. 터키는 영토의 많은 지역이 아시아에 있으나, 어떤 사람들은 터키를 유럽의 일부로 생각한다. 우랄 산맥 동부는 아시아인데, 만약 러시아가 유럽이라면 시베리아도 유럽인가? 조지아는 어떤가? 아이슬란드는? 2016년 유로비전 송콘테스트에서 오스트레일리아가 2등을 차지한 것만 봐도, 유럽의 정의는 유동적이다.

유럽평의회와 유럽연합이 같은 깃발을 사용하는지는 몰라도, 유럽연합에 속하지 않는 유럽평의회 회원국들은 유럽평의회를 법 제정 기능이 없는 다국적기구로 규정하는 데 아무런 불만이 없다. 유럽연합 회

*** 현재 회원국은 47개국이다. — 옮긴이

원국들은 유럽연합을 상징하는 깃발을 보면서, 법을 제정할 수 있고, 각국의 주권을 희석시키는 정치적 연합체를 떠올린다. 그러나 이 연합의 깊이와 폭에 대해서는 지금도 끊임없이 언쟁을 벌이고 있다.

어쨌든 1985년 이후 유럽연합은 깃발을 제정함으로써 상징적인 작업을 마쳤다. 지금은 통합을 위해 애쓸 차례다. 유럽연합의 핵심적인 존재 이유는 프랑스와 독일이 서로에게 이것저것 던져대는 일이 불가능해질 만큼 서로를 꼭 껴안게 만드는 것이다. 유럽연합의 이 임무는 그동안 놀라운 성공을 거뒀으나, 유럽연합의 깃발에 상응하는 하나의 유럽국가를 만든다는 이념적인 꿈은? 그리 성공적이지 못했다.

2010년대 이전에는 '더욱더 긴밀한 연합'을 향한 움직임들이 유럽 문화의 균질화를 낳을 것이라는 주장이 드물지 않았다. 어쩌면 유럽인들의 식탁을 프랑스 요리가 모두 지배하게 될지 모른다는 생각도 있었다. 그러나 실제로 우리가 거의 어디서나 목격한 균질화의 현실은 바로 맥도널드를 필두로 한 패스트푸드 문화였다. 태어날 때 인간은 자유롭지만, 어디서나 패스트푸드 체인에 묶여 있다. 하지만 여기서 엘베 강 너머의 소식을 알려드리고자 한다. 동유럽식 만두가 지금도 생생히 잘 살아 있다는 소식이다. 나라마다 지역마다 다양한 특징이 꽃을 피우고 있으며 정치인들은 상대하기에 성가신 인간의 천성 탓에 계속 좌절한다. 1960년대에 샤를 드골Charles de Gaulle은 프랑스에 대해 이렇게 말했다. "치즈의 종류가 246가지나 되는 나라를 어떻게 다스릴 수 있겠는가?"

유럽인이라는 정체성

유럽 여러 나라의 국민들이 하나의 유럽에 고집스럽게 저항해온 것은 서로를 싫어하기 때문이 아니라 자신을 좋아하기 때문이다. 그들 사이에는 정통에 대한 갈망이 있는 듯하다. 각 나라에서 국기가 여전히 힘을 지니고 있다는 사실에 이 점이 부분적으로 반영되어 있다. 비교적 역사가 짧은, 유럽인의 정체성이라는 개념은 수백 년에 걸쳐 만들어진 각 나라의 정체성 및 상징과 각축을 벌이게 되었다.

이 새로운 불확실성의 시대에 어떤 사람들은 과거의 상징, 과거의 집단에 손을 뻗는다. 북유럽 국가들은 점차 자기들끼리의 연대를 추구하며, 스스로를 일종의 지역 블록으로 보고 있다. 유럽 대륙에 존재하는 여러 파벌에 종지부를 찍고 더욱더 긴밀한 연합을 위해 분투하는 유럽연합의 이념과는 반대되는 행보다.

중부 유럽에서도 비셰그라드 Visegrad 그룹이 유럽연합의 이념에 도전장을 던지고 있다. 체코공화국, 슬로바키아, 헝가리, 폴란드로 구성된 이 그룹의 웹사이트에 가보면, 이 네 나라가 "예로부터 항상 문화적 가치관 및 지적 가치관을 공유하고 공통의 뿌리에서 갈라져 나온 다양한 종교적 전통을 지닌 단일 문명의 일부였으며, 이러한 전통과 가치관을 계속 보존하여 더욱 강화하고자 한다"고 밝혀져 있다. 이 네 나라는 유럽연합과 독일에 맞서 이러한 단합을 과시하면서, 최근 들어 몰려오기 시작한 난민들과 이민자들을 고루 분배하겠다는 제안에 대해 힘을 합쳐 매우 강력한 반대 입장을 취하고 있다.

국민국가와 국민들이 깃발에 부여하는 의미를 살펴보면, 미국의 사상가 프랜시스 후쿠야마*Francis Fukuyama*가 1992년에 《역사의 종말*The End of History and the Lsat Man*》에서 발표한 유명한 이론이 거짓임을 알 수 있다. 후쿠야마 박사는 베를린장벽의 붕괴가 "단순히 냉전의 종말일 뿐만 아니라 우리가 알고 있는 역사의 종말이기도 하다. 다시 말해서, 인류의 이념적 진화가 종점에 도달해서, 서구의 자유민주주의가 정부의 최종적인 형태로 보편화되었다는 뜻"이라고 주장했다. 이 파괴적인 인식은 여러 세대에 걸쳐 외교 정책 분야의 두뇌들에게 계속 영향을 미치고 있다. 그들은 러시아, 중동, 중국, 중앙아시아 일부 등 여러 지역의 정치적 지향과 역사의 패턴을 도외시하는 듯하다. 후쿠야마의 주장이 파괴적인 것은, 역사의 종말이라는 것이 가능하며 인류의 '이념적인 진화'는 반드시 자유민주주의로 끝난다는 생각을 몇몇 사람들에게 심어주기 때문이다. '역사의 법칙'이 공산주의 유토피아로 필연적으로 이어져 있다는 마르크스 이론만큼이나 틀린 주장이다.

후쿠야마 박사나 카를 마르크스*Karl Marx* 박사의 이론이 지닌 문제는 현실을 살아가는 사람들이 그런 이론과 접하게 된다는 점이다. 후쿠야마 박사의 이론은 자유민주주의가 필연적이고 영속적이라는 자기만족적인 생각에 양분이 되었다. 자유민주주의 국가를 다스리는 데에 엄청나게 공을 들여야 하는 것은, 자유민주주의가 워낙 드물고 워낙 섬세하기 때문이다. 자유민주주의 정부가 해야 하는 일 중에는 이 천국 같은 나라에 사는 국민들의 말에 귀를 기울이는 것도 포함된다. 영국과 미국의 기성체제는 2016년에 각각 브렉시트 국민투표와 대통령 선거*에서 충격적인 결과를 받아들었다. 그들 모두 '개탄스러운 자들'을 조롱하는 것보다는 그들을 이해하려고 애쓰는 편이 어쩌면 더 도움이 될지도 모른다는 점을 아마 깨달았을 것이다.

유럽연합은 수십 년 동안 번영이라는 보호막 아래 각 나라의 정체성을 포섭했다. 그러나 각 나라의 정체성은 좋든 나쁘든 결코 완전히 사라지지 않았다. 이제는 오히려 다시 표면으로 떠오르면서 더욱 강력해질 가능성이 높아 보인다. 유럽인들이 주권의 희석을 어느 정도까지 받아들일 수 있는가를 놓고 계속 논의하고 있기 때문이다. 국가의 정체성을 상징하는 국기들이 앞으로 나름의 역할을 할 것이다.

프랑스의 자유, 평등, 박애

유럽의 여러 왕국들은 국기를 비교적 늦게 채택했으나, 일단 이 개념을 받아들인 뒤에는 결코 망설임이 없었다. 앞에서 언급했듯이, 중국이 현재의 우리가 국기라고 인식할 수 있는 도안을 기원전 1500년경 가장 먼저 사용했다고 알려져 있다. 비단을 만들 수 있게 된 뒤에는, 크고 가벼운 천을 염색해서 깃대에 옆으로 매달아 들고 먼 거리를 이동하는 것이 가능해졌다. 이 관습은 아랍에도 퍼져나가, 예언자 무함마드Mohammed가 세상을 떠날 무렵(서기 632년)에는 깃발을 사용하는 것이 당연해졌다. 한편 같은 시기에 유럽에서는 변방에서 국기와 비슷한 상징이 싹을 틔운 사례가 몇 건 있을 뿐, 대륙 전역에 이 관습이 널리 퍼지지는 않았다.

---

* 2016년 11월 8일 미국 대선 결과 "미국을 다시 위대하게Make America Great Again" 만들겠다며 '미국 우선주의America First'를 내세웠던 공화당의 도널드 트럼프 후보가 제45대 미국대통령으로 당선되었다.

서기 6세기에 비잔틴의 군대는 빨간색 천을 깃발처럼 사용했다(정사각형 천을 막대의 꼭대기에 고정한 형태). 이것이 헝가리와 중부 유럽으로 퍼져나갔고, 이 무렵 바이킹의 배에서는 삼각형 천이 휘날리고 있었다. '깃발'은 분명히 점차 유행을 타고 있었다. 특히 전쟁 때가 그랬다. 1077년에 1066년의 사건들을 담아 제작한 바이외 태피스트리^{Bayeux} ^{Tapestry}*에서 우리는 정복자 윌리엄 바로 위에 바이킹식 깃발이 있는 것을 볼 수 있다. 십자가가 그려진 깃발도 보인다. 십자군 전쟁**으로 유럽과 아랍이 무시무시한 조우를 하기 전까지 깃발의 역사가 거슬러 올라간다는 뜻이다. 그러나 유럽의 깃발들, 특히 그리스도교의 십자가가 그려진 깃발들은 십자군 전쟁으로 생겨났을 가능성이 높다.

제1차 십자군 전쟁 때 유럽의 다양한 지역에서 온 다양한 군대들은 전쟁 수행을 위해 서로를 구분할 필요가 있다는 것을 깨달았다. 상황이 상황이니 만큼, 그들은 당연히 그리스도교의 십자가를 여기에 사용했다. 십자가의 색깔과 형태를 서로 달리 하는 방식이었다. 특정한 형태와 색깔의 십자가가 프랑크족의 부대를 상징한다면, 또 다른 형태와 색깔의 십자가는 어느 백작이나 공작 개인의 군대를 의미할 수도 있었다.

* 중세에 제작된 자수 작품으로, 노르만의 윌리엄 1세^{William I}가 잉글랜드 국왕 해롤드 2세^{Harold II}와 벌인 헤이스팅스 전투 과정을 담고 있다. 이 전투에서 해롤드 2세는 전사했으며 윌리엄 1세가 잉글랜드를 정복했다.
** 이슬람 세력에 정복된 예루살렘을 되찾겠다며 가톨릭교회의 지지를 받는 유럽 세력들이 일으킨 전쟁. 11세기 말부터 13세기 후반까지 일곱 차례에 걸쳐 약 700만 명을 동원했으나 아랍 제국에는 타격을 주지 못하고, 오히려 같은 기독교 진영인 비잔틴 제국을 약탈하는 데에 몰두해 비잔틴 제국의 국력을 약화시켰다.

이런 상징들은 나중에 다양한 문장紋章 시스템으로 발전했다. 그리고 이 시스템 안에서 깃발에 관한 복잡한 규칙들이 형성되었다. 어떤 형태, 어떤 색깔의 깃발을 언제 어디서 어떤 순서로 내걸 것인지 등을 정한 규칙이었다. 이 시스템은 특히 왕가에서 혈통과 지위를 나타내거나 식별하는 데 중요한 역할을 했다.

따라서 프랑스 국기의 역사를 쉽게 되짚어볼 수 있다. 이것은 가치 있는 작업이기도 하다. 먼저 무려 4세기까지 거슬러 올라가면 생 마르탱St. Martin의 망토 색깔인 파란색이 있고, 그다음에는 8세기 샤를마뉴Charlemagne***의 빨간색이 있으며, 마지막으로 15세기 잔 다르크Jeanne d'Arc의 하얀색이 있다. 그러나 이것만으로는 프랑스 제5공화국의 상징이 된 이 깃발이 겪은 우여곡절을 모두 알 수 없다. 이 대략적인 설명 안에 숨어 있는 상세한 이야기들은 아주 매력적이다.

생 마르탱은 현재의 헝가리에 해당하는 지역에서 로마 군인으로 징집되어 기독교로 개종한 뒤, 한두 건의 작은 기적을 일으켰다. 나중에 투르의 주교가 된 그는 다소 값비싼 어린 양의 털로 짠 파란색 망토를 반으로 잘라 절반을 거지에게 준 일로 가장 유명하다. 그가 세상을 떠난 뒤(망토를 나눠주고 추위 때문에 죽은 것은 아니다) 프랑스에서 그가 묻힌 장소는 일종의 성지가 되었으며, 몇십 년이 흐른 뒤 클로비스Clovis 왕이 그의 시신을 다시 파냈다. 그랬더니 거기에 그 망토가 있었다!

*** 프랑크 왕국의 왕으로, 게르만족을 통합하고 영토를 확대했다. 800년 로마 교황으로부터 서로마 제국의 황제로 인정받았다.

클로비스는 프랑크족의 여러 부족들을 최초로 통일해 프랑스가 태어날 수 있는 씨앗을 뿌린 지도자였다. 그는 생 마르탱에게 헌신적이었으므로, 그의 망토를 막대에 묶어 다른 깃발들과 함께 전장에 들고 가는 것이 관습이 되었다. 그것이 승리를 가져온다고 생각했기 때문이다. 이렇게 밖에 내걸지 않을 때는 텐트처럼 생긴 작은 기도실에 이 망토를 보관했는데, 이 기도실이 나중에 예배당으로 불리게 되었다. 예배당을 뜻하는 단어 채플chapel은 망토를 뜻하는 라틴어 카플라capella에서 유래한 것이다. 13세기 무렵부터 프랑스 왕들의 전통적인 상징이던 붓꽃 무늬 또한 클로비스 때 그가 신에게서 통치권을 받았다는 상징으로 처음 만들어졌을 가능성이 있다.

생 마르탱의 파란 망토는 파란색 깃발이 되어 1356년의 푸아티에 전투 때까지 줄곧 전장에서 휘날렸다. 그러나 푸아티에 전투에서 영국군에게 실컷 두들겨맞은 프랑스군은 파란색에 대한 믿음을 잃어버리고 말았다. 이 무렵 그들은 샤를마뉴의 빨간색 깃발도 들고 다녔으나, 1415년 아쟁쿠르에서 또 영국군에게 재앙과도 같은 패배를 당한 뒤 빨간색 깃발의 사용 빈도도 확 줄어들었다. 그래도 파란색과 빨간색은 이미 상징으로 인정받고 있었다. 12세기에 프랑스의 로열블루 깃발이 처음 사용된 것이 그 예다.

그다음에는 하얀색이 잔 다르크 덕분에 인기를 얻었다. 잔 다르크는 1429년에 영국군을 막아 세운 오를레앙 공성전에서 하얀색 깃발을 들었다. 이 깃발을 가장 잘 설명한 것은 잔 다르크 본인이다. 그녀는 처형되기 몇 달 전 이단 혐의로 재판을 받을 때 다음과 같이 말했다.

"나는 바탕에 백합이 흩뿌려진 깃발을 갖고 있었습니다. …하얀색, '보카생'이라고 불리는 하얀 천으로 된 것인데, 제 생각에는 그 위에 '예수 마리아'라고 적혀 있었던 것 같습니다. 테두리는 비단이었습니다."

그녀에게 다음 질문이 던져졌다. "그 '예수 마리아'라는 말이 위, 아래, 측면 중 어디에 적혀 있었나?"

"측면이었을 겁니다."

"깃발과 검 중에서 어느 쪽을 더 소중히 여겼나?"

"검보다 깃발입니다. 마흔 배나 더 소중했습니다!"

이 세 가지 색깔의 깃발들이 그 뒤로 350년 동안 자주 사용되었다 (어느 한 종류만 독점적으로 사용되지는 않았다). 셋 중 한 색깔만 들어간 깃발이 많았으나, 삼색이 모두 들어간 깃발도 간혹 등장했다. 하얀색 깃발이 가장 인기를 끌었을 수는 있지만, 어느 깃발도 공식적인 국기로 선택되지는 않았다.

1789년 프랑스혁명 때까지 파리는 수백 년 동안 빨간색과 파란색을 상징색으로 삼았다. 파리 시민군도 파란색과 빨간색 비단리본으로 만든 기장을 모자에 달고 다녔다. 이것은 도시 전역에서 인정되는 중요한 정치적 '배지'였다. 여기에 순수성을 상징하는 하얀색이 추가되었고 (잔 다르크의 전통도 영향을 미쳤다), 그해 말에는 이 세 가지 색이 공식적인 모자 기장이 되었다.

그 뒤 프랑스 해군의 병사들이 주로 귀족으로 구성된 장교들에게 반발하며, 새로운 시대를 뜻하는 새로운 깃발을 내걸 권리를 요구했다.

미라보^{Mirabeau}* 백작은 1790년에 국민의회에서 연설하면서 "낡은 편견을 유지하겠다 말하는 자들은 음모를 꾸미는 선동가들"이라고 비난하면서 "안 됩니다, 의원 여러분, 이 삼색기가 바다를 항해하고, 모든 나라에서 존중받고, 음모꾼과 폭군의 심장에 공포를 심을 것입니다!"라고 말했다. 그의 이런 뜻이 받아들여져서 빨간색, 하얀색, 파란색으로 구성된 다양한 깃발 도안이 등장했다. 이 깃발들이 점차 육지에서도 사용되기 시작하더니, 1812년에 프랑스 육군이 세 가지 색깔을 수직으로 배열한 깃발을 공식적으로 채택했다. 따라서 불행하게 끝난 나폴레옹의 러시아 침공을 묘사한 그림들에서도 삼색기가 간혹 눈에 띈다.

이 깃발의 전체적인 사용빈도와 공식적인 지위는 그 뒤로 왕정복고, 나폴레옹 시대, 1830년의 혁명이라는 역사의 격랑 속에서 부침을 겪었다. 이때 만들어진 입헌군주제 정부는 "프랑스가 다시 삼색기를 채택한다"고 선포했다. 그때부터 제3공화국, 제4공화국, 제5공화국에서 오늘날과 같은 삼색기가 프랑스의 국기로 사용되었다(사소한 변화는 있었다). 제2차 세계대전 중에 나치에 협력한 비시 정권의 지도자 필리프 페탱^{Philippe Pétain} 원수의 깃발에는 양날 도끼(프랑크족의 전투용 도끼) 문양이 있었다. 프랑크족의 손에 프랑스가 처음 잉태되었던 시기까지 거슬러 올라가는 문양이다. 드골 장군은 이에 대응해서 자유 프랑스 깃발에 로렌의 십자가를 그려 넣었다. 그러나 두 깃발 모두 자유, 평등, 박애

---

* 프랑스 정치가이자 웅변가. 프랑스혁명 초기에 삼부회三部會의 제3신분의 대표로서 활약했고, 국민의회 성립에 중요한 역할을 했다.

를 상징하게 된 파란색, 하얀색, 빨간색의 조합을 유지했다.

요즘은 '삼색기'라고 하면 프랑스 깃발을 뜻하는 말로 받아들여질 때가 많다. 이 깃발이 전 세계에 알려져서, 프랑스라는 나라의 상징을 넘어 위에서 말한 세 가지 원칙의 상징으로도 여겨지고 있기 때문이다. 이 세 가지 원칙을 실천하는 방법에 대해서는 다양한 의견이 있지만(사실 그 세 단어의 의미에 대한 해석도 다양하다), 프랑스의 빨간색, 하얀색, 파란색은 하나의 상징으로서 수억 명의 포부를 구체적으로 표현해준다. 세계적으로 알려진 상징이기도 하다. 2015년에 파리에서 조직적인 테러가 발생한 뒤 이 상징은 전 세계의 소셜미디어 사이트에 등장했다. 사람들이 자신의 계정에 이 깃발을 게시한 것은 프랑스와의 연대뿐만 아니라 자유와의 연대 또한 표시하기 위해서였다. 프랑스는 혼란스럽고 굴곡 많은 역사를 겪었지만 지금도 자유를 신봉하기 때문이다.

허드슨 강에 내던진 나치당 깃발

동쪽으로 나아가 라인 강을 건너면 수백 년의 역사를 지닌 또 다른 삼색기가 있다. 하지만 그 나라의 역사는 비교적 짧은 편이다. 검은색, 빨간색, 황금색으로 구성된 독일 국기다.

이 세 가지 색깔이 한데 모여 처음 국기가 된 것은 고작 1919년에 바이마르공화국이 성립되었을 때다. 그 전에는(사실 그 후에도) 검은색, 하얀색, 빨간색이 국기에 쓰였다. 1871년에 연방 주들이 독일로 통일된 뒤 처음 만들어진 국기였다. 이 세 가지 색깔은 오래전부터 게르만 지역들과 관련되어 있었다. 폴란드의 연대기 작가 얀 들루고츠Jan Dlugosz는 타넨베르크 전투(1410)로부터 60년의 세월이 흐른 뒤 쓴 글에, 패배한 튜튼기사단으로부터 포획한 깃발에 대한 기록을 남겼다. 튜튼기사단은 십자군 전쟁에 뿌리를 둔 독일 기사단이다. 들루고츠가 묘사한 깃발들은 1603년까지 크라쿠프의 바벨 대성당에 걸려 있었다. 그가 기록한 쉰여섯 개의 깃발 중에 대부분은 빨간색 또는 하얀색이었고, 그다음으로 많은 색깔이 검은색이었다. 빨간색은 신성 로마 제국의 초대 황제이며, 게르만의 땅을 포함한 유럽의 많은 지역을 통일한 샤를마뉴에게서 부분적으로 유래했다.

나중에 신성 로마 제국은 검은 독수리가 그려진 황금색 문장을 채택했다. 1806년에 제국이 해체된 뒤에도 이 깃발의 인기는 게르만 지역에서 계속 유지되었다. 독일 통일을 향한 여론이 움직이기 시작한 1813년에는 나폴레옹에 맞서 싸우기 위해 결성된 프로이센의 뤼트조브 자유군이 테두리에 황금색을 두른 검은색과 빨간색 군복을 입었다. 같은 시기에 독일 전역에서 온 사람들로 결성되어 영향력을 발휘한 학생연합도 검은색, 빨간색, 황금색을 상징색으로 채택했다. 지금의 체코공화국에 해당하는 지역, 독일, 이탈리아, 오스트리아 등 출신지역을 막론하고 독일어를 사용하는 모든 사람들을 이 세 가지 색깔이 대변한다고 믿었기 때문이다. 어떤 사람들은 이것이 통일과 민주주의를 향해 나아가려는 포부를 상징한다고 보기도 했다.

프랑스가 다시 자기들의 삼색기를 사용하게 된 것에 영향을 받은 많은 독일인들(전부는 아니었다)은 1830년에 검은색, 빨간색, 황금색을 자기들의 색깔로 채택해 '국가의' 상징으로 사용했다. 1867년에는 독일의 원형이라고 할 수 있는 북독일연방이 설립되었으나 이 세 가지 색깔을 국가의 상징으로 사용하지 못했다. 오토 폰 비스마르크Otto von Bismarck*의 강력한 고집 때문이었다. 그는 검은색과 하얀색 깃발을 사용하던 프로이센 출신이었으므로, 새로운 국기에 검은색, 빨간색, 하얀색을 사용할 것을 요구했다. 이 철의 재상의 뜻은 거의 언제나 관철되었다. 따라서 1871년에 독일 통일이 완성되었을 때, 이 세 가지 색깔이 제2제국의 국기 색으로 채택되었다. 이 제국은 거의 40년 동안 이어졌지만, 독일이 제1차 세계대전에서 패배한 충격을 이겨내지 못했다. 그렇게 해서 생겨난 바이마르공화국은 이전 세기에 사용하던 검은색, 빨간색, 황금색 깃발을 채택했다. 몇몇 사람들은 이 공화국을 민주주의와 연결시킨다. 그러나 바이마르공화국은 히틀러와 나치당의 부상을 견뎌내지 못했다. 나치는 공화국의 깃발을 거부하고, 과거 제국의 깃발로 돌아갔다.

나치는 1933년에 권력을 잡은 직후 검은색, 빨간색, 하얀색으로 된 삼색기와 나치의 십자가가 그려진 나치당 깃발을 모든 관공서와 독일 선박에 걸어야 한다는 포고를 발표했다. 2년 뒤, 이제 온 나라를 완전히 장악한 히틀러는 나치당 깃발을 독일의 유일한 국기로 정했다. 그리고 이 말을 법으로 규정한 뉘른베르크 국기법이 1935년 9월에 통과되었다. 뉴욕에서 독일과 미국 사이에 외교적 싸움이 벌어지는 계기가 된 모종의 사건이 이 조치를 재촉했을 가능성이 있다.

---

* 독일의 정치가로, 1862년에 프로이센의 재상이 된 뒤 강력한 부국강병책으로 1871년 독일 통일을 완성했다. 밖으로는 유럽 외교의 주도권을 장악하고, 안으로는 가톨릭교도와 사회주의 운동을 탄압해 '철鐵의 재상Eiserner Kanzler'이라고 불린다.

그해 7월 말에 나치에 반대하는 공산주의자 수백 명이 뉴욕항에 모여 시위를 벌였다. 독일의 정기선 SS 브레멘 호가 막 항구를 떠나려는 참이었다. 시위대 수십 명이 경찰 저지선을 뚫고 들어가 배에 올라서 나치당의 깃발을 깃대에서 떼어내 허드슨 강에 던져버렸다. 이로 인해 엄청난 긴장이 조성되었다. 맨해튼 어퍼이스트사이드의 '독일타운'은 히틀러를 지지하는 소수의 독일계 미국인들 때문에 갈라져 있었다. 나치를 피해 도망쳐온 사람들을 포함해서 대다수의 주민들은 나치에 반대했다. 어퍼이스트사이드는 그 뒤로도 계속 나치를 지지하는 악명 높은 '독일 미국 연맹'의 본거지가 되었다.

지역신문인 《선데이 스파르탄부르크 헤럴드_Sunday Spartanbury Herald_》는 당시 "허드슨 강에 던져진 독일의 상징은 물에 둥둥 떠서 회수되었다. 그것이 바닥에 가라앉았다면 히틀러가 배상금을 요구했을지도 모른다"고 지적했다. 아마 비꼬는 말이었을 것이다. 어쨌든 독일 대리대사는 미국 국무부에 항의했으나, 모욕당한 것은 독일이 아니라 나치당일 뿐이라는 답변을 받았다. 8주 뒤에 통과된 뉘른베르크 국기법은 나치 깃발을 국기로 규정함으로써 상황을 바꿔버렸다.

나치의 상징, 스와스티카

모든 상징 중에서도 가장 악명이 높은 이 상징, 1,000년의 역사를 자랑하는 제국의 역사를 잇는다고 주장하던 이 상징은 고작 10년(1935~45) 동안 국기로 사용되었을 뿐이지만, 근원을 따지자면 수천 년 전까지 거슬러 올라간다. 스와스티카卐, 즉 꺾어진 십자가 모양은 아시아, 아프리카, 유럽의 고고학 발굴현장에서 발견된 바 있다. 1만 2,000년 전 석기시대 말기에 '문자의 원형'처럼 사용되었으나, 이 상징의 의미가 정확히 무엇이었는지는 지금도 수수께끼로 남아 있다.

이 상징의 기원에 대해 시각적으로 가장 설득력 있는 가설은 미국의 훌륭한 천문학자 고故 칼 세이건Carl Sagan이 내놓았다. 그는 저서 《혜성Comet》에서 약 2,200년 전의 것으로 알려진 고대 중국의 문헌 〈비단 책 Book of Silk〉을 지목한다. 혜성의 목격담을 기록한 이 책에, 혜성의 꼬리를 스와스티카 모양으로 묘사한 그림이 하나 있다는 것이다. 세이건은 혜성이 빠르게 회전하면서 "정원의 스프링클러가 회전할 때 쉽게 볼 수 있는 것처럼 휘어진 리본" 같은 모양이 형성되는데, 이것이 "…스와스티카의 일반적인 모습"과 비슷하다고 말했다. 이 주장이 옳다면, 인류가 선사시대부터 하늘에서 이 문양을 보았으므로 당연히 거기에 의미를 부여했을 것이라고 쉽게 짐작할 수 있다.

아시아의 일부 지역에서는 이 문양이 지금도 종교적인 상징으로 사용된다. 예를 들어, 인도 자이나교는 중앙의 흰색 수평 띠 안에 스와스티카가 들어 있는 깃발을 사용한다. 이 깃발은 존재의 네 가지 상태를 상징한다. 힌두교에서는 오른손 방향* 스와스티카가 비시누Vishnu 신의 108가지 상징 중 하나다. 예술작품과 장식품뿐만 아니라 많은 사원에서도 이 문양을 볼 수 있다.

스와스티카가 가장 많이 사용된 곳은 고대 인도다. 그리고 이 유래

---

* 시계 방향. — 옮긴이

가 나치 독일과 이어져 있다. 민족적 순수성에 집착한 히틀러는 독일 민족이 인더스 계곡 지역에서 이주해 온 아리아 '민족'의 후손이라는 생각에 빠져 있었다. 그는 아리아인이 최고의 민족이라고 믿었다. 아리아라는 단어가 원래 종족이 아니라 근원이 된 언어를 뜻한다는 사실에는 개의치 않았다.

1920년대 독일에서 이 꺾어진 십자가는 하켄크로이츠라고 불렸다. 민족주의 작가들은 사이비과학을 이용해 이것이 아리아인의 독특한 상징이라는 의견을 내놓았다. 히틀러는《나의 투쟁*Mein Kampf*》에서, 나치가 스와스티카를 상징으로 채택한 1920년에 자신은 "투쟁의 상징"이 당에 필요하다는 것과 "커다란 포스터만큼이나 효과적인" 상징을 채택해야 한다는 것을 알고 있었다고 회상했다.

그는 검은색, 빨간색, 황금색으로 구성된 바이마르공화국의 삼색기를 철저히 배척했으나, 독일의 전통적인 색깔인 빨간색, 하얀색, 검은색에는 호감을 품었다. 나치 당원들이 제출한 다양한 도안 중에는 어떤 식으로든 스와스티카가 포함된 것이 많았다. 히틀러는 나중에 채택된 깃발과 비슷한 도안이 이 중에 하나 있었음을 인정하면서도, 채택된 도안은 자기 것이라고 주장했다. "한편 나는 헤아릴 수 없는 시도 끝에 최종적인 도안을 마련했다. 빨간 바탕에 하얀 원, 그리고 중앙에 검은 스와스티카가 있는 깃발. 오랜 시험을 거쳐 나는 깃발의 크기와 하얀 원 크기의 결정적인 비율뿐만 아니라 스와스티카의 모양과 굵기도 알아냈다." 그는 자신이 만든 이 도안의 의미도 밝혀놓았다. "빨간색은 우리 운동의 저변에 깔려 있는 사회사상, 하얀색은 민족사상을 표현했다. 그리고 스와스티카는 우리에게 할당된 임무, 즉 아리아 인류의 승리를 위한 투쟁을 상징했다."

"우리에게 할당된 임무"라는 말에서 히틀러의 신비주의적인 사고가 엿보인다. 대중적으로 나치는 형이상학에 별로 관심이 없는 것으로 알려져 있었지만, 많은 당원들이 신비주의와 상징이 지닌 힘에 빠져 있었다. 그들은 스와스티카 도안에서 대중을 끌어당기는 거의 수수께끼 같은 힘을 발견했다. 결국 그들뿐만 아니라 수천만 명이나 되는 사람들을 파멸과 죽음으로 이끈 바로 그 힘이었다.

서구 세계는 이런 맥락에서 이 고대의 상징을 바라보기 때문에, 독일을 포함한 여러 나라가 이 상징을 금지하고 있다. 또한 극우집단들이 이 상징뿐만 아니라 일부러 이 상징과 비슷하게 만든 변형들을 사용하는 것도 바로 그 때문이다. 예를 들어 미국에서는 아리안 브라더후드 Aryan Brotherhood* 같은 무리들이 이 상징을 계속 퍼뜨리고 있다. 그들은 교도소에서 신규 회원을 포섭하며, 조직 범죄도 저지른다.

이 상징의 의미에 대해 자세히 배우지 못한 사람조차 이 상징이 상대에게 즉각적인 충격과 상처를 주고 분노를 불러일으킬 힘을 가지고 있다는 것을 안다. 그러나 고대의 고전적인 상징으로서 스와스티카는 나치 시대를 이기고 살아남아 세상의 다른 지역에서는 부정적인 함의가 없는 원래 의미를 고스란히 유지하고 있다. 불교, 힌두교, 자이나교의 세력이 지배적인 지역, 예를 들어 일본, 베트남, 중국 같은 곳에서는

---

* 교도소 수감자들이 결성한 백인 우월주의 폭력 조직.

스와스티카를 보는 일이 드물지 않다. 중국 파룬궁 운동의 상징 중앙에는 스와스티카를 품은 법륜이 자리한다. 인도에서는 스와스티카가 힌두교의 신 비시누를 상징하는 108개의 문양 중 하나로 각종 축하연이나 케이크의 장식에 사용된다. 행운을 기원하며 새로 산 차의 엔진 덮개에 스와스티카를 그려 넣는 사람도 있다.

통일 독일을 위한 깃발 교체

그러나 제2차 세계대전의 끔찍한 기억이 남은 곳에서 독일이 완전히 항복한 뒤 나치 깃발을 계속 사용하는 것은 생각조차 할 수 없는 일이었다. 유럽은 재건에 나섰고, 독일은 평판을 회복하고자 했다. 스와스티카 사용을 금지하고, 고대로부터 최근까지 사용되었던 검은색, 빨간색, 황금색의 삼색기를 다시 채택한 것은 치유과정의 일부였다. 동독과 서독 모두 민주주의 국가였던 바이마르공화국의 국기를 다시 채택하며, 각자 자기가 진정한 민주국가 독일이라고 주장했다. 두 나라는 1959년까지 똑같은 국기를 사용했으나, 그해에 동독이 공산주의 사상의 영향으로 농민, 노동자, 지식인을 각각 상징하는 밀, 망치, 분할 컴퍼스로 구성된 문양을 국기에 추가했다.

두 독일은 1956년 올림픽에 단일팀으로 참가했다. 당시에는 아직 같은 국기를 사용했으므로 국기 문제는 제기되지 않았다. 하지만 국기가 달라진 뒤에는 문제가 생겼다. 다행히 단일팀이 검은색, 빨간색, 황금색 깃발을 들되, 빨간색에 오륜을 그려 넣기로 합의가 되었다. 1960년과 1964년의 일이다. 1968년에는 두 나라가 별도의 팀으로 참가했지만, 각자 예전의 합의안을 따랐다. 그리고 그 뒤로는 두 나라가 각각 자국의 국기를 사용했다. 국기 문제는 1989년에 베를린장벽이 무너지고 이듬해에 독일이 통일되면서 해결되었다.

베를린장벽이 무너지던 어지러운 시기에 많은 동독인은 국기에서 나중에 추가된 문양을 잘라버리는 방식으로 자신의 생각을 명백히 드러냈다. 1956년에 헝가리인들이 소련의 점령에 항거하며 일어났을 때 했던 행동을 본뜬 것이었다. 1989년 말에는 루마니아인들도 이들의 선례를 따랐다.

통일 독일의 독일인들이 새로 채택된 국기에 애정을 갖게 되는 데에는 조금 시간이 걸렸다. 나치 시절의 경험으로 그들이 국기를 흔드는 행위에 대해 의심을 품고 있었기 때문이다. 그래도 2006년 월드컵을 개최할 때는 독일인들이 유럽 대륙에서 가장 성공적인 민주국가 중 하나인 조국에 대해 더 큰 자신감을 보였다. 검은색, 빨간색, 황금색의 삼색기가 준결승전까지 내내 경기장에서 나부꼈다. 그들의 국기는 단순한 장식이 아니었다. 역사의 굴곡을 모두 인식하고 미래를 자신하는 나라의 상징이었다. 이 젊은 독일인들에게 전쟁은 오래전 일이었고, 심지어 베를린장벽의 붕괴조차 역사일 뿐이었다. 친숙하게 잘 아는 역사이긴 해도, 그들은 부모나 조부모 세대만큼 그 역사에 구애받지 않는다. 이민자들로 인한 위기에 맞서 서서히 부상하는 민족주의는 제2차 세계대전 이전의 살기 띤 히스테리와는 종류가 다르다. 국기로 민족주의를 휘감는 일에 그리 열성적이지도 않다. 독일인들이 과거의 전쟁을 현재와는 별로 상관없는 역사로만 보게 되는 데에는 앞으로도 수십 년이 더 걸릴 것이다. 하지만 히틀러가 던진 그림자는 줄곧 서서히 짧아지고 있었다. 그리고 그동안 독일은 검은색, 빨간색, 황금색의 삼색기가 대중문화 속으로 다시 돌아올 수 있을 만큼 튼튼하고 칭찬받는 민주적 제도를 구축했다.

프랑스와 이탈리아 국기가 유사한 이유

이제 잠시 쉬어갈 때가 됐다. 이탈리아 국기를 보면서. 우리도 점심식사는 해야 하지 않겠는가.

먼저 아보카도, 모짜렐라, 토마토 샐러드 이야기부터 하자. 아보카도를 좋아하지 않아도 아무 문제 없다. 대신 바질을 넣으면 된다. 어느 쪽이든 이탈리아 국기와 똑같은 삼색 샐러드를 만들 수 있다.

나는 아름답고 깨끗하고 생기 넘치는 초록색, 하얀색, 빨간색 깃발을 볼 때마다 음식을 떠올린다. 전 세계의 수많은 식당에서 이 깃발이 "피자! 파스타!"라고 외치고 있다는 사실은 이탈리아의 요리와 국기 사이에 상관관계가 있다는 증거다. 중국 식당들은 행인들을 식당 안으로 유혹하기 위해 빨간 국기, 낫과 망치를 내걸지 않는다. 또한 튀니지의 국기를 본 사람이 곧바로 집으로 돌아가 그 나라의 전통요리인 쿠스쿠스를 후다닥 만들어 먹어야겠다고 생각하지도 않는다.

이탈리아 국기를 보면 생각나는 것이 또 뭐가 있을지 몇 초 더 생각해보니, 피아지오가 디자인한 베스파 스쿠터(1967년 모델)에 올라 산시로 경기장으로 향하는 그림이 떠올랐다. AC 밀란과 인터밀란의 경기를 보러 가는 길이다. 사람이 몇 명 더 있으면 피아트 500 자동차를 탈 것이다. 하지만 운전을 맡은 사람은 몬테풀치아노 포도주를 아주 작은 잔으로 한 잔만 마실 수 있다. 그날의 운이려니 해야지.

이탈리아의 국가적 상징을 깎아내리려고 이런 이야기를 하는 것이 아니다. 이 국기가 이 나라 제품의 품질을 통해 얼마나 성공적으로 소프트파워를 발휘하고 있는지 강조하려는 목적이 더 크다. 언제나 진정한 통일국가가 되려고 애썼지만 분리주의 운동으로 북부와 남부의 분열이 심화되는 경험을 했던 이 나라를 통일시켜주는 요소가 바로 여기에 있다.

이탈리아 반도와 그 주변지역 및 섬에 사는 사람들은 18세기 말까지 각 도시국가와 왕국을 대표하는 국기들을 많이 만들어본 경험이 있었다. 그러나 1796년 봄 나폴레옹이 알프스를 넘어와 절대주의 소국들의 구질서를 혼돈 속에 던져 넣었다. 밀라노가 수도인 롬바르디아는 프랑스 군대가 들어온 뒤 트란스파다네공화국이 되었다. 당시 밀라노 의용군은 초록색과 하얀색으로 된 군복을 입었는데, 트란스파다네공화국의 방위군으로 변신하면서 군복에 빨간색이 추가되었다. 롬바르디아 군단도 같은 색 군복을 입었다. 그해 10월에 나폴레옹은 파리에 다음과 같은 편지를 보냈다. "Les couleurs nationales qu'ils ont adoptées sont le vert, le blanc et le rouge(그들이 채택한 국가 상징색은 초록색, 하얀색, 빨간색이다)."

프랑스 군대는 이웃한 모데나의 구정권도 무너뜨리고, 치스파다네공화국으로 이름을 바꿨다. 새로 만들어진 의용군은 이탈리아 군단을 자칭하며 역시 초록색, 하얀색, 빨간색으로 된 군복을 채택했다. 치스파다네공화국의 국기에도 이 세 색깔이 수평으로 나란히 자리를 잡았다.

빨간색이 맨 위, 하얀색이 중간, 초록색이 맨 아래였다.

1797년에 이 두 공화국이 합쳐져서 치살피네공화국이 되었고, 1798년에는 세 가지 색깔이 수직으로 자리 잡은 도안을 국기로 채택했다. 오늘날 우리가 알고 있는 이탈리아 국기의 모양과 같다. 이 깃발에 프랑스 국기가 영향을 미쳤음에는 의심의 여지가 없었다. 프랑스 점령하에 있는 이 새로운 '국가'가 이탈리아공화국이 되었고, 나중에는 이탈리아왕국이 되었다. 나폴레옹이 몰락했을 때는 이탈리아를 통일하려는 노력도 중단되었지만, 통일에 대한 생각과 상징색이 이미 자리를 잡은 뒤였다.

1800년대에 이탈리아 반도에 삼색기가 더욱 널리 퍼졌다. 리소르지멘토Risorgimento*, 즉 민족주의의 재부상은 막을 수 없는 흐름이 되었다. 이 운동을 이끈 주세페 마치니Giuseppe Mazzini**와 주세페 가리발디Giuseppe Garibaldi*** 모두 삼색기를 휘날리며 싸웠다. 1861년에 이탈리아왕국이 태어나고, 빅토르 엠마누엘 2세Victor Emmanuel II가 왕으로 선포되었다. 국기를 무엇으로 할지에 대해서는 누구도 의문을 품지 않았다. 하지만 왕이 사용하던 사보이 가문의 문장이 국기에 추가되어 1946년까

---

* 이탈리아 통일 운동 ― 옮긴이

** 이탈리아의 혁명가이자 통일 운동 지도자. 1831년 망명지인 마르세유에서 청년 이탈리아당을 결성해 이탈리아를 공화 정치로 통일할 것을 호소하고, 1849년에는 로마공화국을 수립했으나 프랑스군의 간섭으로 실패한 후 망명했다.

*** 이탈리아의 장군이자 정치가. 공화파의 혁명 운동에 적극적으로 가담했고, 이탈리아 통일 전쟁에서는 '붉은 셔츠대'를 조직해 시칠리아 섬을 치는 등 크게 활약했다. 이탈리아 통일의 3대 영웅 중 한 사람으로 꼽힌다.

지 유지되었다.

베니토 무솔리니Benito Mussolini****는 파시스트가 흔히 그렇듯이 상징에 집착했지만 국기에는 손을 대지 않았다. 국기에 변화가 생긴 것은 제2차 세계대전이 끝나고 이탈리아가 공화국이 되었을 때다. 이때 사보이 가문의 문장이 제거되었다. 국기는 국가기관 건물에서 자랑스레 휘날리고 있지만, 국민들이 항상 국가기관만큼 자부심을 느끼는 것은 아니다. 이탈리아는 지역색이 강한 나라다. 많은 국민이 자신의 지역에 더 소속감을 느끼는지, 각 지역의 깃발이 국기보다 더 흔히 눈에 띌 때도 있다. 하지만 물론 나라가 하나로 통일될 때도 있다. 특히 국가대표 축구 팀인 아주리 군단이 경기장에 나설 때가 그렇다. 관중들은 그들의 삼색기 아래에서 분명하고 확실하게 하나가 된다.

어떤 사람들은 이렇다 할 특징이 없는 이 삼색기에 다양한 가치를 부여하기도 한다. 빨간색은 독립을 위해 흘린 피를 상징하고, 초록색은 푸르른 풍경을 상징하며, 하얀색은 알프스를 상징한다는 것이다. 어느 것도 공식적인 설명은 아니다. 역사적인 배경도 없다. 하지만 언제나 그렇듯이 의미는 보는 사람의 눈에 달린 것이니, 필자는 이탈리아 국기에서 아보카도, 모짜렐라 치즈, 토마토를 본다. 국기에 대한 경례!

**** 이탈리아의 정치가. 제1차 세계대전 뒤 파시스트당을 조직하고 1922년 쿠데타로 정권을 잡았다. 1940년 일본, 독일과의 삼국 동맹으로 연합국에 선전포고를 하고 제2차 세계대전에 끼어들었으나 결국 패했고 반파시스트 무장세력에게 잡혀 처형당했다.

스칸디나비아 십자가를 쓰는 북유럽 5개국

이번에는 스콜^{skål*}!이다. 양지바른 남쪽에서 북쪽의 스칸디나비아와 핀란드로 갈 예정이기 때문이다.

유럽의 깃발들을 분류하는 아주 확실한 기준 하나가 여기에 있다. 바로 스칸디나비아 십자가다. 또 다른 분류기준으로는 예를 들어 네덜란드부터 독일과 오스트리아를 거쳐 불가리아에 이르기까지 인접한 나라들이 사용하는 수평 삼색기 같은 것이 있다. 하지만 이 삼색기 계열의 깃발들을 하나의 범주로 연결해주는 요소가 별로 없고, 유럽뿐만 아니라 전 세계 다른 지역에서도 삼색기가 흔히 쓰인다. 반면 스칸디나비아 십자가는 같은 형태라서 즉시 알아볼 수 있다. 다만 노르웨이, 덴마크, 스웨덴, 핀란드, 아이슬란드의 국기에서 파란색이나 빨간색으로 색깔만 달라질 뿐이다. 이 십자가는 언제나 약간 깃대 쪽에 가깝게 치우쳐 있으며, 십자가의 오른쪽 '팔'이 길게 늘어난 형태다.

에스파냐나 이탈리아처럼 교회와 성당에 나가는 사람이 많은 나라들은 그리스도교의 상징을 드러내놓고 사용하지 않는데, 서유럽에서 종교적인 색채가 가장 약한 북유럽에서 이 상징이 이렇게 오랫동안 살아남았다는 사실이 다소 얄궂다.

스칸디나비아 십자가를 사용하는 5개국의 국기는 모두 빨간 바탕에 하얀 십자가가 있는 덴마크 국기를 기반으로 한 것이다. '단네브로$_{Dannebrog}$'라고 불리는 이 국기는 세계에서 가장 오래된 국기로 간주된

---

* 스웨덴어나 노르웨이어로 "건배", "위하여"라는 뜻. — 옮긴이

다. 1200년대 초부터 이 나라의 상징으로 인정받았기 때문이다(공식적으로 인정받은 시기는 이보다 한참 뒤다). 모든 덴마크인이 알고 있는 전설에 따르면, 이 깃발은 1219년 이교도 에스토니아인과의 전투에서 유래했다고 한다. 전투가 잘 풀리지 않아 왕 발데마르 2세Valdemar II가 애를 먹는 것을 본 종군 주교들은 적당한 곳을 찾아 들어가 기도를 했고, 이것이 신호라도 된 듯 하느님이 하늘에서 단네브로를 지상으로 던져주셨다. 깃발이 땅에 닿기 전에 발데마르가 이것을 잡자, 덴마크 군대는 이 기적에 용기를 얻어 역사에 남을 승리를 쟁취했다. 이 전설에 대한 역사적 증거는 빈약하기 짝이 없지만, 이 이야기는 수백 년 동안 전해져 왔다. 잉글랜드의 아서 왕과 원탁의 기사들 이야기처럼 이 전설도 한 나라를 하나로 묶어주는 심리적인 '진실'을 확립하는 데 동등한 가치를 지닌 듯하다.

발데마르 2세가 잡은 그 깃발은 그 뒤로 온갖 종류의 모험을 겪었다. 1500년에는 독일의 어느 지방에서 포획되었다가 1559년에 구출되었고, 나중에야 덴마크로 돌아갔다. 그러나 슬프게도 덴마크에서 100년이 흐른 뒤 바스러져 가루가 되어버렸다. 전해오는 이야기에 따르면 그렇다.

이런 식으로 사라진 덴마크 깃발은 그 뒤에도 있었다. 2006년에 단네브로는 그해에 가장 많이 불태워진 깃발이 되었다. 2005년 9월에 신문《윌란스 포스텐Jyllands-Posten》이 예언자 무함마드를 그린 만평 열두 편을 실었는데, 그중에 무함마드가 도화선에 불이 붙은 폭탄 모양의 터번을 쓰고 있는 그림이 있었다. 많은 무슬림이 이 그림에 분노했다. 그림의 내용도 문제지만, 예언자를 그림으로 그리는 것이 이슬람 율법에 따라 금지되어 있다고 해석하는 사람 또한 많기 때문이었다.

이 그림이 처음 신문에 실렸을 때 덴마크에서는 작은 소란이 벌어졌다. 그러나 이 그림에 분노한 사람들이 무리를 이루어 여러 달 뒤 중동을 돌아다니며 이 만평을 알린 덕분에 이 그림에 분노하는 사람이 훨씬 더 많아졌다. 그 뒤 이슬람 세계 전역에서 벌어진 시위로 수십 명이 목숨을 잃었고, 다마스쿠스에 있는 덴마크와 노르웨이 대사관이 불에 탔으며, 덴마크 국기 화형식도 수백 번이나 벌어졌다.

덴마크 정부가 그 만평을 발표한 것이 아니니 이 모든 일이 덴마크 입장에서 보면 다소 억울하지 않겠느냐고 주장할 수도 있다. 그러나 스위스와 사부아의 선량한 주민들은 이보다 훨씬 더 억울한 피해를 당했다. 불에 탄 깃발들 중에는 시위대가 직접 만든 것이 많았다. 그들이 깃발을 만들 때 빨간 바탕 위의 하얀 십자가 위치라든가 가로세로의 비율에 아주 열심히 주의를 기울이지 않은 것은 얼마든지 이해할 수 있는 일이다. 따라서 십자가가 깃대 쪽으로 치우치기보다 중앙에 놓인 경우가 많았다. 이것이 수많은 스위스 국기와 사부아 깃발이 "덴마크에 죽음을!"이라는 구호와 함께 화염에 휩싸인 이유다. 무슬림들이 일반적으로 유럽에 대해 잘 모른다는 사실이 여기에서 드러났다. 유럽 또한 중동에 대한 이해가 빈약하니 피차일반이긴 하지만.

이제 단네브로는 햄과 베이컨이 그려진 정육점 천장에서도, 맥주병에서도, 치즈 포장지에서도 볼 수 있다. 사실상 거의 모든 상품에 국기가 그려져 있다고 해도 무방하다. 덴마크 사람들은 국기에 대한 자부심이 엄청난데도, 국기를 어디에 그려 넣을지에 대해서는 대개 상당히 느슨한 태도를 보인다. 하지만 예외가 하나 있다. 극우주의자들이 이 깃발을 내걸면 국민들 사이에 불편한 감정이 잔물결처럼 퍼져나간다. 대부분의 덴마크 국민은 극우주의자들이 제멋대로 국기를 이용하는 것을 바라지 않는다. 그러나 수백 년 동안 삶의 일부였던 이 국기를 보고 국민들이 여전히 애국심을 느끼기는 해도, 민족주의적인 감성이 노골적으로 드러나는 일은 없다. 거의 모든 상품에 국기가 그려져 있는 것처럼, 수많은 일반 시민의 집에도 국기가 걸려 있는 모습을 흔히 볼 수 있다. '덴마크산産'이라는 표시는 편안한 삶의 상징이며, 단네브로는 덴마크인들이 누리는 편안한 삶의 일부다.

이제 길을 따라 올라가 외레순 다리를 건너면 이런 문제에 다소 도도한 태도를 보이는 스웨덴 사람들이 있다. 스웨덴 국기는 결코 덴마크 국기만큼 널리 사용되지 않는다. 영국에서처럼 이 나라의 극우주의자들 손에서 국기를 구출해야 했던 역사도 있다. 평범한 시민들이 국기를 내걸거나 상품에 국기가 사용되는 경우가 워낙 드물기 때문에, 1990년대에 공식적인 목적 이외에 국기가 등장하면 곧 신나치주의와 연관되었다는 의미로 받아들여졌다. 그 뒤로 국기의 이미지가 다시 바로잡히기는 했어도, 국기의 사용은 여전히 민감한 문제라서 스웨덴 국기는 유럽의 국기들 중 잘 사용되지 않는 편에 속한다. 그러나 2016년의 유럽축구선수권대회는 예외였다. 그때는 거의 모든 스웨덴인이 셔츠나 모자에 국기를 그리거나 내걸었다. 그래도 스웨덴 내에서는 스웨덴 민주당 같은 민족주의 정당들이 점점 더 국기를 내세운다는 사실을 국민들이 인식하고 있다. 심지어 《파란색-노란색 문제》*라는 이름의 극우 잡지도 있다. 따라서 국기의… 문제가 다시 떠오르는 중이다.

스웨덴에 대해 많은 사람들은 문화적인 초超자유주의와 중도적인 경제 정책의 안식처라는 인식을 갖고 있다. 대량 이민 시대**의 스웨덴이 아니라 아바ABBA*** 시대의 스웨덴에나 해당되는, 최소한 20년이나 시대에 뒤진 인식이다. 1990년대 이래로 이 나라에서는 시장경제의 영역이 서서히 넓어졌다. 복지와 교육에 대한 지출은 크게 줄어들었으며, 일부 학교들은 사립화되기까지 했다. 또한 정권이 여러 번 바뀌면서 엄격한 경찰력 행사와 정보 감시에 관한 법률들이 잇달아 통과되었다. 도시 지역에서는 출신 나라별로 사람들이 모여 사는 곳이 흔하며, 실업률도 높다. 특히 백인이 아닌 스웨덴인의 실업률이 더 높은 편이다. OECD의 통계에 따르면, 스웨덴 인구 중 5분의 1이 다른 나라에서 태어났거나, 최소한 부모 중 한쪽이 다른 나라에서 태어난 사람들이다. 스웨덴이 이런 새로운 환경에 적응해가는 동안 국기에 대한 논란도 벌어지고 있다.

스웨덴 사람들은 단네브로의 십자가 문양을 빌려와서, 색깔만 파란 바탕에 노란 십자가로 바꿨다. 연구에 따르면, 1400년대에 이미 파란 바탕에 황금색 십자가를 그린 깃발이 스웨덴의 상징으로 사용되고 있

---

* 파란색과 노란색은 스웨덴 국기의 색깔이다. — 옮긴이

** 2015년 9월 2일 터키 해안에서 유럽으로 가려다 주검으로 발견된 시리아 어린이 아일란 쿠르디 Alan Kurdi의 사진이 세계에 충격을 안겼고 이후 유럽은 독일이 중심이 돼 시리아 난민들을 대거 받아들였다. 특히 난민 친화적 정책을 펼쳐온 스웨덴에는 2000년부터 2015년까지 거의 50만 명이 난민 신청을 했다.

*** 1972년부터 활동한 스웨덴의 남녀 혼성 4인조 팝 댄스 그룹.

었다. 따라서 파란색과 노란색은 스웨덴 왕실의 공식적인 상징색이 되었다.

1821년에 만들어진 노르웨이 국기도 단네브로의 십자가 문양을 가져왔다. 1388년부터 덴마크가 이 땅을 다스리다가 1814년에 스웨덴에 할양했기 때문이다. 빨간색과 파란색이 국기에 들어간 것은 프랑스혁명과 프랑스 삼색기의 영향이었으나, 덴마크 및 스웨덴과 이 나라의 관계 또한 여기에 반영되어 있다. 스웨덴 왕은 이 깃발을 육지에서만 사용해야 한다고 제한했다. 바다에서도 이 깃발을 사용할 경우, 이 깃발의 인기가 커져서 노르웨이 민족주의가 강해질 우려가 있다고 생각했기 때문이다. 노르웨이는 1898년에야 바다에서도 깃발을 내걸 권리를 허락받았다. 노르웨이 사람들이 이 권리를 얻어내기 위해 운동을 벌인 끝에 뒤늦게 허락받았다는 사실은 오히려 노르웨이의 분리를 더욱 촉진해서, 1905년에 노르웨이는 마침내 스웨덴과 분리되었다.

지금의 노르웨이 사람들은 국기, 나라, 화폐, 국민성에 대한 자부심이 무서울 정도로 강하다. 게다가 바다에서 발견된 석유와 천연가스가 세계 최대 규모인 국부 펀드의 규모를 더욱 늘려주고 있어서, 이 나라가 유럽연합에 들어가지 않기로 결정한 이유를 이해할 수 있다.

한편 핀란드 역시 1150년경부터 1809년까지 스웨덴의 지배를 받았다. 1809년은 핀란드 전쟁에서 스웨덴이 러시아에 패한 해다. 이 전쟁의 결과로 러시아 군대가 핀란드를 점령했다. 과거 스웨덴 지배자들은 스웨덴어를 핀란드의 공용어로 써야 한다고 강요하고, 나라의 행정 또한 직접 관리하려 했으나, 러시아는 핀란드에 훨씬 더 큰 자치권을 허락해주었다.

이 (상대적인) 자유는 핀란드 민족주의자들에게 힘이 되었다. 러시아가 혁명의 여파로 혼란에 빠져 있던 1917년 12월 6일에 핀란드는 일방적으로 독립을 선포했고, 블라디미르 레닌^{Vladimir Lenin}은 12월 말에 이를 인정했다. 이제 국기가 필요해진 이 나라에 두 가지 도안이 후보로 등장했다. 독립을 선언한 날 핀란드 상원 의사당에 내걸렸던 이른바 '사자 깃발'은 빨간 바탕에 황금색 사자가 그려진 모양이었다. 하지만 파란색과 하얀색으로 된 깃발이 이미 널리 퍼져서 많은 선박에 핀란드 국기로 게양되어 있었다. 이 파란색과 하얀색 국기는 1862년에 이미 핀란드의 시인 겸 작가 겸 역사가인 사크리스 토펠리우스^{Zachris Topelius}가 지지한 바 있었다. 그는 파란색이 핀란드에 수없이 많은 호수를 상징하고, 하얀색은 어디에나 쌓여 있는 눈을 상징한다고 말했다.

이 두 가지 도안을 놓고 의회에서 열띤 토론이 시작되었으나, 곧 이보다 훨씬 더 열띤 불화가 터져나왔다. 1918년의 핀란드 내전이었다. 레닌이 핀란드의 자결권에 대한 테제를 작성하고 독립에 동의했는지 몰라도, 그의 열린 마음에는 한계가 있었으므로 그는 핀란드가 공산주의를 바탕으로 모스크바의 지도를 받아 자결권을 행사하기를 원했다. 그래서 핀란드 수비대의 여러 부대를 부추겨 별도의 '붉은 수비대'를 결성하게 했다. 그 뒤에 이어진 다섯 달 동안의 싸움에서 이른바 '하얀 군대'가 '붉은 수비대'를 물리쳤다. 이로 인해 국기의 도안을 결정하는 일이 다소 단순해졌다. 빨간색의 인식이 나빠졌기 때문이다. 이듬해에 핀란드공화국은 하얀 바탕에 파란색 스칸디나비아 십자가가 그려진 깃발을 국기로 자랑스레 내걸었다.

마지막으로 노르웨이 해를 건너 대서양으로 들어가면 아이슬란드가 있다. 유럽 대륙으로부터 거의 1,600킬로미터나 떨어져 있는데도, 문화적으로나 역사적으로나 이 나라는 스칸디나비아 지역으로 분류된다. 파란색 바탕에 하얀색 테두리가 있는 빨간색 스칸디나비아 십자가가 그려진 국기는 그리스도교 전통, 북유럽과의 연관성, 1380년부터 1944년까지 노르웨이와 덴마크가 차례로 이 땅을 지배했던 역사, 많은 아이슬란드인의 조상이 건너온 땅 노르웨이와의 밀접한 관계 등 여러 가지를 표현하고 있다.

북유럽 다섯 나라의 국기들은 유럽의 다른 국기들과는 궤를 달리한다. 이 다섯 개 국기 중 어느 것을 보아도 우리는 비록 정확한 나라를 짚어내지는 못할망정 최소한 북유럽 지역의 것임을 알 수 있다. 한 범주에 속하는 국기들이 이렇게까지 뚜렷하게 구분되는 경우는 다른 어디에서도 찾아볼 수 없다. 유럽의 다른 지역에서는 십자가가 이렇게 당연한 듯이 사용되지 않는다. 스위스, 그리스, 몰타, 슬로바키아의 국기에 십자가가 그려져 있기는 하지만, 북유럽의 국기들과 비교하면 모두 모양이 다르다.

십자가 대신 표현된 그리스도교 상징

그러나 유럽의 국기들에서 십자가만이 그리스도교를 상징하는 것은 아니다. 예를 들어 포르투갈 국기의 초록색은 포르투갈의 한 기사단이 사용했던 아지즈의 초록색 십자가를 기린 것으로, 유래를 따지자면 템플

기사단*과 십자군의 시대까지 거슬러 올라간다. 빨간색은 또 다른 기사단인 그리스도기사단에서 유래했다. 포르투갈이 공화국이 된 뒤인 1911년에 새로운 국기를 정할 위원회가 만들어졌을 때, 빨간색에 대한 포르투갈 국민들의 감정에는 이견의 여지가 없었다. 빨간색은 반드시 들어가야 했다. "전투적이고, 정열적이고, 남자다운 최고의 색이다. 정복과 웃음의 색이다. 노래와 열정과 기쁨의 색… 그 색은 피를 연상시키며 우리를 자극해 승리로 이끈다."

이보다 흥미로운 점은 중앙에 들어간 문장이 혼천의 위에 겹쳐져 있다는 것이다. 혼천의는 과거 항해에 쓰이던 도구로, 발견의 시대의 상징이다. 이 시대에 포르투갈의 뱃사람들은 당시 유럽인들의 관점에서 볼 때 아직 발견되지 않은 땅이었던 곳까지 새로운 무역로를 개척하는 선봉에 서 있었다. 문장은 1139년까지 거슬러 올라가는 도안을 바탕으로 만들어졌으며, 역시 그리스도교의 영향이 깊이 배어 있다. 하얀 점 다섯 개가 찍힌 파란색 방패 다섯 개는 1139년에 포르투갈에서 벌어진 오리크 전투를 상징한다. 이 전투에서 알폰수 1세Alfonso I 가 "그리스도의 다섯 가지 성흔의 이름으로" 무어의 다섯 왕을 물리쳤다. 따라서 점도 다섯 개, 방패도 다섯 개다.

국기는 포르투갈의 국가에도 언급되어 있다.

---

* 1118년에 프랑스의 기사 위그 드파양Hugues de Payens이 성지 순례자들을 보호하기 위해 결성한 종교 기사단. 십자군의 주력 부대로 활약했으며, 1312년에 교황과 프랑스 왕의 음모로 누명을 쓰고 해산당했다.

불패의 깃발을 펼쳐라

너희 하늘의 밝은 빛 속에서!

유럽과 전 세계여 외쳐라

포르투갈은 스러지지 않았다고

너의 행복한 나라는

사랑을 속삭이는 대양의 키스를 받는다.

정복하는 너의 무기가

온 세상에 신세계를 주었다!

　　빨간색, 하얀색, 빨간색이 수평으로 배열된 오스트리아 국기도 그리스도교에서 유래했으며, 나라를 건국한 사람들이 몹시 사랑했던 건국신화와도 관련되어 있다. 오스트리아의 국민들 중에도 이 신화를 사랑하는 사람이 많다. 이 신화에 따르면, 오스트리아의 레오폴트 5세Leopold V 공작이 제3차 십자군 전쟁 때 아크레 공방전Siege of Acre(1189~91)에서 전투에 어찌나 열심히 참여했는지 그의 서코트(갑주 위에 입던 튜닉으로 길이가 길고 소매가 없으며, 보통 하얀색이다)가 완전히 피범벅이 되었다. 십자군으로서 하루 종일 힘들게 전투를 마친 그가 허리띠를 풀자, 피가 미처 스며들지 못한 부분이 하얀 띠 모양으로 드러났다. 사실인지 어떤지는 모르겠으나, 그로부터 몇십 년 뒤 황제 하인리히 6세Heinrich VI는 특히 용맹을 떨친 기사들에게 빨간색과 하얀색이 들어간 방패를 하사했다. 그리고 1230년 무렵에는 이 두 색깔이 이미 이 지역과 함께 연상되었다. 그러나 다른 무늬 하나 없이 빨간색-하얀색-빨간색이 배열된 깃발이 오스트리아의 공식적인 국기가 된 것은 제2차 세계대전 이후였다.

워싱턴의 퓨리서치 센터에 따르면, 전 세계의 국기들 중 약 6분의 1이 그리스도교 상징을 포함하고 있다. 그렇다면 내 계산으로 이런 국기가 대략 32개인데, 기준에 따라 조금 달라지겠지만 이들 중 거의 3분의 2가 유럽 국가들의 것이다. 대부분의 유럽인들은 이런 상징을 분명하게 의식하지 않는다. 스웨덴의 국기를 보면서 그리스도교의 십자가를 생각하지는 않는다는 뜻이다. 하지만 사람들 사이에 역사인식이 높아지고 유럽에서 이슬람의 세력이 증가하면서, 극우주의자들이 유럽 대륙을 자신이 생각하는 모습으로 정의하기 위해 이런 상징들을 더 많이 사용하게 될 가능성이 크다. 특히 이슬람 국가들의 국기에 종교적인 상징이 자주 등장한다는 점을 고려해야 한다. 이슬람 국가들에서는 국민 대부분이 국기 속 상징의 의미를 잘 알고 있다. 터키의 레제프 T. 에르도안 Recep T. Erdoğan 대통령은 터키가 공식적으로 세속국가를 선언했음에도 "국민 중 대다수가 무슬림인 나라"라는 이유로 유럽연합이 터키의 합류를 원하지 않는다고 비난한 바 있다. 실제로 종교가 여전히 핵심적인 장벽 역할을 할 수도 있다. 게다가 오스만 제국*의 국기에서 유래한 초승달과 별은 수백 년 동안 이어진 분쟁을 너무나 생생하게 연상시킨다.

＊ 1299년에 오스만 1세Osman I가 셀주크 제국을 무너뜨리고 건국한 이슬람 제국. 1453년 비잔틴 제국을 멸망시키고 콘스탄티노플(이스탄불)을 수도로 삼았다. 중동과 동유럽, 북아프리카에 걸친 대제국으로 군림했으나 유럽의 부상으로 18세기 이후 세력이 줄어들었다. 제1차 세계대전 뒤인 1922년 청년장교들의 반란으로 무너지고 현대 터키공화국이 수립됐다.

공화주의의 파도

앞에서 언급한 사례들을 빼면, 유럽의 국기들에 종교적인 상징이 분명하게 드러난 경우는 그리 많지 않다. 공화주의의 파도가 여러 왕조와 그들을 상징하는 문장을 휩쓸어버린 것이 여기에 부분적인 영향을 미쳤다.

옛날에 네덜란드는 신교도 군주인 오렌지 공 윌리엄^{William Ⅲ}**, 과묵한 윌리엄이라고도 불리던 그를 상징하는 오렌지색, 하얀색, 파란색 국기를 사용했다. 윌리엄은 80년 전쟁***이 시작될 때 가톨릭국가인 에스파냐에 맞서 반란을 이끌었으며, 그 결과 네덜란드의 일부 지역들이 먼저 독립을 얻었고 궁극적으로는 모든 지역이 독립해서 네덜란드공화국이 되었다. 그리고 윌리엄의 깃발로 알려진 그 삼색기는 당시 네덜란드의 독립을 상징했다. 왕의 색깔을 국기에 사용한 것은 당연한 선택이었으나, 17세기 중반에는 이미 오렌지색이 빨간색으로 바뀌어 있었다. 오렌지색이 금방 바래서 바다에서 쉽사리 눈에 띄지 않았기 때문이다. 따라서 네덜란드 왕가는 빨간색, 하얀색, 파란색을 상징색으로 채택했다. 하지만 왕실 행사에서 필요할 때는 이 삼색기 위에 오렌지색 페넌트가 함께 내걸린다.

오렌지색은 지금도 네덜란드를 지배한다. 특히 축구 국가대표 팀의 경기가 벌어질 때면, 대부분의 국민들이 '오라녜'라는 별명으로 불리는 국가대표 팀을 위해 오렌지색 셔츠를 입는다. 빨간색, 하얀색, 파란색은

** 네덜란드어 발음은 '빌렘 판 오라녜Willem van Oranje'다. ― 옮긴이

*** 1568~1648년 네덜란드가 에스파냐 지배에서 벗어나기 위해 일으킨 전쟁. 네덜란드는 1581년에 독립을 선언했으며 1648년 베스트팔렌 조약으로 국제적인 승인을 받았다.

이 나라의 공식적인 상징색이다. 제2차 세계대전 중 독일이 이 나라를 점령했을 때 일부 국민들은 빨래를 빨간색, 하얀색, 파란색의 순서로 널기도 했다. 그러나 이 나라의 국민이든 다른 나라 사람이든, 네덜란드라는 말을 들었을 때 가장 먼저 떠올리는 색이 무엇인지에 대해서는 의심의 여지가 없다. 그 나라의 대표적인 색깔로 간주되는 색이 국기에 사용되지 않는 드문 사례다.

러시아의 삼색기도 흥미롭다…. 어느 정도까지는. 과거 소련 시절의 상징인 낫과 망치가 사라진 국기는 단순히 공산주의 시대 이전의 깃발을 되살린 형태다. 하얀색-파란색-빨간색이 수평으로 배열된 이 깃발은 1600년대 말에 유럽의 여러 지역을 돌아본 표트르 대제$^{Pyotr\ I}$*가 도입한 것으로 널리 알려져 있다. 표트르 대제는 네덜란드의 삼색기에 마음을 뺏겨서 이것을 기반으로 자기 나라 국기를 만들었다고 한다.

그가 세상을 떠난 뒤에는 이 깃발의 경쟁자가 나타났다. 1858년에 알렉산드르 2세$^{Aleksandr\ II}$**는 검은색-노란색-하얀색 깃발이 좋겠다는 결정을 내렸다. 그가 황제였던 만큼 당시 이 깃발이 많이 만들어져서 사용되었을 텐데, 표트르 대제의 원래 깃발을 몰아내고 그 자리를 차지하지는 못한 것 같다. 1881년에 이그나치 흐리니에츠키$^{Ignacy\ Hryniewiecki}$라

***

* 1672년부터 1725년까지 재위한 제정 러시아의 황제. 서유럽화 정책을 취하는 한편, 터키와의 전쟁과 북방 전쟁 등으로 영토를 확대해 상트페테르부르크를 건설하고 제정 러시아를 근대화했으며 강국화에 힘썼다.

** 1818년부터 1881년까지 재위한 제정 러시아의 황제. 농노 해방 등의 근대적인 개혁을 했으나 후에 탄압 정치를 했다. 알래스카를 미국에 팔고, 일본과 거래로 쿠릴 열도를 사할린과 교환했다.

는 청년이 상트페테르부르크에서 알렉산드르 2세에게 폭탄을 던졌다. 현대의 소수 과격 왕당파와 극우집단을 제외하면, 검은색-노란색-하얀색 깃발이 사람들의 눈에 띈 것은 그때가 마지막이었다. 그 뒤로 하얀색-파란색-빨간색 깃발은 볼셰비키가 1917년에 붉은 깃발의 초기 형태를 도입할 때까지 누구의 도전도 받지 않았다.

낫과 망치가 그려진 소련의 붉은 깃발은 20세기의 상징 중 하나다. 수천만 명의 무덤 위에서 휘날린 이 깃발은 서구 사람들의 머릿속에서 나치의 깃발만큼 사악한 상징으로 인식된 적이 없다. 수많은 나라에서 수많은 민간인들을 죽인 체제의 상징이었는데도 말이다. 특히 소련과 중국에서는 수천만 명의 사람들이 굶어 죽었다. 그런데도 낫과 망치 깃발을 희망의 상징으로 보고 찬양하는 사람들이 여전히 있다.

강제수용소와 공포정치를 무시하고, '모든 면을 감안했을 때' 공산주의가 좋은 것이었다고 말하려면 정신적으로 많은 무리를 해야 한다. 하지만 비밀문서들이 공개된 오늘날에도 자신이 평생 지켜온 신념이 어쩌면 대량학살에 기여했을지도 모른다는 사실을 받아들이지 못하는 사람이 많다. '모든 면을 감안했을 때' 완전고용을 이룩하고 아우토반을 건설한 나치가 독일에 좋은 것이었다고 주장할 사람은 별로 없을 것이다. 그러나 낫과 망치에 이르면 사람들의 생각이 이상하게 돌아간다. 이 깃발의 배경이 된 사상이 어쩌면 그 이유를 일부 설명해줄 수 있을 것 같다.

나치는 자기들이 사용하는 깃발이 무엇을 상징하는지 상당히 솔직하게 털어놓았다. 나치 깃발은 우월한 종족, 장점과 단점, 순수성에 대한 그들의 믿음을 상징했다. 그리고 이 믿음은 유럽이 파괴되는 와중에 분쇄되었다. 그러나 낫과 망치는 공산주의의 현실이 아닌 상징이라는 측면에서 국제적인 연대, 도시 프롤레타리아와 농민의 연합, 노동의 존엄성을 상징했다. 심지어 〈붉은 깃발〉의 가사에도 이런 말이 나온다. "마침내 평화의 희망이 생긴다." 따라서 이 깃발을 옹호하는 사람들은 그 사상의 이름으로 저질러진 엄청난 범죄에 눈과 귀를 닫아버리기도 하고, 아니면 현실에서는 그들의 이상이 배신당했을지라도 그 깃발이 상징하는 신념은 지금도 진리라고 주장하기도 한다. 소련의 국가를 한 번 보자.

> 우정과 노동으로 영원히 하나가 된
> 우리의 강대한 공화국은 언제나 견뎌내리라.
> 위대한 소련은 오랜 세월을 이기고 살아남으리니.
> 인민의 꿈 튼튼한 그들의 요새.
> 우리 조국 소련 만세
> 인민의 강대한 손으로 지어진 나라
> 자유 속에서 하나가 된 인민 만세
> 불의 시련을 이겨낸 우리의 강한 우정
> 우리의 진홍빛 깃발이 모두의 눈앞에서
> 영광 속에 빛나며 멀리까지 떨치기를.

낫과 망치가 그려진 붉은 깃발은 공산주의의 상징이지만, 공산주의 창시자인 마르크스가 살아 있을 때에는 존재하지 않았다. 이 깃발이 조금씩 사용되기 시작한 것은 러시아에서 볼셰비키가 권력을 잡았을 때였다. 혁명이 일어나면 으레 그렇듯이, 이때도 상징이 무엇보다 중요했다. 파괴된 구체제의 상징을 대신할 새 시대의 상징이 필요했다. 빨간색은 이미 혁명의 색깔로 간주되고 있었다. 특히 파리코뮌*과 그 뒤를 이은 1871년의 사회주의 정부가 이 색을 사용한 뒤 그런 인식이 강해졌다. 대부분의 깃발과 마찬가지로 이 깃발에서도 빨간색은 대의를 위해 모든 것을 바친 사람들의 피를 의미하게 되었다.

볼셰비키의 지도자 레닌은 낫과 망치가 그려진 붉은 깃발 도안을 승인했다. 낫과 망치 위의 별은 농민과 산업 노동자가 같은 목적으로 단합했음을 의미했다. 공산당이 프롤레타리아를 이끌 것이라는 뜻도 있었다. 여담이지만, 러시아에서는 '낫과 망치serp i molot'라고 하는데, 서구에서는 어찌 된 영문인지 이 순서가 바뀌어 '망치와 낫'이라는 말이 널리 쓰이게 되었다.

혁명 이후 몇 년 동안은 낫과 망치를 곡식 화관이 에워싸고 있는 모양의 깃발이 사용되었으나, 1923년 11월에 공식적인 국기를 결정할 때 곡식 화관이 사라지고, 현재 우리가 알고 있는 것과 아주 흡사한 도안이 채택되었다. 낫의 모양과 망치의 길이도 살짝 달라졌다. 1980년에는 빨간색의 명도가 밝아졌다. 하지만 이런 변화를 제외하면, 1923년에 채택

---

* 1871년 프로이센–프랑스 전쟁에서 프랑스가 패배하고 나폴레옹 3세의 제2제정이 몰락하는 과정에서, 파리에서 일어난 민중 봉기. 혁명 정부는 72일 동안 존속하면서 민주적인 개혁을 시도했으나 정부군에게 패배해 붕괴되었다.

된 깃발이 1991년 12월까지 크렘린에서 계속 휘날렸다. 지금도 이 깃발은 전 세계에서 공산주의의 상징으로 여겨진다. 또한 중국은 지금도 이와 흡사한 국기를 사용하고 있다. 하지만 중국 공산당은 공산주의자 행세를 거의 그만두다시피 했다. 대신 그들은 무자비한 자본주의 독재체제를 받아들였으나, 국민을 통제하기 위해 공산당의 기구와 상징을 계속 사용하고 있다.

소련(본질적으로 러시아 제국) 치하에서 고통받은 나라들 중 일부는 낫과 망치 도안을 금지하고 있다. 이것이 그들에게는 만행, 고문, 빈곤, 식민주의, 전체주의를 상징하기 때문이다. 이 상징을 내세워 자행된 폭정을 직접 경험한 많은 사람들은 깃발의 기억만 떠올려도 몸을 부르르 떤다. 그러나 소련의 폭정을 경험하지 않은 나라들에서는 공산주의의 이상이 일부 젊은이들에게 여전히 힘을 발휘한다. 그들은 빨간색 바탕과 거기에 그려진 도구들이 계급의식, 봉기, 평등주의의 간결한 상징으로 지금도 유용하다고 생각한다. 이 깃발의 상징이 다소 시대에 뒤떨어진 것처럼 보일 수도 있다. 하지만 그렇다고 해서 반항적인 젊은이들이 이를테면 하얀 키보드와 작업용 야광점퍼가 그려진 현대적인 깃발 아래에 모이는 일이 일어날 것 같지는 않다.

낫과 망치의 깃발이 현재 러시아에서 특별히 드높이 휘날리지는 않는다. 냉전에서 공산주의가 패배했고, 리바이스 청바지가 레닌을 물리쳤고, 나토가 바르샤바 조약*을 제압했기 때문이다. 시위 때에는 이 깃

* 1955년 5월 동유럽 8개국이 나토에 대항하기 위해 체결한 상호 우호와 협력에 관한 조약.

발을 아직 볼 수 있지만, 주로 경제적 형편이 넉넉지 않은 노인들의 손에 들려 있다. 그들은 과거 강대국이던 소련과 계획경제 시절을 그리워한다. 하지만 이 깃발이 다시 복귀할 것 같지는 않다.

러시아의 현재 국기인 삼색기는 러시아공화국 전역에서 사용된다. 지금은 사실상 러시아가 차지한 우크라이나와 조지아 일부 지역에서도 이 깃발이 휘날리고 있다. 크림 반도 병합에 러시아 국민들은 엄청난 환호를 보냈다. 블라디미르 푸틴Vladimir Putin 대통령이 이 삼색기를 또 어디에 꽂으려 할지, 우리는 아직 그 끝을 보지 못한 것인지도 모른다.

슬라브 민족의 느슨한 연결

러시아의 영향력 덕분에, 순서와 상관없이 빨간색, 하얀색, 파란색이 사용된 깃발은 슬라브 민족 전체의 단합을 상징하게 되었다. 다양한 슬라브 민족이 오스트리아-헝가리 제국이나 오스만 제국의 지배에서 벗어나려고 애쓰던 시절의 이야기다. 슬라브족은 약 1,500년 전 현재의 체코공화국 일부 지역에서부터 우랄산맥 너머까지, 발트 해에서 마케도니아까지 이어진 여러 영역에서 여러 민족이 서로 느슨하게 연결된 집단으로 모습을 드러냈다. 그들이 각자 사용하는 언어의 뿌리를 추적해보면 원시 슬라브어에 닿아 있다. 지역, 언어, 종교를 통해 그들은 러시아의 영향을 받았으며, 현재 그들이 사용하는 국기에도 그 영향이 나타나 있다. 세르비아, 슬로바키아, 체코공화국, 슬로베니아의 국기가 좋은 예다.

이 나라들 중 세르비아와 슬로베니아는 과거 유고슬라비아를 구성한 여섯 개 공화국에 포함되어 있었다. 세르비아인, 크로아티아인, 슬로베니아인은 1918년에 하나로 모여 왕국을 선포하면서 슬라브족의 삼색기를 채택했다. 파란색-하얀색-빨간색이 수평으로 배치된 형태였다. 나중에 나라 이름을 유고슬라비아로 바꿀 때, 이 깃발에 빨간색 별이 하나 추가되었다. 1990년대 초에 유고슬라비아가 해체되면서 새로운 국기 여섯 개(나중에는 일곱 개)가 필요해졌다. 세르비아, 슬로베니아, 크로아티아는 모두 빨간색, 하얀색, 파란색을 사용한 삼색기의 변형을 채택했고, 몬테네그로는 19세기 말에 사용하던, 쌍두 독수리가 그려진 빨간 깃발을 다시 채택했다. 마케도니아*는 그보다 더 먼 곳에서 영감을 얻으려고 했다.

유럽 어느 곳에서도 마케도니아 국기와 비슷한 것을 찾을 수 없다. 빨간 바탕에 눈길을 확 끄는 노란색 햇살이 여덟 개 그려져 있는 모양이다. 1991년에 독립할 때 처음 나온 국기 도안도 현재의 것과 흡사했으나, 햇살이 열여섯 개이고 태양의 크기는 지금보다 작았다. 베르기나의 태양이라고 불리는 이 원래 도안은 고대의 예술작품에 꼭짓점이 열여섯 개, 열두 개, 여덟 개인 별 모양으로 등장한다. 하지만 가장 흔한 형태는 바로 열여섯 개의 햇살 모양이다. 마케도니아는 이것을 국기 도안으로 선택했다.

이 상징은 기원전 4세기에 마케도니아의 알렉산드로스^{Alexanderos} 대왕과 그의 아버지 필리포스 2세^{Philippos II}도 사용했다. 이 두 인물을 두

---

* 2019년에 국명을 '북마케도니아'로 바꿨다. — 옮긴이

고 마케도니아와 그리스가 서로 자기 나라 사람이라고 다투는 중이다. 알렉산드로스와 필리포스에 대한 그리스의 주장보다 더 중요한 사실은 그리스 영토 내에서 마케도니아라고 불리는 지역이 이웃나라인 마케도니아와 아무런 상관이 없다는 점이다. 이런 역사적 배경으로 인해 그리스는 그리스의 상징으로 간주하는 베르기나의 태양 문양을 사용하는 마케도니아에 극도로 불쾌감을 드러냈다.

이것은 그저 고고학자들 사이의 사소한 분쟁이 아니라, 지금도 진행 중인 영토분쟁이다. 마케도니아에는 그리스의 마케도니아 지역이 테살로니카를 수도로 한 더 위대한 나라의 일부라고 주장하는 사람들이 지금도 있다. 그리스는 마케도니아가 이를 빌미로 그리스 영토인 마케도니아에 대한 권리를 주장하려 할 것을 우려하여 경제봉쇄를 실행한 뒤, 유엔과 유럽연합의 우방국들에게 도움을 청하기 시작했다. 심지어 세계지적재산권기구에도 문제를 제기했다. 이 방법이 효과가 있었다. 1995년에 마케도니아는 국기의 도안을 수정해서 햇살의 개수를 여덟 개로 바꿨다. 또한 유엔과 유럽연합은 이 나라를 '구 유고슬라비아공화국 마케도니아FYROM'로 부름으로써 영토분쟁에 대한 그리스의 우려를 달랬다. 그러나 이 나라를 마케도니아공화국으로 인정하는 나라들이 많기 때문에, 그리스가 몹시 신경을 쓰고 있다.

옛 국기가 시중에서 완전히 사라지는 데에는 몇 년이 걸렸다. 또한 마케도니아에서는 누구도 자기 나라를 FYROM이라고 부르지 않는다. 그리스와의 분쟁에 대한 공식적인 입장은 이 나라의 수도인 스코페의 공항에 착륙하자마자 알 수 있다. 2006년부터 이 공항이… 알렉산드로스 대왕 공항으로 불리고 있기 때문이다. 택시를 타려고 밖으로 나가는 길에는 도착 층에 당당히 서 있는… 알렉산드로스 대왕의 동상(심지어 말을 탄 모습이다)을 놓치면 안 된다. 택시에 오른 뒤에는 기사에게 시내로 들어가면서 달리게 될 주요도로가… 알렉산드로스 대왕 고속도로인지 물어보라.

이 분쟁과 관련된 문제는 사라지지 않았다. 2015, 16년 그리스-마케도니아 국경에 난민 위기가 발생하면서 긴장에 한층 더 불이 붙었다. 그리스는 마케도니아가 나토에 가입하는 것을 지금도 방해하는 중이다. 한 나라의 정치적 상황이 유럽 통합의 이상을 앞선 또 하나의 사례다. 그래도 이 문제는 최소한 외교를 통해 해결될 수 있었다. 반면 유고슬라비아에서 마지막으로 분리돼 나온 두 나라의 국기는 전쟁에서 탄생했다.

둘 중에 설명이 더 간단한 쪽은 코소보다. 유고슬라비아공화국 세르비아 내의 한 지역이었던 코소보는 유고슬라비아가 해체될 때 세르비아의 일부가 되었다. 코소보 인구의 대다수는 이슬람교를 믿는 알바니아인이다. 또한 이 지역에는 코소보와 마케도니아의 일부가 '대 알바니아'에 속한다고 믿는 사람들이 존재한다.

1999년 코소보 전쟁 중에 나토가 세르비아를 폭격해, 코소보에 나와 있던 세르비아 군대를 철수시켰다. 그 뒤 알바니아인들이 인종청소에 대한 보복에 나서자 코소보 지역에서 위험에 처한 세르비아 주민 수만 명 또한 도망칠 수밖에 없었다.

2008년에 코소보는 일방적으로 독립을 선언했다. 지금은 유엔과 유럽연합 회원국 중 대다수가 이 나라의 독립을 받아들였으나, 모두 그 런 것은 아니다. 특히 세르비아는 확실히 후자에 속한다. 코소보의 국기 는 파란 바탕 한복판에 이 나라의 영토 모양이 노란색으로 그려져 있는 형태다. 노란색 영토 위의 하얀 별 여섯 개는 코소보를 구성하는 민족들 을 상징한다. 별을 그려 넣은 것은 단합을 향해 손을 뻗은 훌륭한 한 수 였으나, 1999년 전쟁 이후 지금까지 국민통합에는 별로 진전이 없다.

한편 보스니아-헤르체고비나는 수백 년 동안 오스만 제국의 지배 를 받다가 오스트리아-헝가리 제국에 넘어갔다. 그리고 나중에는 유고 슬라비아의 일부가 되었다. 1992년에 이 나라가 세르비아계의 세력이 지배적인 유고슬라비아와의 정식 분리를 결정하자, 이 나라의 세르비 아 주민들은 깜짝 놀랐다. 이 나라 안에서는 그들이 소수집단이었기 때 문이다. 곧 최악의 유고슬라비아 전쟁이 발발해서, 보스니아인(보스니 아의 무슬림 주민), 크로아티아계 보스니아인, 세르비아계 보스니아인이 서로 싸우게 되었다. 크로아티아와 세르비아는 각각 자신의 동족들을 지원했다.

전쟁이 벌어진 3년 동안 보스니아 정부는 14세기에 보스니아와 달 마티아를 다스린 왕조에게서 국기 도안을 가져와 사용했다. 하얀 바탕 에 파란색 방패와 노란색 붓꽃 무늬 여섯 개가 그려진 모양이었다. 원래 중립적인 도안이었으나, 분쟁 중에 주로 이슬람계 주민들의 것으로 여 겨지게 되었다. 새뮤얼 P. 헌팅턴Samuel P. Huntington은 많은 논란을 불러 일으키고 커다란 영향을 미친 저서 《문명의 충돌Clash of Civilizations》에서 보 스니아 수도인 사라예보 공방전 중 일부 무슬림 주민들이 사우디아라비아, 터키 국기와 나란히 이 깃발을 내걸곤 했다고 설명한다. 이 전쟁에 대해 두 나라가 드러낸 외교적 입장과 인도적인 지원에 감사를 표하기 위해서였다. 1995년에 전쟁이 끝났을 때에는 새로운 국기가 확실히 필요해졌다.

보스니아 의회는 도안을 놓고 의견일치를 보지 못했다(다른 일에서도 대부분 마찬가지였다). 전쟁 중의 대량학살 때문에 심하게 분열된 탓이었다. 따라서 1998년에 유엔의 고위대표 카를로스 웨스텐도르프Carlos Westendorp가 종교적 상징이나 역사적 상징이 없는 지금의 국기를 정해주었다. 파란 바탕 중앙에 노란색 삼각형이 있는 모양인데, 노란색 삼각형은 이 나라의 지도상 형태를 상징하며, 세 개의 꼭짓점은 세 개의 주요 인구집단을 가리킨다. 파란색과 노란색은 유럽연합의 깃발을 분명하게 연상시킨다. 삼각형에서 깃대 쪽에는 평화의 색인 하얀색의 별 아홉 개가 있다.

이 도안을 발표하는 기자회견에서 웨스텐도르프의 언론 담당관 던컨 불리번트Duncan Bullivant에게 한 기자가 마치 콘플레이크 상자에 붙은 라벨 같은 디자인이라고 말했다. 불리번트는 그런 감상이 주관적인 문제라는 생각에 굳이 대답하지 않고, 대신 맨 위와 맨 아래의 별이 절반쯤 잘려 있는 이유를 설명했다. "이 국기를 도안한 전문가에게서 들었는데, 별들은 무한하답니다. 그러니까 이 깃발은 유한한 숫자보다 지속을 상징한다더군요. 만약 이 말을 이해하셨다면, 저보다 나으신 겁니다." 그는 이런 말도 했다. "이것은 미래의 깃발입니다. 분열이 아니라 단합을 상징하니까요. 유럽에 어울리는 깃발입니다."

영국의 유럽연합 탈퇴와 난민, 그리고 우익의 부상

언젠가는 이 깃발이 유럽연합 가족들의 깃발과 합류할지도 모른다. 그 가족이 계속 살아남는다면. 보스니아는 2016년에 가입을 신청했으나, 아무래도 10년은 지나야 가입할 수 있을 것 같다. 그동안 유럽연합은 변할 것이다. 영국의 유럽연합 탈퇴 국민투표 결과도 계속 영향을 미칠 것이다. 2020년대 중반에 유럽연합이 어떤 모습이 되어 있을지는 알 수 없다. 유럽연합은 현재의 상태와 마땅히 되어야 하는 모습을 놓고 긴 토론에 빠져들었다. '더 유럽적인 곳'이 해답이라고 생각하는 나라도 있고, 그랬다가는 현재의 유럽연합이 깨지는 속도가 더 빨라질 우려가 있다고 믿는 나라도 있다. 나도 같은 생각이다. 각각의 나라에는 유럽연합을 해체시키려고 적극적으로 활동하는 단체들이 있다. 난민 위기도 유럽연합의 부담을 가중시켰다. 처음에 유럽연합은 그렇게 엄청나게 몰려오는 이민자들을 맞을 준비가 되어 있지 않았다. 따라서 많은 나라가 직접 나서서 해결하기로 하고, 국경을 조였다. 아예 물리적인 장벽을 쌓은 경우도 있다. 각 나라가 감당해야 하는 이민자의 수가 너무 많고, 헝가리 같은 일부 동유럽 국가들이 유럽 대륙 전체에 부담을 분산하려는 유럽연합의 시도에 저항하고 있기 때문이라는 것이 그들의 논리였다. 이런 현실이 유럽연합에 더 큰 과제를 안겨준다. 각국의 국민들이 이민의 증가로 인해 국가적 정체성이 무너질 위험으로부터 스스로를 지키고 싶어 하기 때문이다.

2010년에 유럽인들에게 자기 나라를 제외한 다른 나라의 극우 반(反) 이민 정당을 하나 꼽아보라고 하면, 대부분 프랑스 국민전선당을 말했을 것이다. 지금은 그리스의 황금여명, 독일의 AfD, 헝가리의 요빅 같은 많은 정당들이 유럽 전역에 알려져 있다. 황금여명이 노골적인 나치 상징이 들어간 깃발을 사용한다든가, 요빅의 근원이 1930년대의 헝가리 파시스트들과 이어져 있다든가 하는 것과는 별도로, 2008년에 동시에 발생한 대량 이민 사태와 금융위기로 인해 우익이 다시 주류로 부상할 수 있는 길이 열렸다.

2014년에 이민자와 난민 약 70만 명이 유럽으로 들어왔다. 지중해를 통해 들어온 사람이 대부분이었다. 중동과 아프리카에서 전쟁과 빈곤을 피해 도망치다가 물에 빠져 목숨을 잃은 사람도 수천 명이나 되었다. 그 이듬해에는 이주민의 수가 거의 두 배로 늘었다. 2015년에 독일에 접수된 난민 신청만 따져도 거의 50만 건이었다. 2016년에는 유럽연합과 터키의 협상으로 이 숫자가 조금 줄어들었지만 2017년에도 이주민은 계속 밀려왔다. 앞으로 이 흐름이 멈출 거라고 생각할 이유도 별로 없다.

유럽의 주류 정치가들은 출생률 감소 때문에 이민자가 필요하다고 말한다. 하지만 많은 유권자들은 이 말을 들으려 하지 않고, 이민으로 인해 주택, 의료, 교육, 복지 등의 부담이 커진다는 점을 지적한다. 문화적인 문제도 이에 못지않게 가시밭길이다. 각 나라 정부는 처음에 유럽연합에 위기대처를 맡기려 했으나, 유럽연합은 참담하게 실패했다. 따라서 극우정당의 세력이 커졌다. 그들은 민족주의적인 상징을 자주 이용하면서, 주류의 방향을 일부 오른쪽으로 돌리려고 시도했다. 독일 정부는 처음에 100만 명의 난민 또는 이주자를 환영하며, 그들을 28개 유럽연합 회원국에 분산시킬 계획을 마련했다. 하지만 많은 유럽연합 국가들의 거절 가능성을 미처 감안하지 못했다. 유럽연합의 이음매가 압력을 받아 갈라졌다.

예전에 유럽연합 깃발은 무엇보다도 유럽이 모두의 공통 조국임을 상징했다. 하지만 지금은 이 깃발을 다른 의미로 받아들이는 사람들이 있다. 보스니아에는 이 깃발에서 여전히 희망을 보는 사람이 많을지도 모른다. 자신을 번영과 평화의 땅으로 데려다줄 깃발이라고. 하지만 그리스 사람들 중 일부는 이 깃발을 경제적 억압과 정치적 억압의 상징으로 볼 수 있다. 우익들에게 이 깃발은 유럽 대륙의 문화를 바꿔놓는 체제의 상징이다. 프랑스와 독일 정부는 여전히 이 깃발이 자기들을 하나로 묶어주는 아교 역할을 한다고 본다. 그들은 유럽연합이 앞으로 10년 뒤 어떤 형태가 되든, 한데 모인 나라들이 갈라지지 않게 하려고 필사적이다.

1950년대에 유럽연합 프로젝트를 탄생시킨 지식인들의 확신에 요즘도 공감하는 사람은 별로 없다. 한때 힘차게 펄럭이던 유럽연합 깃발은 이제 바람이 어느 쪽으로 부는지 잘 알 수 없어서 머뭇거리고 있다. 하지만 유럽에서 남쪽으로 내려가면 더욱더 커다란 불확실성과 마주친다.

제4장

아라비아의 깃발

**분열과 대항,
그리고 혁명의 상징**

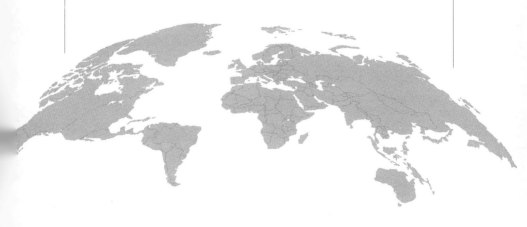

2011년 5월 이집트 시위대가 카이로의 타흐리르 광장에서 아랍 국가들의 국기를 들고 있다. 이집트 교회들이 공격을 받은 뒤 국가적 단합을 요구하며 벌어진 이 시위는 2011년 1월 호스니 무바라크Hosni Mubarak 정권이 무너진 뒤 발생한 시민소요의 일환이

었다. 시위대는 또한 1948년 이스라엘의 건국과 함께 팔레스타인 사람들이 살던 곳에
서 쫓겨난 일을 가리키는 말인 '나크바(재앙이라는 뜻)'를 사용함으로써 팔레스타인과 연
대하겠다는 뜻을 드러냈다.

하얀색은 우리의 행동, 검은색은 우리의 전투,
초록색은 우리의 들판, 빨간색은 우리의 검

🏴 사피 알딘 알힐리Ṣafī al-Dīn al-Ḥillī(14세기 이라크에서 활동한 시인)

아랍인들이 모두 같은 민족인지는 몰라도, 그들이 사용하는 깃발은 아주 많다. 그 수많은 깃발이 같은 색을 사용한다는 사실은 아랍인들이 한 일족임을 보여주지만, 그럼에도 깃발이 다양하다는 사실은 개념으로 존재하는 이 민족이 여러 면에서 분열되어 있음을 말해준다. 아랍의 현대 국민국가들 중 일부는 뿌리가 그리 깊지 않다. 앞으로 10년 뒤 어쩌면 아라비아를 휩쓰는 강풍에 새로운 깃발들이 펄럭이는 모습을 보게 될지도 모른다.

중동과 북아프리카에서 아랍 국가로 분류될 수 있는 나라는 22개국이다. 이들의 인구를 모두 합하면 3억 명이 넘는다. 지리적으로는 대서양 해안의 모로코에서부터 지중해와 면한 이집트를 가로질러 동쪽과 남쪽으로 쿠웨이트, 오만, 아라비아해까지 이어져 있다. 이 지역 안에 쿠르드족, 베르베르족, 드루즈인, 칼데아인 등 종교와 언어가 서로 다른 다양한 종족이 살고 있다. 종족보다는 언어와 종교가 더 지배적인 역할을 하는 요인이다. 3억이 넘는 아랍인들 중 대다수는 아랍어에 속하는 언어를 사용하며, 종파는 다를지언정 이슬람교를 믿는다.

그래서 제1차 세계대전 때 중동을 지배하던 터키를 무너뜨리기 위해 일어난 범汎아랍주의 운동*은 이슬람교에서 의미가 있는 하얀색, 검은색, 초록색, 빨간색이 들어간 깃발을 사용했다. 정치적인 사상으로서 범아랍주의는 실패했으나, 이 운동의 대의를 신봉하는 사람들은 아직 남아 있다. 많은 아랍 국가들, 특히 시리아, 요르단, 예멘, 오만, 아랍에미리트, 쿠웨이트, 이라크, 그리고 나라로 인정받고 싶어 하는 팔레스타인의 국기 색깔도 범아랍주의 사상을 드러낸다. 아랍 국가는 아니지만 이슬람의 지배를 받는 동쪽 나라들, 예를 들어 이란과 아프가니스탄 같은 곳의 국기도 이 네 가지 색깔의 영향을 받았다.

아랍 반란 깃발의 네 가지 색

이 네 가지 색깔이 깃발에서 하나로 합쳐진 것은 1916년 아랍 반란을 이끈 지도자인 헤자즈의 샤리프 후세인 빈 알리Hussein bin Ali가 직접 도안해서 내건 깃발을 통해서였다. 그는 하나의 깃발 아래 수많은 아랍 부족을 통일해서 오스만 제국으로부터 독립을 쟁취하고자 했다. 일부 역사가는 이 깃발을 사실상 도안한 사람이 영국 외교관 마크 사이크스Mark Sykes라고 주장한다. 어느 쪽 주장이 옳든, 아랍 반란에 영국이 관련되어 있음은 분명하다. 당시 아랍의 통일은 이 지역에서 영국의 이익에 부합했다.

이 아랍 반란 깃발은 거대한 아랍 민족을 상징하기 위한 것이었다.

---

* 중동과 북아프리카의 아랍국들을 하나의 국가로 통일하려는 민족주의 운동.

그때까지는 각 부족과 이슬람 왕조의 깃발만 존재했다. 아랍 반란 깃발은 검은색, 초록색, 하얀색이 위에서부터 차례로 수평으로 배열된 형태였다. 그리고 깃발의 왼쪽 3분의 1 지점까지 오른쪽을 가리키는 빨간 삼각형이 하나 있었다. 이슬람의 별과 초승달이 오스만 제국의 깃발에 있었기 때문에, 아랍 반란 깃발에 그 둘을 넣었다면 과거를 끊어내겠다는 뜻이 잘 전달되지 않았을 것이다. 따라서 유럽식 삼색기 디자인을 기본으로 삼고, 이슬람과 아랍의 상징색을 넣은 깃발이 만들어졌다.

하얀색은 서기 661년부터 750년 사이에 다마스쿠스를 기반으로 나라를 다스린 우마이야 왕조**를 뜻한다. 이 왕조는 이슬람 제국의 영토를 서쪽으로는 포르투갈까지, 동쪽으로는 사마르칸트까지 넓혔다. 우마이야 왕조는 예언자 무함마드가 바드르에서 벌인 첫 중요 전투를 되새기기 위해 하얀색을 상징색으로 채택했다고 한다. 750년에 옴미아드 왕조는 위대한 수니파*** 이슬람 왕조로는 두 번째인 아바스 왕조****의 손에 무너졌다. 아바스 왕조는 구시대와 새 시대를 구분하기 위해 검은색을 상징색으로 선택했다. 이 색은 카르발라 전투에서 예언자 무함마드의 친척들이 목숨을 잃은 것에 대한 애도를 뜻하기도 했다. 예언자

** 661년에 무아위야 1세Mu'āwiyah I가 다마스쿠스를 수도로 삼아 수립한 이슬람 왕조. 중앙아시아부터 에스파냐까지 지배하고 서유럽에 이슬람 문화를 전하기도 했다. 750년에 아바스 왕조에 의해 멸망했다.

*** 이슬람은 정통 교리를 주장하는 수니파와 이란 등이 중심이 된 시아파로 나뉜다. 수니파가 전체 이슬람 신도의 90퍼센트에 이르러 압도적 다수를 차지한다.

**** 750년에 아불 아바스Abu al-'Abbās가 우마이야 왕조를 무너뜨리고 세운 이슬람 왕조. 이라크를 중심으로 아랍 세계를 지배하면서 이슬람 문화의 황금기를 이뤘으나 1258년 몽골군에 멸망했다.

가 채택했다고 알려진 깃발을 상징하는 색도 검은색이었다. 게다가 이슬람 이전 시대에 검은색은 부족들이 전투에 나설 때 머리에 쓰는 장식의 색이었을 가능성이 크다. 이것 역시 검은색에 의미를 부여해주었다. 초록색은 북아프리카에서 생겨나 909~1171년에 권좌를 차지했던 시아파*의 파티마 왕조**를 상징한다. 하지만 예언자가 가장 좋아하는 색깔로 알려진 덕에, 초록색은 이슬람의 색으로 널리 알려져 있다. 전승에 따르면, 무함마드는 초록색 망토를 걸쳤으며, 메카 정복 때 그를 따르는 사람들이 초록색 깃발을 들었다고 한다. 지금도 전 세계에서 이슬람 사원의 수많은 뾰족탑들이 밤이면 초록색 불을 밝히는 모습을 볼 수 있다. 빨간색이 무엇을 상징하는지는 그리 분명하지 않다. 그러나 이것이 샤리프 후세인의 부족인 하심의 색이라서 아랍 반란 깃발에 포함되었다고 믿는 학자들이 많다.

전 세계의 다른 상징들이 거의 모두 그렇듯이, 이 네 가지 색깔 역시 바라보는 사람들의 시각을 통해 의미를 획득했으므로 설사 기원이 불분명하다 해도 진정한 상징으로 받아들여지게 되었다. 아랍의 저명한 언론인인 미나 알오라이비Mina Al-Oraibi는 내가 이 책에 필요한 자료 조사를 위해 여러 가지 질문을 던졌을 때 이렇게 말해주었다. "대부분의 아랍인이 1916년의 깃발을 알고, 거기에 소속감을 느낍니다. 그 깃발에

---

* 이슬람 창시자 무함마드가 사망한 뒤 무함마드의 사위인 알리Ali와 그의 아들 후세인은 칼리프(지배자) 선출방식을 놓고 주류와 대립했다. 후세인이 오늘날의 이라크에서 잔혹하게 살해된 뒤 그를 추종하던 이들이 주류(수니파)에서 갈라져 나와 시아파가 됐다.

** 909~1171년 시리아에서부터 이집트 등 북아프리카까지 이어진 이슬람 제국을 지배한 왕조.

사용된 색깔들의 역사는 아주 상세하지는 않을망정 대체로 밝혀져 있지요. 하지만 아랍인들이 그 색깔들을 보았을 때 곧바로 떠올리는 것은 범아랍주의입니다."

반란의 깃발을 만들자는 생각을 했을 때, 샤리프 후세인의 마음속에는 다른 도안도 몇 가지 있었다. 그의 아들 한 명은 나중에 (짧은 기간 동안) 헤자즈의 왕이 되었고, 나머지 두 아들은 각각 요르단 왕과 시리아 및 이라크의 왕이 되었다. 처음에 그들은 기본적으로 똑같은 국기를 만들되, 요르단 국기에는 별 하나를, 이라크 국기에는 별 두 개를, 시리아 국기에는 별 세 개를 넣기로 했다.

후세인은 메카를 다스린 하심 부족 최후의 족장이자 헤자즈의 왕이었다. 헤자즈는 지금의 사우디아라비아 서부 지역으로 메카와 메디나가 포함되어 있다. 후세인은 예언자 무함마드의 직계 후손이라고 주장했으며, 그의 왕조는 700년 동안 계속 권좌를 지켰다. 포부가 절정에 이르렀을 때, 그는 시리아 북쪽의 알레포에서부터 아라비아해에 면한 예멘의 아덴 항까지 이어지는 광대한 아랍 국가를 꿈꿨다.

이를 위해 그는 아라비아의 로렌스로 유명한 T.E. 로렌스^{T.E. Lawrence} 대위와 힘을 합쳐 오스만터키와의 싸움을 성공적으로 이끌었다. 그 후 그는 영국이 자신을 도와줄 것으로 기대했으나, 현실정치는 그와 로렌스가 어떤 합의를 도출해내든 항상 그 합의에 반대되는 명령을 내렸다. 후세인의 생각과 영국 및 프랑스의 생각이 달랐기 때문이다. 후세인은 아랍 국가들의 왕을 자처하기 시작했지만, 영국은 그를 헤자즈의 왕으로만 인정했다. 영국은 알지만 그는 몰랐던 사실은, 1916년에 프랑스와 영국이 사이크스-피코 협정*을 맺었다는 것이었다. 이 협정에서 그들은 아랍 전체의 통일과 독립을 돕지 않고, 이 지역을 자기들끼리 나눠 가지기로 비밀리에 동의했다. 게다가 그 전에 그들은 오스만 제국을 물리치는 데에 아랍 부족들을 이용하기까지 했다. 후세인이 구상했던 세계가 무너지기 직전이었다. 하나의 깃발 아래 모인 하나의 국가라는 포부도 마찬가지였다.

처음에 그는 1919년의 베르사유 조약을 거부했다. 그다음에는 1924년에 비준될 예정이던, 이라크에 대한 앵글로-하심 조약의 서명을 거부했다. 두 조약 모두 아랍 지역과 관련된 사이크스-피코 협정의 조항들을 성문화하기 위한 것이었으므로, 후세인은 물론 대다수 아랍인들에게도 반감을 살 수밖에 없었다. 이때 그가 영국을 계속 자기편에 둘 수 있었다면, 지금의 중동 국경선은 상당히 다른 모양이 되었을 것이다. 당시 후세인의 힘이 약화된 것을 감지한 아랍의 다른 세력들은 저마다 지배권에 대한 자기만의 생각을 갖고 행동에 나섰다.

이 인접 세력들 중에 알사우드 가문의 압둘-아지즈 빈 사우드Abdul-Aziz bin Saud가 이끄는 알사우드 부족이 있었다. 아라비아반도의 나즈드 지역에서 와하브파** 군대를 지휘하던 그는 아랍 반란에 참가하지 않고

---

* 제1차 세계대전 중인 1916년 영국과 프랑스가 체결한 비밀 협정으로, 당시 오스만투르크 제국 땅이었던 중동 여러 지역들을 두 나라가 나눠 갖는 내용을 담았다. 영국의 M. 사이크스M. Sykes와 프랑스의 G. 피코G. Picot가 서명해 '사이크스-피코 협정'으로 불린다.
** 18세기 중엽에 아라비아인 와하브가 창설한 이슬람교의 한 파. 기성 종파를 반대하고, 극단적인 금욕주의와 원시 이슬람교로의 복귀를 강조했다. 후에 사우디아라비아의 국교가 됐다.

가만히 기다리다가, 당시에는 몰랐지만 훗날 엄청난 양의 석유가 발견될 지역을 점령하고는 서쪽으로 시선을 돌렸다. 후세인의 뒤에 영국이 있는 한, 압둘-아지즈는 감히 그를 공격할 수 없었다. 하지만 1924년 무렵 영국은 하심의 지도자인 후세인과 그가 꿈꾸는 범아랍주의에 관심을 잃어버린 상태였다. 영국이 지원을 물림으로써 주사위가 던져졌다. 나중에 로렌스는 후세인이 "비극적인 인물이었다. 용감하고, 완고하고, 어찌 해볼 도리가 없을 만큼 시대에 뒤떨어졌다는 점에서"라고 썼다.

압둘-아지즈는 후세인에 대해 연달아 불만이 터져나오게 일을 꾸몄다. 예를 들어, 나즈드의 부족들의 메카 순례여행을 후세인이 막고 있다고 주장하는 식이었다. 침공에 나선 압둘-아지즈의 군대는 몇 주도 안 돼서 메카를 차지했다. 압둘-아지즈의 군대가 성문 앞에 진을 친 가운데, 후세인은 왕위에서 내려와 키프로스로 망명했다. 압둘-아지즈는 1925년 말까지 헤자즈 전역을 손에 넣었다. 그의 지지자들 중 과격파는 트란스요르단***, 이라크, 쿠웨이트까지 계속 치고 들어가기를 원했지만 압둘-아지즈는 국제적인 세력 게임에 후세인보다 뛰어났으므로 그렇게 밀고 나갔다가는 영국과 직접 경쟁하는 상황이 될 것임을 알고 있었다. 1927년에 그는 영국과 협상 끝에 헤자즈와 네즈드를 왕국으로 선포했다. 그리고 고작 5년 뒤인 1932년에 다시 새로운 나라가 세워졌음을 발표했다. 두 왕국이 합쳐져서 사우디아라비아 왕국이 될 것이라고.

*** 1921년 영국의 보호령으로 현재의 요르단 지역에 형성된 국가. 1946년 요르단 왕국이 세워지면서 '트란스요르단 하심왕국'이 됐으며 1949년 현재의 공식 명칭인 '요르단 하심왕국'으로 바뀌었다.

사우디아라비아의 국기에 대한 경의

새 나라를 세웠으니, 새 국기가 필요했다. 그러나 하심 부족과 사우드 가문 사이의 '어려운 관계'를 감안할 때, 사우드 왕가가 아랍 반란 깃발과 조금이라도 비슷한 깃발을 사용할 수는 없었다. 차라리 이 깃발과 완전히 반대되는 깃발이 필요했다. 그래서 사우디아라비아는 초록색을 내세웠다. 1932년에는 와하브파가 적어도 100년 전부터 샤하다[Shahada], 즉 이슬람 신앙고백을 초록색 깃발로 표현했다고 여겨졌다. 따라서 아무런 무늬가 없는 초록색 바탕에 하얀 붓글씨로 "하느님 이외의 신은 없으며 무함마드는 신의 사자다"라는 말을 적어 넣은 깃발이 채택되었다. 사우드 가문을 상징하는 검 한 자루는 1902년에 압둘-아지즈가 추가한 것이다. 여기에는 헤자즈 왕국의 상징이 전혀 없는데도, 그는 이 깃발을 아주 좋아해서 새로운 통일 왕국의 국기로 삼았다.

1934년에 E.H. 백스터[E.H. Baxter]는 저서 《국기[National Flags]》에서 "이 국기는 약 100년 전 현 국왕의 할아버지가 도안했다고 한다"고 설명했다. 또한 CRW 플래그즈 웹사이트에 따르면, "로버트 레이시[Robert Lacey]의 저서 《왕국[The Kingdom]》 190, 191쪽에 게재된 당시 사진을 보면, 이 깃발이 1911년에도 사용되고 있었음이 분명하다." 압둘-아지즈는 깃발 도안을 조금씩 만지작거렸다. 검을 두 자루로 늘린 적도 있고, 깃대 쪽에 하얀 수직선을 그려 넣은 적도 있다. 하지만 1938년에 오늘날과 같은 도안이 만들어졌고, 1973년에 공식적인 인정을 받아 그럭저럭 많은 국민의 동의를 얻었다. 지금 크게 달라진 점이 하나 있다면, 검이 곡선보다 직선에 더 가까워졌다는 것이다.

사우디아라비아의 국기는 어느 쪽에서 보든 샤하다를 올바르게, 즉 오른쪽에서 왼쪽으로 읽게 만들어졌다. 칼끝도 항상 글귀를 읽는 방향과 같은 쪽을 향해야 한다. 이 국기는 또한 결코 조기로 게양되지 않는 소수의 깃발 중 하나다. 조기 게양이 신성모독으로 여겨지기 때문이다. 비슷한 맥락에서, 티셔츠나 반바지 같은 옷가지에 국기가 그려지는 경우도 드물다. 광고에 국기를 사용해도 독특한 문제가 발생할 수 있다. 1994년에 맥도널드는 그해에 열리는 월드컵을 기념해서 테이크아웃 쇼핑백에 모든 출전국의 국기를 넣었다가 많은 무슬림의 분노를 샀다. 사우디아라비아는 자신들의 신성한 글귀가 구겨진 채 쓰레기통에 던져진 모습이 아주 좋게 보이지는 않을 것 같다고 지적했다. 결국 수십만 장의 쇼핑백이 회수되었다.

2002년 월드컵 결승전을 앞두고 피파FIFA는 그해에 출전한 모든 나라의 국기가 그려진 축구공을 허가해주려고 했다. 사우디아라비아는 샤하다가 적혀 있는 자기들의 국기가 발에 채이는 모습이 전 세계 텔레비전으로 방영되는 것을 원치 않는다며 불만을 제기했다. 2007년에는 미군이 아프가니스탄 후스트 주에 있는 어느 마을 상공에서 헬리콥터로 축구공을 잔뜩 떨어뜨려주었다. 아이들이 공놀이를 할 수 있게 해주려는 선의에서 우러나온 행동이었다. 그러나 안타깝게도 사우디아라비아 국기가 그려진 공이 거기에 섞여 있었다. 사람들은 곧 공놀이를 그만두고, 미국의 무신경에 항의하는 시위에 참가했다. 그래서 결과는? 미군의 사과와 새로운 교훈이었다. 영국 주점들이 스포츠 경기 때 사우디아라비아 국기를 내거는 것에 대해서도 불만이 제기된 적이 있다. 이런 상황을 피하려면, 이 나라의 공식적인 기장(교차된 두 자루의 칼 위에 야자수가 그려진 모양)을 사용하면 된다.

그럼 일반적인 국기 게양은? 아무 문제 없다. 사실 국기가 클수록, 깃대가 높을수록 좋다. 지지대 없이 혼자 우뚝 서 있는 깃대 중 세계에서 가장 높은 것이 사우디아라비아 제2의 도시인 제다의 킹 압둘라 광장에 있다. 사람들이 최대한 상상할 수 있는 것보다 더 높다. 축구장 네 개 넓이의 광장 한가운데에 170미터 높이의 깃대를 세우고, 그 꼭대기에 세로 49미터, 가로 33미터인 국기를 걸었다고 상상해보라. 국기의 무게는 570킬로그램으로, 아기 코끼리 다섯 마리의 무게와 비슷하다. 2014년에 제다의 깃대가 생기기 전에는 타지키스탄의 두샨베에 있는 깃대가 최고였다(165미터). 그 전에는 아제르바이잔의 깃대(162미터), 또 그 전에는 북한에 있는 160미터 높이의 깃대가 최고기록을 갖고 있었다. 이 깃대는 그 전의 최고 깃대인 투르크메니스탄의 133미터 깃대를 훌쩍 뛰어넘었다. 최고 깃대를 향한 이 경주는 아직도 끝나지 않았다.

사우디아라비아 지도자들은 전 세계 이슬람의 선구자가 되고자 한다. 하지만 1930년대에도 사우디아라비아 지도자들은 아랍 전체를 위해 관심을 쏟기보다는 사우드 왕가의 힘과 근본주의적 종파인 와하브파의 세력을 넓히는 데 더 주력했다. 지금도 아랍의 다른 지역에는 사우디아라비아 정권이 성지인 메카와 메디나의 관리자를 자처하는 것에 대한 분노가 어느 정도 남아 있다. 사우디아라비아의 정통성은 정복에서 나오고, 사우디아라비아가 공식적으로 채택한 이슬람 종파에 대해서는 시아파도 대다수의 수니파도 공감하지 않는다. 와하브파는 관용을 거부하고, 모든 면에서 종교적 신앙을 정치적으로 강화해야 한다고 주장한다. 이 이념이 알카에다*와 이슬람국가IS에 모두 영향을 미쳤으며, 이제 사우디아라비아에 부메랑이 되어 돌아왔다. 엄밀히 말해서 와하브파는 국민국가라는 원칙을 받아들이지 않는다. 그러나 사우디아라비아는 사우드 왕가와 와하브 성직자라는 이중 권력구조를 지닌 나라다. 이 두 세력은 18세기에 맺은 합의를 지금도 유지하고 있다. 대략적으로 말해서 "너는 정치를 맡아라, 우리는 종교를 맡겠다"는 합의다. 국가가 성직자의 힘을 꺾으려 하지 않는 한, 와하브파의 대다수 엘리트들은 정권을 무너뜨리려 하지 않을 것이다. 그러나 그들은 국민국가에 대한 자신들의 사상이 오사마 빈 라덴 같은 수많은 테러리스트 혁명가의 탄생에 일조할 것이라는 점을 미처 생각하지 못했다.

유럽의 식민주의가 종말을 맞던 수십 년 동안, 무슬림 인구가 대다수인 나라들 중 사우디아라비아의 본을 따라 국기에 샤하다를 적어 넣은 곳은 거의 없었다. 초록색을 중심 색으로 선택한 나라도 소수에 불과했다. 새로 세워진 아랍 국가의 지도자들은 신앙심이 강한 편이 아니었다. 무슬림의 원칙을 따르는 사람도 있기는 했지만, 이슬람의 교리와는 다소 모순적인 사회주의사상에 동시에 젖어 있는 사람이 대부분이었다. 나중에 시리아와 이라크의 권좌를 차지한 바트당의 구성원들이 특히 그랬다. 국가의 권력 강화를 지향하는 성향 때문에 이 지도자들은 이

---

* 사우디아라비아 출신의 오사마 빈라덴Osama bin Laden이 만든 이슬람 극단주의 조직. 2001년 미국 뉴욕을 강타한 9.11 테러를 비롯해 1990년대 후반부터 2000년대에 이르기까지 세계 곳곳에서 테러 공격을 저지르거나 지원했다.

슬람의 색을 자기 나라의 상징색으로 정할 수 없었다.

사우디아라비아의 건국이 선포되었을 때, 요르단은 샤리프 후세인의 범아랍주의 깃발을 바탕으로 한 국기를 이미 갖고 있었다. 하심 부족을 상징하는 빨간 삼각형 안에 별이 하나 들어간 모양이었다. 이 별의 꼭짓점 일곱 개는 수도 암만이 지어진 자리인 일곱 언덕을 상징하며, 《코란Koran》의 첫 번째 장 처음 일곱 절과도 관련되어 있다. 하느님, 인류, 국민정신, 겸손, 사회정의, 미덕, 포부를 말하는 구절들이다. 빨간색 삼각형은 여전히 하심 왕조를 상징한다. 샤리프 후세인의 후손들이 요르단의 왕좌를 지키고 있기 때문이다. 그러나 이제 요르단 인구의 절반이 팔레스타인인이라는 점을 감안하면, 왕에 대한 충성심의 깊이가 얼마나 될지는 알 수 없다. 요르단 국기는 원래 팔레스타인의 땅까지 아우르는 깃발이었다. 따라서 현재 팔레스타인 깃발은 별이 없다는 점만 빼면 요르단 국기와 똑같다. 이라크와 시리아는 비록 1930년대까지도 아직 영국과 프랑스에서 독립하지 못했지만, 역시 아랍 반란 깃발을 바탕으로 만든 깃발을 사용했다.

오스만 제국 시대의 영향

그러나 오스만 제국의 본을 따라서 다양한 배경에 별과 초승달이 그려진 깃발을 채택한 나라도 있었다. 이 두 문양은 이슬람보다 몇 세기나 앞서 생겨났는데도 그동안 이슬람과 함께 연상되는 상징이 되어 있었다. 비잔티움 시(나중에 콘스탄티노플이 되었다가 지금은 이스탄불로 불린다)가 초승달을 상징으로 채택했다고 알려져 있으나 시기가 언제인지는 분명치 않다. 전설에 따르면, 기원전 339년에 비잔티움 시가 결정적인 전투에서 승리를 거둔 날 밤 점점 차오르는 달이 눈부시게 빛났다고 한다. 당시 초승달은 아르테미스 여신의 상징이었다. 수백 년 뒤 비잔티움을 정복한 로마인들도 이름만 디아나로 바꿔 불렀을 뿐 아르테미스를 알고 있었으므로, 전통에 따라 계속 초승달을 도시의 상징으로 사용하면서 깃발에도 그려 넣었다. 1453년에 콘스탄티노플이라고 불리던 이 도시를 정복한 터키족도 이 상징을 그대로 사용하면서 자기들의 깃발에 추가했다. 그렇게 해서 초승달이 이슬람 세계의 상징으로 여겨지기 시작했다. 전승에 따르면, 오스만 제국의 시조인 오스만 1세^{Osman I}는 초승달이 온 세상에 걸쳐 있는 꿈을 꾸었다고 한다.

원래 오스만 제국은 초록색 바탕에 초승달을 그린 깃발을 사용했으나 1793년에 바탕을 빨간색으로 바꿨다. 전설에 따르면 현대 터키의 국기는 터키 병사들의 피가 고여 만들어진 웅덩이에 초승달과 별이 비친 모습이라고 한다. 일반적으로는 별의 다섯 꼭짓점이 이슬람의 다섯 기둥(믿음, 기도, 자선, 금식, 순례)을 상징한다고 알려져 있지만, 꼭짓점이 여덟 개인 별이 1793년에 처음 국기에 도입되었을 때의 의미도 그런 것이었을지는 의심스럽다. 별의 꼭짓점은 1840년대 중반이 되어서야 다섯 개로 줄어들었다.

21세기에 터키 국기 속 이슬람의 초승달이 더 눈에 잘 들어오게 변한 것 같다고 생각하는 사람이 많다. 터키가 유럽 국가인지 아닌지를 놓고 벌어지는 논란에서 벗어날 길은 없다. 흥미로운 것은, 유럽에서 그리스도교의 색채가 옅어지면서 유럽 문화의 기반이 유대교-그리스도교 가치관인지를 놓고 점점 더 시끄러운 논란이 벌어지고 있다는 점이다. 이 모든 것이 이주민/난민 위기나 터키의 유럽연합 가입을 놓고 한없이 벌어지는 논쟁에 영향을 미친다. 종교와 유럽연합은 서로 아무런 상관이 없으므로 한 나라의 종교는 그 나라의 가입 여부를 결정하는 기준이 아니라는 주장을 강력하게 펼칠 수는 있겠으나, 종교는 이미 담론 속에 포함되어 있다. 맞든 틀리든 유럽인들 중 일부는 초승달을 보면 고대의 전투를 떠올린다. 1683년에 빈을 공격한 오스만 제국을 떠올리는 사람도 있다.[*]

초승달과 별이 그려진 터키 국기는 브뤼셀 외곽에 있는 나토 본부 앞에 자랑스레 걸려 있다. 그러나 거기서 시내 쪽으로 몇 킬로미터 떨어진 유럽연합 본부에 이 국기가 유럽연합 회원국들의 국기와 함께 걸린 모습을 상상조차 하지 못하는 사람들이 분명히 존재한다. 물론 나토는 지구의 절반을 아우르는 군사동맹이고, 유럽연합은 정치적인 집단이자 (아마도) 문화적인 집단이다. 하지만 둘 다 특정한 가치관을 바탕으로 삼고 있다. 오랜 역사를 자랑하며 이슬람을 연상시키는 터키의 상징은 빈 전투가 끝난 지 300년이 넘게 지난 지금도 앞으로 수십 년 동안 벌어질 수밖에 없는 매우 현대적인 정치 전투의 일부를 차지한다.

터키 국기는 2016년 7월 중순에 실패로 끝난 쿠데타 도중과 이후에도 무거운 존재감을 과시했다. 당국자들은 거리로 나와 쿠데타에 항의

---

[*] 1683년 오스만 제국이 오스트리아의 수도 빈을 포위공격한 사건을 '빈 전투'라고 부른다. 폴란드-리투아니아 연방과 신성 로마 제국 연합군이 오스만 제국에 맞서 싸웠고 오스만은 2만 명이 숨지는 피해를 입은 뒤 퇴각했다. 유럽은 오스만의 서진을 막은 이 전투를 가톨릭과 이슬람의 역사적인 전쟁으로 평가한다.

하라는 메시지를 소셜미디어를 통해 국민들에게 전달했다. 모스크들은 뾰족탑에서 확성기를 통해 '셀라Sela' 기도를 내보냈다. 보통 장례식 때 하는 기도지만, 때로는 사람들을 불러 모으는 소리로 받아들여지기도 한다. 엄청난 수의 사람들이 여기에 호응해서 밖으로 나왔다. 쿠데타를 일으킨 부대에 접근하는 사람들 사이에서 수많은 터키 국기가 휘날렸다. 그 뒤에 발생한 유혈사태에서 목숨을 잃은 사람들의 시신을 덮은 것도 국기였다. 쿠데타가 실패로 돌아간 뒤, 수십만 명의 사람들이 군대의 일탈적인 행동에 반항하고 반대하면서 에르도안 대통령 지지시위를 벌일 때도 역시 수많은 국기가 일제히 나부꼈다. 초승달과 별이 그려진 국기를 휘두르는 사람들 때문에 사방이 빨간색과 하얀색의 바다였다. 사람들은 국기를 몸에 휘감기도 하고, 거대한 국기를 들고 군중 속을 돌아다니기도 했다. 길이가 수십 미터나 되는 국기도 있었다. 그날 밤 보통 축구 팬들이 사용하는 빨간색 불꽃이 그 하얀색과 빨간색의 바다에 덧붙여졌다. 모든 사람이 대통령을 지지하는 것은 아니었지만, 통일된 상징으로서 국기를 들고 나왔다는 것은 이 사람들이 다른 것은 몰라도 오랫동안 나라를 갉아먹던 쿠데타에 반대한다는 점에서는 모두 한마음임을 보여주었다. 그러나 실패로 끝난 쿠데타와 그 뒤에 벌어진 대통령 반대파 탄압은 터키가 자유민주주의 국가라는 믿음을 약화시키고, 에르도안을 지지하는 무슬림들의 힘만 강화시켰다.

알제리와 튀니지의 국기도 오스만 제국 시대의 영향을 받았다. 그들도 아랍 반란 깃발의 변형을 채택할 수 있었겠지만, 아라비아반도와 달리 북아프리카에서는 '아라비아'라는 말의 인력이 그리 강하지 않다.

아랍의 침략으로 인구 중 대다수가 아랍어를 쓰는 무슬림 사회가 되었어도 북아프리카만의 정체성과 문화가 이 지역 전체에 아직 강하게 남아 있다. 알제리 국기의 초승달은 양쪽 끝이 유난히 길다. 이런 모양이 행운을 가져온다는 알제리인들의 믿음 때문이다. 튀니지 국기는 터키 국기와 비슷하다(빨간 바탕에 하얀 원이 있고, 그 안에 빨간색 초승달과 별이 있는 모양). 어찌나 흡사한지 2014년에 터키가 무슬림 형제단*을 지원하는 것에 항의하며 이집트 정부를 지지하는 시위를 벌이던 이집트인들이 실수로 튀니지 국기를 태워버린 적이 몇 번 있을 정도다.

이란 국기에 그려진 튤립

아랍의 이슬람 국가들이 사용하는 색깔과 상징은 이슬람과 함께 멀리 멀리 퍼져나가 비非아랍권 문화에도 깊이 스며들었다. 이란이 좋은 예다. 이란 국기에는 심지어 아랍어 글귀까지 적혀 있다. 그러나 국기 전체의 분위기는 또한 대단히 페르시아적이고 혁명적이기도 하다. 이란 국기는 위에서부터 초록색, 하얀색, 빨간색이 수평으로 배열된 단순한 삼색기다. 이슬람 혁명으로 샤의 정권이 무너지고, 아야톨라 루홀라 호메이니Ayatollah Ruhollah Khomeini가 이끄는 종교적 근본주의자들이 권좌에 오른 1980년에 만들어졌다. 초록색은 이란 문화에서 행복, 활기 등 여러 가지를 의미한다. 초록색은 또한 앞에서 보았듯이 이슬람과 전통적

---

* 1928년 이집트에서 결성된 이슬람 풀뿌리 조직. 2011년 이집트 시민혁명 뒤 집권당이 됐으나 이슬람주의를 집어넣은 개헌을 추진. 국민들의 반발을 샀고 2014년 군부에 쫓겨났다.

으로 밀접하게 관련된 색깔이기도 하다. 극렬 시아파인 이란이슬람공화국에서는 시아파인 파티마 왕조를 인정한다는 뜻으로도 받아들여질 수 있다. 하얀색은 전통적으로 자유의 색이며, 빨간색은 이란에서 순교, 용맹, 불, 사랑을 의미한다.

이 색깔들 자체와 그들의 의미만으로도 흥미롭지만, 이란의 국기를 예외적인 존재로 만들어주는 것은 바로 중앙에 있는 문양이다. 이란이슬람공화국은 샤의 시대와의 단절을 드러낼 필요가 있었으나, 그와 동시에 오랜 역사를 지닌 이 나라 국민들에게 자신들이 0에서부터 출발하는 것이 아님을 알려야 했다. 이란의 전통문화는 그 뒤에 이어진(그리고 지금도 계속되는) 공포정치 속에서도 살아남았지만, 여성의 옷차림처럼 성직자들의 절대 권력에 도전하는 이슈에 대해서는 호메이니식 이슬람주의의 철권통치가 강력한 힘을 행사했다.

이란이슬람공화국은 국기 도안을 결정할 때 혁명 이전 국기에 사용된 색깔들을 다시 사용하는 방식으로 과제를 해결했다. 그러나 국기 중앙에 있던 사자와 태양의 문양은 없애버렸다. 적어도 15세기까지, 일부 학자들에 따르면 이보다 훨씬 이전까지 거슬러 올라가는 이 사자와 태양 문양은 원래 점성술에 사용되던 상징이었으나 나중에는 왕을 상징하게 되었다. 따라서 이 문양은 반드시 없어져야 했다.

새로운 도안을 그린 사람은 테헤란의 샤히드 베헤시티 대학교 건축학과 조교수인 하미드 나디미Hamid Nadimi였다. 그는 감정적인 면에서 어떤 부분을 건드려야 하는지 잘 알고 있었으므로, 눈부시게 세련된 도안으로 그 부분을 자극했다. 그는 역사, 문화, 종교에 정통한 사람이었다.

그래서 이 세 분야의 지식을 모두 동원해서 새로운 지도자들의 마음에 들 만한 문양을 생각해냈다. 외국인들은 이란 국기 중앙의 이 문양이 무슨 뜻인지 알지 못하지만, 이란인들은 이 문양에서 랄레, 즉 튤립을 금방 떠올린다.

테헤란에 처음 간 사람이 이 도시 도처에 이 문양이 퍼져 있음을 알아차리는 데에는 시간이 좀 걸린다. 하지만 일단 한 번 알아차리고 나면 어디서나 이 문양을 볼 수 있다. 특히 기자들의 경우, '관광당국'이 반드시 랄레 호텔에 묵어야 한다고 강요하다시피 할 때가 열 번 중의 아홉 번(내 경우에는 네 번 모두)이다. 예전에는 인터콘티넨털 호텔이었으나, 혁명 뒤에 이름이 바뀌었다. 기자 본인이 직접 예약한 호텔에 비해 이 호텔의 정보수집 시설이 월등히 뛰어난 최고 등급일 것이라고 짐작해도 무리가 없을 듯하다.

튤립은 이란 문화와 깊게 얽혀 있다. 이란 사람들은 튤립을 보면서 죽음, 순교, 영원한 사랑 등 많은 것들을 떠올린다. 최근에는 심지어 아야톨라에 대한 반대를 떠올리기도 한다. 튤립은 봄에 피는 꽃이자, 페르시아의 새해인 노루즈Nowruz를 알리는 꽃이기도 하다. 페르시아에서 봄과 새해가 하나로 연결되기 시작한 것은 3,000여 년 전부터다. 매년 봄 신년축제 때 이란 사람들은 "올봄이 그대의 행운이 되기를, 튤립밭이 그대의 기쁨이 되기를"이라고 노래한다.

이런 문제에서 흔히 그렇듯이, 여기에도 전설이 등장한다. 6세기에 파르하드Farhad라는 귀족이 평생의 사랑인 시린Shirin이 죽었다는 소식을 듣고 곧장 절벽에서 뛰어내려 자살한다. 그러나 몇 세기 뒤의 로미오와

줄리엣 이야기에서처럼 시린은 사실 멀쩡히 잘 살아 있었다. 연적이 퍼뜨린 못된 소문이 문제였다. 이 비극적인 이야기에서 파르하드가 떨어진 자리에 그의 피를 양분으로 삼은 튤립이 자라기 시작했다.

같은 시대에 예언자 무함마드의 손자이자 시아파의 위대한 영웅인 후세인이 지금의 이라크에 해당하는 지역의 카르발라 인근에서 옴미아드 왕조의 군대와 전투를 하던 중 순교했다. 그럼 후세인의 피가 흐른 곳에서 어떤 꽃이 피어났을까? 맞다, 그렇게 해서 튤립은 시아파에서 순교의 상징이 되었다. 후세인은 고작 일흔두 명의 부하와 가문 사람들만 데리고 수천 명 규모의 군대와 맞붙었다고 한다. 이 이야기의 교훈은 '전투를 할 때는 현명하게'라고 할 수 있겠지만, 후세인을 추종하는 사람들은 예언자 무함마드의 가족만이 새로운 종교인 이슬람을 이끌 수 있으며, 불의 속에서 사느니 차라리 정의를 위해 싸우다 죽는 편이 낫다고 믿었다. 시아파와 수니파가 갈라지게 된 뿌리에 바로 시아파의 이 교의가 있다. 이때부터 자기희생은 시아파에서 줄곧 핵심적인 위치를 차지하고 있다. 1980~88년의 이란-이라크 전쟁 중에 이란 정부는 젊은이들에게 참전을 촉구했고, 전사자는 수십만 명에 이르렀다. 이 순교자들을 기리는 포스터와 광고판에 등장한 꽃이 튤립이다. 전투 구호 중에는 "모든 땅이 카르발라다"라는 것도 있었다. 나디미는 바로 이런 분위기 속에서 새로운 국기의 도안을 만들었다.

빨간색 띠의 윗부분과 초록색 띠의 아랫부분에는 아랍어 "알라후 아크바르Allahu Akbar(신은 위대하다)"를 세련되게 디자인한 문양이 들어가 있다. 이 구절이 스물두 번 반복된 것은, 이란 달력에서 바흐만 달의

22일을 기념하기 위한 것이다. 1979년 이날에 전국에서 수백만 명이 거리로 뛰쳐나온 가운데 국영 라디오 방송에서 지직거리는 소리와 함께 다음과 같은 말이 흘러나왔다. "테헤란에서, 이란이슬람공화국의 목소리입니다." 하얀 띠 가운데의 빨간 튤립은 복합적인 상징이다. 즉 여러 상징이 하나로 합쳐져 있다는 뜻이다. 이 문양은 네 개의 초승달과 중앙의 줄기로 구성되어 있다. '알라^Allah'라는 단어를 기하학적인 좌우대칭 형태로 디자인했다고 볼 수도 있고, 이슬람의 다섯 기둥을 상징한다고 볼 수도 있다. 중앙의 줄기는 또한 나라의 힘을 뜻하는 칼을 상징한다. 호메이니는 이 모든 상징을 흡족하게 생각했다. 따라서 1989년에 그가 사망한 뒤, 신자들이 튤립 72송이를 묘사한 스테인드글라스로 그의 무덤을 장식한 것은 놀랄 일이 아니다. 72라는 숫자는 순교자 후세인의 힘들었던 마지막 날과 이어져 있다.

그러나 튤립은 혁명을 지지하는 국민들뿐만 아니라 모든 이란인에게 의미 있는 꽃이다. 따라서 2009년에 마흐무드 아흐마디네자드^Mahmoud Ahmadinejad 대통령의 재선에 반대하는 시위가 발생했을 때, 시위대 중 일부가 튤립을 저항의 상징으로 사용한 것도 놀랄 일이 아니다. 시위를 취재하려고 랄레 호텔에서 나와 랄레 공원까지 걸어가던 어느 날이 생각난다. 특히 시위가 격렬했던 이날, 나는 오토바이에 탄 사복 보안원들이 청년들을 구타하는 모습을 지켜보았다. 청년들 중 일부는 랄레를 들고 있었다. 보안원들은 오토바이를 몰고 인도까지 올라와 청년들을 추적했다. 나 역시 일부 전투경찰들과 견해를 교환한 뒤 의사의 치료를 받았다. 이 책을 쓰기 위해 자료조사를 한 덕분에, 어쩌면 그 의

사가 랄레 병원 소속이었을지도 모른다는 사실을 나중에 알게 되었다.

국민들의 생활 곳곳에서 종교적인 문양이 이토록 훌륭하게 사용되는 것은 드문 일이다. 역사, 종교, 신화, 전설은 물론 심지어 이 나라의 시까지 하나로 아우르는 튤립 문양 덕분에 이란 국기는 상징을 통해 얼마나 많은 의미를 전달할 수 있는지를 보여주는 훌륭한 사례가 되었다.

대부분의 나라가 국기에 종교적인 문양을 사용하지 않는 데에는 여러 이유가 있다. 그중에 가장 중요한 것은, 건국의 기반이 종교가 아닌 나라에서 종교적인 국기가 단합보다 분열을 불러올 가능성이 있다는 점이다. 레바논의 국기를 한 번 살펴보자. 이 나라는 다양한 민족과 종교가 조각보처럼 이어져 있는 곳인데, 조각보의 이음매가 풀릴 때가 가끔 있다. 수니파, 시아파, 드루즈파, 알라위파*, 가톨릭, 마론파** 등 이 나라 인구 450만 명을 구성하는 다양한 집단의 상징이 모두 국기에 포함되었다면 혼란스럽게 보였을지도 모른다. 많은 레바논 사람들은 자신을 아랍인이 아니라 페니키아인으로 보고 싶어 한다(반쯤은 농담이다). 따라서 그들이 1943년에 독립하면서 범아랍주의 깃발의 색깔을 채택하지 않은 것은 이해할 수 있는 일이다. 이 신생국가는 아랍의 색깔 대신 백향목을 상징으로 채택했다. 멀고 먼 3,000년 전 솔로몬Solomon 왕의 시대와 레바논을 이어주는 나무다. 《성경》에는 이 둘을 연결시키는 구절이 많은데, 그중 하나가 〈구약성서〉의 〈호세아서〉 14장 5, 6절에 나온

---

* 시아파의 한 분파. — 옮긴이
** 기독교의 한 분파. — 옮긴이

다. "내가 이스라엘에게 이슬과 같으리니 저가 백합화같이 피겠고 레바논 백향목같이 뿌리가 박힐 것이라."

이집트 아랍 해방기가 꿈꾸는 통일

이라크 사람들과 이집트 사람들은 아랍 및 이슬람과 자신들의 관계에 대해 이렇게 거리끼는 마음이 없다. 두 나라 모두 1916년의 아랍 반란 깃발에서 빨간색, 검은색, 초록색, 하얀색을 빌려왔다. 1952년에 혁명을 일으킨 이집트인들은 자신들의 깃발에 힘을 더하기 위해 '아랍 해방기Arab Revolt'라는 이름을 붙였다. 이 깃발에서 검은색은 억압적인 식민지 시대의 경험, 빨간색은 식민지 지배자들을 아랍에서 몰아내기 위해 치른 희생, 하얀색은 독립국 이집트의 평화와 밝은 미래 또한 상징했다. 그러나 범아랍주의의 꿈은 아직 사라지지 않았다. 이집트와 시리아가 비록 짧은 실험으로 끝나기는 했지만 1958년에 통일아랍공화국으로 합쳐졌을 때 채택한 국기는 빨간색, 하얀색, 검은색으로 된 삼색기에 초록색 오각별 두 개를 그린 형태였다. 이 두 별은 이집트와 시리아 두 나라, 이슬람, 그리고 아랍 반란 깃발에 대한 인사를 뜻했다.

1972년에 이집트는 아랍 통일을 다시 시도했다. 이번에는 시리아, 리비아와 함께한 아랍공화국이었다. 국기에는 별 대신 예언자 무함마드가 이끈 부족 쿠라이시의 상징인 매가 들어갔다. 이 시도도 실패로 돌아가자 이집트는 1984년에 오늘날 우리가 알고 있는 그 국기를 다시 채택했다. 하지만 이번에는 하얀 띠 부분에 세련되게 디자인된 황금색 '살라딘의 독수리'가 그려졌다. 살라딘은 카이로까지 진출해 1176년에 그곳에 요새를 지었던 이슬람의 위대한 전사다. 요새의 서쪽 벽에서 독수리 상징이 발견되었기 때문에 이것이 그의 개인적인 문양이었을 것이라고 추측되고 있으나, 아직 증명되지는 않았다. 이 문양은 중동 전역에서 다양한 깃발, 인장, 공식문서에 쓰인다. 팔레스타인 자치정부의 기장이 한 예다.

살라딘의 생애에는 매혹적인 이야기가 가득하다. 그중에 적잖은 의미를 지닌 이야기를 꼽는다면, 아랍의 가장 위대한 영웅인 살라딘이 쿠르드족 출신이었을 것이라고 생각하는 전문가가 대부분이라는 것이다. 그러나 그는 쿠르드족을 위해 한 일이 별로 없기 때문에 아랍의 이슬람 문화권에서 훨씬 더 존경받는다. 이란, 이라크, 터키, 시리아의 쿠르드족 지역에 걸려 있는 깃발들에 독수리가 거의 그려져 있지 않은 이유가 이것이다. 이라크를 비롯한 여러 지역의 쿠르드 지방정부 기장에 독수리가 그려져 있기는 하지만, 그것을 살라딘의 독수리로 생각하는 사람은 없다.

2011년 이집트에 시위가 일어나, 군부가 무바라크 대통령을 무너뜨리는 데 일조했다.* 당시 양편이 모두 나라를 위해 행동한다고 주장했기 때문에 이집트 국기를 사방에서 볼 수 있었다. 그 뒤에 벌어진 또 다른 시위 사태 때에는 여러 파당들이 헤아릴 수 없이 많은 깃발을 들고 나왔으나, 어느 것도 국기를 위협하지 못했다. 이집트가 이미 오래전부

---

* 2010년 말 북아프리카 튀니지에서 시작된 '아랍의 봄' 시민혁명이 이집트로도 옮겨와 2011년 1월 수도 카이로의 타흐리르 광장을 비롯해 전국에서 반독재 시위가 일어났으며, 40년 동안 장기집권해온 독재자 호스니 무바라크를 축출했다.

터 이어져 오던 모습, 즉 군사독재와 민주주의가 혼재하는 상태로 되돌아갔기 때문에 사실 진정한 혁명이 일어난 것도 아니었다. 이집트는 물론 중동 전체에서 벌어진 일을 이해하기 위해 '아랍의 봄'이라는 말을 쓰는 것이 항상 어리석게 들리는 수많은 이유 중 하나가 바로 이것이다.

통합의 상징에서 정치적 수단으로

한편 이라크는 앞에서 말했듯이 원래 검은색, 하얀색, 초록색 바탕에 아랍인과 쿠르드족을 상징하는 별 두 개와 아랍 반란을 뜻하는 빨간 삼각형을 그린 국기를 채택했다. 하심 왕가 사람들이 이 과정을 주도했기 때문이다. 그러나 1958년의 쿠데타로 하심 가문이 실각한 뒤 이라크는 공화국이 되었고 하심 가문을 상징하는 빨간 삼각형은 국기에서 사라졌다. 1963년에는 사회주의의 영향을 받은 바트당이 정권을 잡아 빨간색, 하얀색, 검은색이 수평으로 배열된 모양으로 국기를 바꿨다. 하얀 띠 부분에 그려진 별 세 개는 이집트, 시리아와의 연합을 기대한다는 뜻이었다. 그러나 이 연합은 실행되지 않았다. 1991년 무렵에는 사담 후세인 Saddam Hussein이 쿠웨이트를 침공한 뒤 벌어진 전쟁에서 아랍의 형제국인 이 두 나라가 미국 쪽을 지지했다. 당시 시리아의 바트당은 이라크 바트당과 사이가 틀어질 대로 틀어진 상태였고 이집트는 미국의 든든한 우방이었다. 국민국가들 사이의 경쟁의식이 범아랍 민족주의를 이긴 것이다. 게다가 이라크가 같은 아랍 국가인 쿠웨이트의 국경을 일방적으로 침범한 것에 모든 아랍 국가들이 경각심을 느낀 것도 있었다.

후세인은 한 시대를 바꿔놓은 이 시기에 자신이 직접 쓴 '알라후 아크바르' 글귀를 국기에 추가했다. 이 글자는 2003년에 그가 실각한 뒤 국기에서 지워졌다(몇 년 뒤에는 별도 지워졌다). 지금은 아랍의 고전적인 장식체인 쿠픽체로 "알라후 아크바르"가 국기에 적혀 있다. 이라크의 작가인 알오라이비는 여기에 문제가 있다고 지적한다.

지난 수십 년 동안 이라크 국기는 정치적인 대상이었다. 사담이 '알라후 아크바르'를 국기에 추가한 것은 1991년의 전쟁을 '이슬람 수호' 전쟁으로 만들려는 시도였다. 많은 이라크 사람들은 사담이 자신의 정치적 목적을 위해 종교를 이용하려 한다는 사실을 알았기 때문에 그의 이런 조치에 분개했다. 놀라운 것은, 2003년의 전쟁 이후 이라크 정치가들이 국기에서 별 세 개를 지우되 '알라후 아크바르'는 살리기로 결정했다는 점이다. 많은 이라크인은 이 결정을 환영하지 않았다. 종교가 아니라 국민국가가 국가적 정체성의 기반이라고 보았기 때문이다. 내게 이라크 국기는 이라크의 상징으로서 큰 의미를 지닌다. 하지만 통합의 상징이 되어야 할 이 깃발은 그보다는 이라크가 겪어온 고난과 종교를 이용하려는 정치적 수작의 상징이 되었다.

한편 이라크의 쿠르드족은 국기에 아랍어 글귀가 적혀 있는 것을 불편하게 받아들인다. 아랍어는 그들의 언어가 아니기 때문이다. 또한 이슬람 글귀로는 이라크의 그리스도교인들에게서 애정을 얻을 수도 없다. 하물며 그들이 수만 명씩 억지로 이 나라를 떠나야 하는 상황에서는 말할 것도 없다.

이슬람 국가로서 이라크의 정체성 또한 상처를 입었다. 이라크 군대는 국기를 휘날리며 IS와 전투를 벌이지만, 그 옆에는 수많은 민병대의 깃발이 함께 나부끼고 있다. 대부분이 시아파이고 가끔 수니파가 섞여 있는 이 민병대들은 통일된 나라를 위해서가 아니라 각각 이라크 내 시아파나 수니파의 목적을 위해 싸운다. 예를 들어, 바드르 조직(예전의 바드르 여단)은 원래 망명지인 이란에서 결성된 시아파 민병대다. 이들은 이란 정부에 밀접하게 연결되어 있어서 이란 혁명수비대 깃발이나 이란이 지원하는 레바논 시아파의 헤즈볼라 부대 깃발과 비슷한 깃발을 전투 때 사용하기도 한다. 그 밖에는 시아파의 순교자 후세인 이븐 알리Husayn ibn Ali를 그린 깃발도 있다.

이스라엘 국기와 시오니즘

퓨리서치 센터에 따르면, 유엔의 193개 회원국 중 3분의 1이 종교적 상징이 들어간 국기를 갖고 있다. 이 64개국 중 약 절반의 국기에는 그리스도교 상징이 들어가고, 21개국 국기에는 이슬람과 관련된 상징이 들어간다. 유대교 상징을 사용하는 나라가 이스라엘뿐이라는 사실은 별로 놀랍지 않다.

이스라엘 국기는 비교적 역사가 짧은데도, 정확한 기원이 불분명하다. 현대 시오니즘*의 창시자 중 한 명인 테오도르 헤르츨Theodor Herzl

---

* 유대인들의 국가를 세우려는 유럽 유대인들의 민족주의 운동. 당초 유럽 내에 유대국가를 세우고자 했으나 받아들여지지 않자 팔레스타인을 '옛 고향'이라 주장하며 그곳에 나라를 세우는 쪽으로 돌아섰고, 영국의 지원 속에 현지 주민들을 내쫓은 뒤 1948년 이스라엘을 건국했다.

은 1896년에 다음과 같이 썼다. "우리에게는 깃발이 없다. 깃발이 필요하다. 많은 이를 이끌고자 한다면, 그들의 머리 위로 상징을 들어올려야 한다. 나는 하얀 바탕에 황금빛 별 일곱 개가 그려진 깃발을 제안하고 싶다." 이 아이디어가 실제 깃발로 만들어진 적은 없다. 게다가 오늘날 팔레스타인, 미국, 유럽 등지에서 정치적 회담이 열릴 때 게양되는 국기의 원형이 그 무렵에 이미 존재했다. 그로부터 몇 년 안 되어 그 깃발의 여러 변형이 시오니즘의 상징으로 받아들여졌다. 그러나 1948년 5월에 이스라엘이 건국했을 때 국기에 대해서는 아직 합의가 이루어지지 않은 상태였다. 다윗의 방패(다윗의 별이라고도 불린다), 메노라**, 유다의 사자***가 저마다 지지자를 확보하고 있었다.

국민들에게 도안을 제안해달라고 요청한 정부는 건국 다섯 달 뒤인 10월에 리처드 아리엘Richard Ariel의 도안을 승인했다. 19세기에 만들어진 시오니즘 깃발과 비슷한 디자인이었다. 파란색과 하얀색은 유대교의 기도용 숄인 탈리트를 상징하고, 다윗의 방패는 누구나 인정하는 유대교의 상징이다. 물론 중세에 들어와서야 이 문양이 유대교와 강하게 연결되었으니 역사가 조금 짧기는 하다. 메노라는 국가의 공식 인장이 되었고, 유다의 사자는 예루살렘의 상징이 되었다.

이스라엘의 국기는 이슬람 상징들을 사용하는 거대한 부채꼴 모양의 땅 한복판에 자리 잡고 있다. 때로는 불편해 보이기도 한다. 이 부채

** 유대교의 의식에서 사용되는 가지 촛대. — 옮긴이
*** 여기서 유다는 야곱의 넷째 아들. 사자는 유다 부족의 전통적인 상징이었다. — 옮긴이

꼴 모양의 땅에는 아시아-태평양 지역, 중동, 북아프리카가 포함되어 있다. 사하라 사막 남쪽 인도양상에 위치한 나라 코모로도 여기에 포함된다. 이슬람이 퍼져나간 지역과 이 부채꼴 지역이 일치하는 것은 당연한 일이다. 말레이시아, 우즈베키스탄, 파키스탄, 리비아처럼 다양한 나라들이 이 지역에 있다.

리비아의 세 가지 색깔, 세 개의 지역

리비아 국기는 어떤 글귀나 문양이 하나도 없이 단순한 초록색뿐이라는 점에서 수십 년 동안 독특한 존재였다. 무아마르 알카다피^{Muammar Al-Qaddafi} 대령 시대, 즉 그가 내세운 "위대한 사회주의 인민의 리비아 아랍 자마히리야" 시대의 일이다. 카다피는 자신이 "아랍 지도자들의 장로"이자 철학자이자 문학계의 거인이라는 꿈을 꾸었다. 국기의 초록색은 당연히 이슬람을 상징했으나, 그의 《그린북^{Green Book}》을 상징하기도 했다. 이것은 세월이 흐를수록 제정신이 아닌 것처럼 보이는데도 자신의 명언들로 리비아 국민을 지도해야 한다고 계속 주장하던 사람의 횡설수설을 모아놓은 책이었다. 여기에 실린 명언 중 하나로 다음과 같은 것이 있다. "여자는 남자와 마찬가지로 인간이다. 이것은 논의의 여지가 없는 진실이다…. 여자는 암컷이라서 남자와 다른 형태를 하고 있다. 식물계와 동물계의 모든 암컷이 같은 종의 수컷과 다른 것처럼… 산부인과 의사들에 따르면 여자는 남자와 달리 매달 월경을 한다고 한다."

이런 주옥같은 지혜도 2011년의 혁명과 나토의 폭격에서 그를 구해주지 못했다. 그래서 결국 그는 사막에서 폭도의 손에 죽임을 당했다.

시위가 전국으로 퍼지면서 많은 시위대가 과거 독립 당시에 사용하던 깃발을 들고 나오기 시작했다. 빨간색, 검은색, 초록색이 수평으로 배열되어 있고, 중앙에 하얀 초승달과 별이 그려진 깃발이다. 순식간에 저항의 상징이 된 이 깃발은 카다피가 죽은 뒤 이 나라의 공식 국기로 채택되었고, 나라의 이름도 리비아로 바뀌었다.

이 국기는 원래 1951년에 이탈리아로부터 독립한 리비아 왕국의 것이었다. 이 도안의 기반이 된 것은 이 나라의 동쪽, 이집트 바로 옆에 위치한 키레나이카 지역의 신앙심 깊은 세누시 왕조 깃발이다. 세누시 깃발은 검은색 바탕에 별과 초승달이 그려진 형태였다. 여기에 덧붙여진 빨간색 띠는 국민의 피를 상징했다. 그러나 이와 동시에 빨간색은 리비아 남부 페잔 지역의 색이기도 하다. 또한 초록색은 튀니지와 국경을 접한 서부의 트리폴리타니아가 전통적으로 사용하던 색이다. 1951년에 이 색깔들은 그때까지 하나의 독립국으로 합쳐진 적이 없는 이 세 지역의 통합을 상징했다. 2011년 국기에도 이 세 지역이 표현되었으나, 이번에는 그들을 하나로 묶어두는 힘이 아주 약했다.

트리폴리라는 이름은 세 도시를 뜻하는 그리스어 tripolis에서 유래했다. 여기서 세 도시란 오에아, 사브라타, 렙티스 마그나를 말한다. 따라서 이 지역은 트리폴리타니아라고 불리게 되었다. 나중에 해안을 따라 동쪽으로 640킬로미터 떨어진 곳에 정착한 그리스인들은 키레네라는 도시를 세웠고, 그래서 그 지역이 키레나이카라고 불리게 되었다. 그들은 이 두 지역과 페잔을 지리적으로나 정치적으로나 민족적으로나 하나라고 보지 않았다. 나중에 이곳을 점령한 로마인들도 마찬가지였다. 로마 다음에는 아랍이, 그다음에는 오스만 제국이, 그리고 20세기 들어 마지막으로 이탈리아가 이곳을 차지했다. 이탈리아는 처음에 이곳을 '이탈리아령 북아프리카'라고 부르다가 둘로 분할해서 각각 이탈리아령 트리폴리타니아와 이탈리아령 키레나이카라고 불렀다. 1934년에는 2,000년 전 그리스인들이 이집트를 제외한 북아프리카 전역을 부르던 이름 리비아를 이탈리아가 되살렸다. 제2차 세계대전이 끝난 뒤 트리폴리타니아와 키레나이카는 영국 관할이 되고, 페잔은 프랑스의 지배하에 들어갔다. 그러다 1951년에 이탈리아가 이 지역에 대한 모든 권리를 포기하면서 리비아라는 나라가 탄생했다. 이 세 지역에 사는 사람들에게는 "여러분 모두 이제 한 배를 탔다"는 메시지가 전달되었다.

리비아는 건국된 뒤 절반이 넘는 기간 동안 독재국가였다. 건국된 지 50년이 넘었는데도 여전히 통일된 한 나라가 되지 못해서, 국기의 세 가지 색깔은 또다시 분열의 상징이 되고 말았다. 리비아가 통일국가로서 성공할 가능성은 단기적으로나 중기적으로나 희박해 보인다. 해안 지방의 여러 도시에 IS 깃발이 등장했고, 트리폴리에서 정부 비슷한 역할을 하고 있는 사람들(과 지중해 건너편 국가들)이 여기에 눈길을 주고 있기는 하지만 IS 깃발은 때로 실패한 국가라는 지위를 향해 슬금슬금 나아가고 있는 이 나라를 더욱 불안정하게 만들 뿐이다. 어쩌면 미래에 과거의 판박이 같은 상황이 재현될지도 모른다. 하지만 느슨한 연방체가 생겨날 가능성도 있다.

'아랍 민족'이라는 개념

자, 그럼 아랍 민족이란? 언어가 아랍인들을 하나로 묶어준다면, 비록 아랍어에 사투리가 많기는 해도 나름대로 근거 있는 생각이라 할 수 있다. 그러나 아랍 민족이라는 말이 정말로 하나의 민족을 뜻한다면, 이 개념 자체가 조금 휘청거리기 시작한다. 아랍에는 많은 민족이 있기 때문이다. 그래서 1970년대 중반 이후 꾸준히 세를 불린 개념이 바로 정치적인 의미의 이슬람이다. 이슬람 사상의 여러 갈래들 중에는 정치와 종교의 차이, 국경 등을 인정하지 않는 것이 많다. 따라서 IS 깃발(제5장 참조)을 포함한 일부 깃발들은 적어도 범아랍주의를 표방하며, 크게는 세계주의를 따른다. 그러나 종교가 민족주의나 정치철학 같은 다른 카드들을 이길 때가 많다 해도 폭력적인 이슬람주의 집단은 잔혹성과 유토피아 사상으로 인해 결국 자멸할 가능성이 높다. 그래도 그 과정은 몇 세대에 걸쳐 진행될 것이다. 2016년 여름에 튀니지의 중요 이슬람주의 정당인 엔나흐다(선거 뒤에 자발적으로 권력을 포기했다)는 모스크와 국가의 분리를 인정하며 다음과 같이 주장했다. "우리는 정치적인 이슬람을 떠나 민주적인 이슬람으로 들어간다." 만약 이 말이 진심이라면, '민주적인 이슬람'은 IS와 알카에다식 세계관에 반대하는 하나의 실험이다. 완전히 민주적이고 세속적인 이슬람 국가를 지향하는 터키 모델은 고전하고 있는 듯이 보인다. 따라서 튀니지 모델을 지켜볼 가치가 있을 것이다. 튀니지는 깃발에 범아랍주의 색깔을 쓰지 않았다. 북아프리카인이 대부분이라서 그럭저럭 균질성을 유지하고 있는 국민들은 동쪽에서 생겨난 정치적 이슬람 중 어떤 부분을 채택하고 어떤 부분을 버릴 것인지 열심히 고르는 중이다.

이집트의 외교관 겸 지식인인 타흐신 바시르Tahseen Bashir는 1960년대의 아랍을 묘사하는 말인 "깃발을 든 부족들"을 만들어낸 사람으로 알려져 있다. 그는 여기에서 그치지 않고, 이 지역의 진정한 국민국가는 자신의 조국밖에 없다는 말도 했다. 많은 이집트 사람들이 옛날부터 갖고 있는 카이로 중심적 세계관이 반영된 말일 것이다. 이집트 사람들의 이러한 의식은 이집트 속담인 "마스르 옴 알 두냐Masr Om Al Dunya", 즉 "카이로는 세계의 어머니"에도 드러나 있다. 바시어의 말을 일부 아랍인들은 아마 싫어할 것이다. 그들은 바깥세상 사람들도 이 말을 알고 직접 사용한다는 사실에 분개한다. 그러나 바시어가 말하고자 했던 것은, 하나의 국민국가가 민족적으로나 문화적으로나 결속력을 갖는 데에는 식민지 지배자들이 사막에 그어놓은 선 몇 개와 국기 몇 개만으로 충분하지 않다는 것이다. 국기가 상징하는 것들이 그 선 안에 살고 있는 사람들의 마음속에 존재하지 않을 수도 있기 때문이다. 지중해에서 아라비아해를 향해 사막의 모래가 위험하게 소용돌이치고 있는 지금은, 이 국기들 중 일부가 땅으로 떨어져 모래에 뒤덮일 위험이 있다.

어쩌면 연방제가 이라크, 시리아, 예멘의 운명이 될지도 모른다. 새로운 연방을 상징하는 새로운 국기, 또는 새로운 국민국가를 상징하는 새로운 국기가 나타날지도 모른다. 그중에는 아랍인들에게 몹시 친숙한 초록색, 하얀색, 검은색을 사용하는 깃발도 있고 빨간색을 사용하는 깃발도 있을 것이다. 새로운 국경선을 긋기 위해 많은 사람이 피를 흘릴 테니까. 순교를 표현하는 일이 그들의 문화에서 사라질 것 같지 않다.

성조기

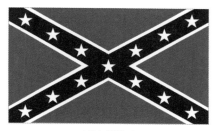

개즈던 깃발

남부 연방기

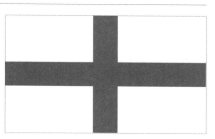

영국

잉글랜드

스코틀랜드

성 패트릭의 솔타이어 깃발

웨일스

아일랜드

피지

오스트레일리아

뉴질랜드

브리티시컬럼비아

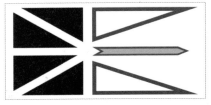

뉴펀들랜드 래브라도

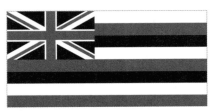

하와이

제3장

십자가와 십자군

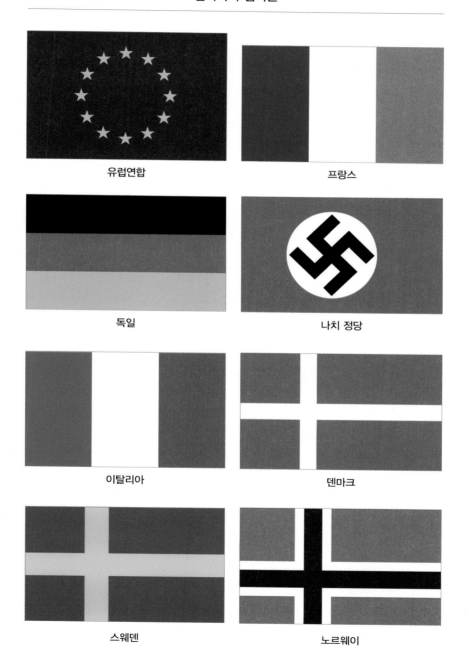

유럽연합

프랑스

독일

나치 정당

이탈리아

덴마크

스웨덴

노르웨이

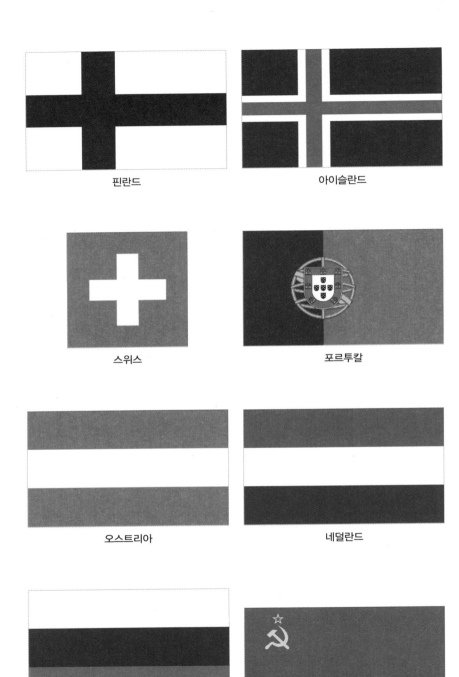

핀란드

아이슬란드

스위스

포르투칼

오스트리아

네덜란드

러시아

볼셰비키

세르비아

슬로베니아

마케도니아

코소보

보스니아-헤르체고비나

아라비아의 깃발

아랍 반란 깃발

사우디아라비아

요르단

터키

알제리

튀니지

이란

레바논

이집트

이라크

이스라엘

리비아

공포의 깃발

IS

자바트 파데 알샴

헤즈볼라

하마스

하마스 정치 부서 깃발

파타

알아크사 순교여단

이자딘 알카삼 여단

투르크메니스탄

우즈베키스탄

카자흐스탄

키르기스스탄

아프가니스탄

파키스탄

인도

네팔

중국

타이완

남한

북한

일본

욱일기

제7장

자유의 깃발

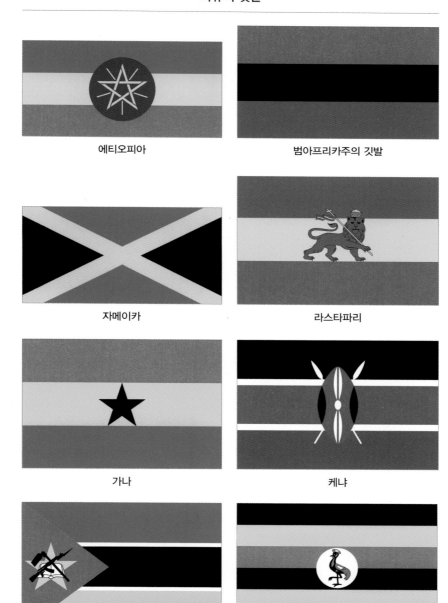

에티오피아

범아프리카주의 깃발

자메이카

라스타파리

가나

케냐

모잠비크

우간다

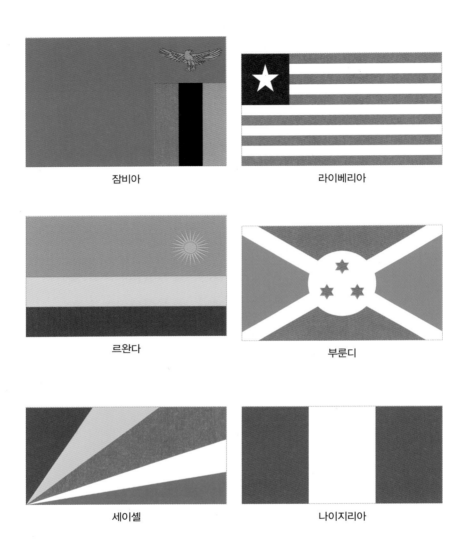

잠비아

라이베리아

르완다

부룬디

세이셸

나이지리아

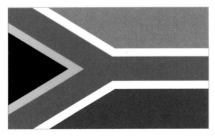

남아프리카공화국

대콜롬비아

베네수엘라

에콰도르

볼리비아

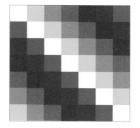

위팔라

멕시코

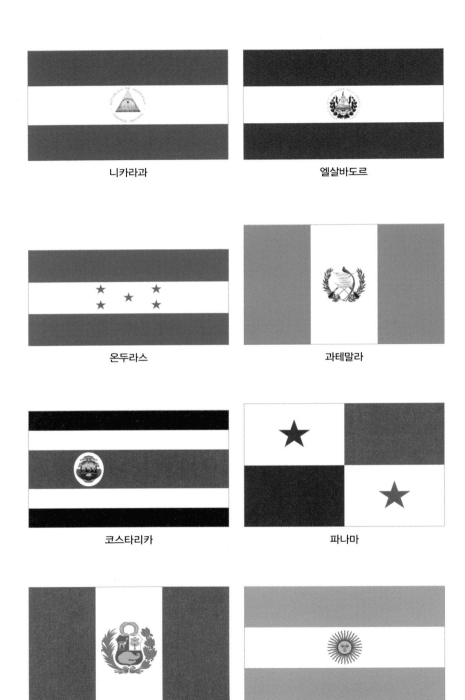

니카라과

엘살바도르

온두라스

과테말라

코스타리카

파나마

페루

아르헨티나

포클랜드 깃발

우루과이

브라질

제9장
좋은 깃발, 나쁜 깃발, 못생긴 깃발

졸리 로저

국제적십자기 십자가

국제적십자기 초승달

적수정

나토

올림픽

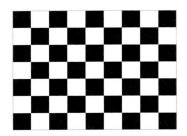

체크무늬 깃발

무지개 깃발

유엔

행성 지구의 국제적인 깃발

제5장

공포의 깃발

갓가지 분쟁이 낳은,
중동의 혼돈과 저항

IS가 선전용으로 배포한 사진이다.

저는 말합니다.
나는 공포보다 강하다고

☛ 말랄라 유사프자이Malala Yousafzai(파키스탄 평화 운동가)

사악한 것이 이쪽으로 온다. 너무나 사악해서 우리가 도저히 이해할 수 없는 것. 우리가 중세에 이미 결별했다고 생각하던 것. 이슬람국가[IS]는 우리의 집단의식 속에 스스로를 각인시켰다. 공개적으로, 끔찍한 방법으로 사람을 죽이는 데 극단적으로 공을 들인다. 그러고는 그 죽음을 널리 알린다. 그들의 선전은 무자비하고 무시무시해서 효과적이다. 그들이 이런 짓을 하면서 내거는 깃발은 그들의 것이 아니지만, 그들은 그것을 자기들의 타락한 행동과 동의어로 만들려고 한다. 그렇게 해서 그들의 행동에 기반이 된다고 주장하는 바로 그 종교를 손상시킨다.

이번 장에서는 국가가 아닌 집단들의 깃발을 주로 다룰 것이다. 중동에서 활약하는 집단들이므로 이슬람과 관련되어 있다. 다양한 신조를 표방한 무장 혁명세력이 가득한 세상에서 굳이 이슬람만 콕 집어서 말하겠다는 뜻은 아니다. 그보다는 이슬람이 중요하게 초점을 맞춰야 할 지점을 제공해주기 때문에 이슬람을 다루려고 한다. 이 집단들 중 다수는 뉴스에 자주 등장하며, 아주 많은 사람에게 그들이 사용하는 상징이 통한다. 또한 이슬람의 상징들은 중동 사회 깊숙한 곳의 흐름과 연결되어 있다. 우리는 이 흐름을 이해해야 한다. 페루의 좌익 게릴라 조직인 '빛나는 길Shining Path'이나 우간다의 반군조직인 '신의 저항군Lord's Resistance'이 사용하는 상징들을 다룬다면 몹시 흥미로운 상세한 정보가 많이 튀어나오겠지만, 빛나는 길은 그 지역에서만 문제가 되는 조직이고 신의 저항군은 문자 그대로 제정신이 아닌 사악한 조직이다. 신의 저항군에 대해 아는 것은 엄청나게 위험한 일이며, 그들은 계속 소멸을 향해 나아갈 수밖에 없다. 그들이 소멸하고 나면 그들의 '사상'도 함께 죽을 것이다. 그러나 이번 장에서 다룰 깃발들을 이해한다면, 우리가 매일 저녁 뉴스에서 목격하는 사건들을 이해하는 데 도움이 된다. 이런 사건들은 앞으로도 수십 년 동안 끊이지 않을 것이다.

IS가 들어 올린 공포의 검은 깃발

IS는 '메시지 전달'이라는 면에서 타의 추종을 불허한다. 그들의 목적을 이해하기 위해 그들의 타락상을 세세히 알아볼 필요는 없다. 이 집단의 구성원들이 가학적인 행위를 즐기는 것은 사실인 듯하다. 그러나 그들의 이러한 광기는 완전하고 냉정한 논리에 따른 것이다. 우리는 그것이 죽을 만큼 무섭다. 사실 이렇게 겁에 질리는 것이 맞는 일이기도 하다. 그들의 가학성을 가장 잘 보여주는 사례는 2014년 6월 그들이 이라크 제2의 도시인 모술을 점령할 때의 일이다. 180만 명이 사는 이 도시를 지키던 약 3만 명의 이라크 군대는, 광기에 젖어 방화, 고문, 살인을 저지르는 IS의 광신도들과 맞닥뜨리자 도망쳐버렸다. IS의 광신도들이 이 도시를 향해 진군하기 위한 전 단계에서 괴상하고 뒤틀린 방식으로 사람을 죽이고는 그 모든 살인 광경을 널리 알리는 데 크게 공을 들였기 때문이다. 그들의 앞에는 그들이 멋대로 가져다 쓰는 바람에 IS의 깃발이라고 알려지게 된 깃발이 높이 휘날리고 있었다. 이 깃발이 모술에서 거의 18개월 동안 아무런 저항 없이 휘날린 뒤에야 이라크 군대가 용기와 힘을 모아 이 도시를 탈환하는 작전에 나섰다. 그리고 그제야 미국이 화력을 지원해주었다.

우리는 언론을 통해 이 깃발을 보는 일에 이미 익숙해졌다. 검은 바탕에 하얀 원이 있고, 그 원 안에는 아랍어로 "무함마드는 신의 사자다"라는 말이 적혀 있다. 원 위에는 "하느님 외의 신은 없다"는 말도 적혀 있다. 이 두 구절을 합치면 이슬람의 신앙고백인 샤하다가 된다. IS 깃발에는 일부러 거친 필체가 사용되었다. 사우디아라비아 국기의 샤하다가 붓글씨로 적혀 있는 것과는 대조적이다. IS는 자신들이 이슬람의 원래 형태라고 생각하는 체제를 회복하려 한다는 뜻을 전달하기 위해 이런 필체를 택한 듯하다. 이런 의미에서 IS는 사우디아라비아와 이념적인 경쟁관계다. 둘 다 수니파의 극단주의 종파인 와하브파를 따르고, 이를 이용해 자신이 이슬람 전체를 대표할 정당성을 지니고 있다고 주장하기 때문이다. 사우디아라비아 내에 IS를 지지하는 세력들이 있기는 하지만, 국가적인 차원에서는 과거 알카에다의 설립에 부분적으로 기여한 뒤 연달아 테러 공격을 받았던 것을 잊지 않고 있다. 알카에다는 사우디아라비아의 안정을 무너뜨려 이 나라를 손에 넣으려고 했다.

IS가 이 깃발을 자기들의 것으로 발표한 때는 2007년이지만, 검은 바탕에 샤하다를 적은 형태는 이슬람 전체의 상징이라서 반드시 테러와 관련되어 있다고 보면 안 된다. 하지만 이것을 테러의 상징처럼 만들어버렸다는 점이 IS의 교활함이다. 국제테러단체추적연구소^{SITE}의 웹사이트에 따르면, IS가 아직 "이라크의 이슬람국가라고" 불리던 2007년에 IS의 홍보부가 〈이슬람에서 이 깃발의 정당성〉이라는 제목의 성명을 발표해 자신들이 그 깃발을 사용하는 이유를 설명했다. 그들은 전통적인 신앙에 기대어, "예언자의 깃발, 예언자에게 평화와 축복이 있기를, 그 깃발은 줄무늬 모직으로 만든 검은 정사각형"이라고 말했다. IS가 내거는 깃발도 대부분 정사각형으로 보인다. 하얀 원은 원래 예언자의 인장을 상징한다고 한다. 이스탄불의 톱카퍼 궁전에 무함마드가 보냈다는 편지들이 전시되어 있는데, 여기에 그 상징이 있다. IS 홍보부의 성명에는 또한 예언자가 했다고 알려진 말도 인용되어 있다. "검은 깃발이 다가오는 것이 보이거든 설사 얼음 위를 기어가는 한이 있더라도 즉시 그곳으로 가라. 그곳에 칼리프가 있기 때문이다."

몹시 '종말론' 느낌이 나는 이 말은 특정한 경향을 지닌 무슬림 젊은이들의 마음을 움직인다. 만약 그리스도교 세계에서 그들과 비슷한 사람을 찾는다면, 탬버린으로 무장하고 무아지경의 순간을 경험한 뒤 상대에게 너무 늦기 전에 회개해야 한다고 주장하는 사람들이라고 할 수 있다. 이 탬버린 군단이 가끔은 자기들만의 '종말론' 쪽으로 방향을 틀기도 한다. 보통 미국 중서부에 이런 사람들이 많다. 그러나 안타깝게도 이슬람 세계에서 이와 비슷한 사고를 지닌 소수집단의 가르침에는 탬버린이 포함되지 않는다. 그들은 탬버린 대신 칼을 들고 머리에 복면을 썼을 가능성이 아주 크다.

IS는 또한 알레포와 가까운 시리아의 도시 다비크에 커다란 의미를 부여한다. 이들의 온라인 잡지 이름도 이 도시의 이름을 따서 지었다. IS의 '임박한 종말' 이론은 무함마드가 했다는 예언을 그대로 반복한다. 로마의 군대(지금은 서구/미국/터키 등 다양한 적의 군대로 읽힌다)와 이슬람의 군대가 다비크 앞의 평원에서 전투를 벌일 것이라는 내용이다. IS는 훌륭한 인용문을 아주 사랑한다. 앞에서 말한 홍보부의 성명에도 또 다른 하디스, 즉 예언자의 어록이 인용되어 있다. "동쪽에서 검은 깃발이 나타나 일찍이 어느 나라도 한 적이 없는 방식으로 너희를 죽일 것이다." IS의 적들에게는 조금 걱정스러운 말이다. 그들이 모두의 마음에 공포를 심는다는 목적을 위해 소름끼치는 방식으로 연달아 사람을 죽이며 훌륭한 기록까지 남겨 이 하디스의 약속을 실행했기 때문에 더욱 걱정스럽다.

여기에 언급된 깃발은 이슬람 세계의 메시아 격인 마디^{Mahdi}의 깃발이다. 따라서 이 이야기 속의 이슬람 군대는 다비크에서 당연히 승리를 거두고 이스탄불로 진군한다. 그리고 이 모든 일이 종말의 방아쇠가 된다. 이때 이슬람판 적그리스도, 즉 다잘^{Dajjal}이 나타나 마디의 군대를 몰아낸다. 이 군대의 패잔병들이 예루살렘까지 퇴각하고, 조금 어두운 상황이 이어지다가 예언자 예수가 하늘에서 내려와 마디의 군대에 합류한다. 그리고 다잘의 숨이 끊어지면서 세상의 종말과 심판의 날이 열린다. 이 시점에서 불신자들이 영원한 처벌이라는 형태로 다소 거친 취급을 받을 것 같다. 그리스도교의 근본주의 종말론과 크게 다르지 않은 결말이다.

나는 시리아 내전이 발발한 후 몇 년 동안 다마스쿠스에서 기사를 쓰면서 이 이야기를 곰곰이 생각하곤 했다. 이 이야기에 따르면, 다마스쿠스의 엄청나게 아름다운 옴미아드 모스크 동쪽 귀퉁이에 있는 '예수 뾰족탑'을 통해 예수가 내려온다고 한다. 그리스도교가 예전만큼 힘을 발휘하지 못하는 서구와 달리 중동에는 경전의 구절을 문자 그대로 받아들이는 신자들이 많다는 점을 반드시 이해해야 한다. 예수 뾰족탑의 모습, 멀리 다마스쿠스 근교에서 들려오는 폭음, 겨우 몇 킬로미터 떨어진 곳에 수많은 지하드^{Jihad} 단체들이 있다는 현실 앞에서 나는 '그들은 이 이야기를 진심으로 믿는다'는 점을 마음에 새겨야 했다. 그 더위와 흙먼지와 연기와 살육 가운데에서 IS를 비롯한 여러 조직의 세뇌된 젊은 전사들이 주위의 광경을 예언이 실현되고 있다는 증거로 볼 법도 하다.

IS는 2014년에 미국인 구호요원인 피터 캐시그^{Peter Kassig}를 참수했다고 주장하면서 동영상을 발표했다. 이 영상에서 나레이터는 이렇게 말했다. "오늘 우리가 다비크에 첫 미국인 십자군 병사를 묻는다. 우리는 너희의 나머지 군대가 도착하기를 열렬히 기다리고 있다." 이것은 앞의 이야기를 직접적으로 언급한 말이자, IS가 종말을 불러오기 위해 외국군대를 얼마나 끌어들이고 싶어 하는지 보여준 사례였다. IS가 다비크를 함락했을 때 전사들이 가장 먼저 한 일 중 하나는 시내 곳곳의 지붕에 수백 개의 검은 깃발을 세우는 것이었다. 그들은 예언 중에서 검은 깃발이 '동쪽에서' 나타난다는 부분을 자신들이 실행하고 있다고 생각했을 것이다.

IS 전사들과 지지자들은 이 조직의 이념에 충실하다. 그들이 검은 깃발의 바다에서 노란색 깃발을 들고 있는 사진을 가끔 볼 수 있다. 검은 깃발 가장자리에 다소 매혹적인 황금색 끈을 붙일 때도 있다. 하지만 그런 깃발보다는 황량한 검은색 깃발을 고수하는 사람이 거의 전부다. 그 깃발은 이미 우리 머릿속에 낙인처럼 박혀버렸다.

이 깃발을 보고 우리는 대부분 사악한 광신도를 떠올린다. 우리가 생각할 수 있는 가장 '이질적'인 깃발이다. 그러나 추종자들에게 이 깃발은 어떤 대가를 치르는 한이 있어도 지상에서 하느님의 일을 해내는 영웅적인 용기의 상징이다. 누구나 이 깃발을 금방 알아볼 수 있다는 사실은 '메시지 전달'이라는 측면에서 긍정적인 요소다. 하지만 이것과 비슷한 또 다른 깃발, 즉 국제 공산주의 깃발과 한 번 비교해보자. 공산주의의 붉은 깃발은 우리 눈에 띄는 순간 그 깃발을 손에 든 사람의 가치관에 대한 메시지를 우리에게 전달한다. 그 가치관의 세부적인 분류, 즉 마오주의, 마르크스-레닌주의 같은 것들은 공산주의에 비하면 부수적이다. 그리고 공산주의는 우리가 동의하는지 여부와는 별도로, 최소한 이해할 수는 있는 이념이다. 개념상으로 공산주의는 인류의 보편적인 형제애(와 자매애) 및 모두를 위한 정의를 표방한다. 비록 관련 단체들의 성격과 최종적인 결과는 이런 주장과 한참 거리가 멀었지만. 반면 IS 깃발은 배타성을 부르짖는다. 스스로 하느님의 뜻을 실행하고 있다고 믿는 사람들이 만든 이 깃발이 받아들일 수 있는 것의 폭은 아주 좁다. 붉은 깃발은 누군가가 공산주의자의 손에 붙잡히는 경우 어딘가 몹시 추운 곳의 수용소에서 오랫동안 재교육을 받으면 그들의 사고방식을 받아들이게 될 수도 있다는 가능성을 품고 있다. 반면 IS 깃발은 '우리와 그들'을 절대적으로 나눈다. "우리에 속하지 않는 사람은 더러운 이교도이므로 당장 죽어 마땅하지만 그것이 반드시 빠른 죽음이 될 필요는 없다." 이 깃발은 이렇게 말한다.

이 두 깃발의 비슷한 점은 추종자들의 능력에 대한 감동적인 믿음, 비록 어느 정도 대가를 치르겠지만 승리가 확실하게 보장되어 있다는 믿음이다. 〈붉은 깃발 찬가〉(1889)의 가사는, 단어만 몇 개 바꾸면 IS의 검은 깃발에도 적용될 수 있다는 점에서 흥미롭다. 가사 중 일부를 예로 들면 다음과 같다.

인민의 깃발은 진하디 진한 붉은색,
우리 순교자들의 몸을 자주 감싸지…
진홍색 깃발을 높이 들어라.
그 그늘 아래에 우리가 살고 죽으리니…
우리 모두 모자를 벗고 맹세한다
쓰러질 때까지 이 깃발을 들고 나아가겠다고…

IS 또는 공산주의를 진심으로 추종하는 사람은 자기들에게 어떤 질문이 던져지든 그 신념체계가 바로 정답이라고 생각한다. IS와 공산주의 모두 구심점이 될 수 있고 누구나 쉽게 알아볼 수 있는 기본적인 상징을 갖고 있다는 것도 공통점이다.

조직은 메시지를 퍼뜨릴 때 상징을 다양한 방식으로 사용한다. 하지만 IS는 상품화에 대해서는 금욕적인 세계관을 고수하고 있다. IS 로고가 그려진 머그잔이나 이라크와 레반트의 이슬람국가를 홍보하는 펜, 컵 받침 등을 시리아의 라카에서 찾아보기는 아주 힘들 것이다. 이라크와 레반트의 이슬람국가라는 이름을 영어 약자로 줄이면 ISIL이 되지만, 아랍어에서 레반트는 가끔 '왼쪽의 땅'이라는 뜻의 알 샴이라고 불리기 때문에 ISIS라고 불리기도 한다. '왼쪽의 땅'에서 '왼쪽'은 메카에서 동쪽을 바라보고 섰을 때 왼쪽에 있다는 뜻이다. IS의 또 다른 이름인 다에시Daesh는 'al-Dawla al Islamiya fil Iraq wa al-Sham*'의 약어다. 이 조직에 반대하는 아랍인들은 이 이름을 즐겨 사용한다. 아랍 문화에서 몹시 멸시당하는 동물인 당나귀를 뜻하는 아랍어 단어와 발음이 흡사하기 때문이다.

테러 단체들의 깃발을 내건 홍보 전쟁

시리아에서 IS와 경쟁하는 지하드 단체 중에 자바트 파테 알샴Jabhat Fatech al-Sham(시리아/레반트 정복 전선)이 있다. 예전에는 자바트 알누스라Jabhat al-Nusra, 즉 누스라 전선이라 불리던 이 단체는 최근까지 알카에다 조직에 속해 있었다. 이 단체도 검은 깃발을 사용하는데, 형태는 직사각형이며 아랍의 고전문자로 샤하다가 적혀 있고 그 아래에 단체의 이름이 있다. 자바트 파테 알샴은 2012년경 전면에 나서면서 잠시 시리아 내전에서 무서운 존재가 되었다. 그러나 전장에서뿐만 아니라 홍보

* '이라크와 샴의 이슬람국가'라는 뜻의 아랍어 이름을 로마자로 표기한 것이다. ― 옮긴이

전에서도 곧 IS에 추월당했다. 사실 홍보전이야말로 중요한 전쟁이다. IS가 저지른 살인의 엽기적인 방법과 규모 못지않게 중요한 것이 바로 그 살해 장면의 영상과 사진을 멀티미디어로 퍼뜨렸다는 점이다. 온 세상이 IS 깃발은 알아도 자바트 파테 알샴의 깃발은 모르게 된 데에 이런 홍보전이 영향을 미쳤다. 이처럼 이름이 알려지면서 잠재적인 지지자도 늘어났다. 전 세계에서 온 젊은 무슬림들은 총알받이가 되었고, 후원자가 되겠다고 나선 부자들은 세계적인 지하드에 연료를 공급해주었다.

미국, 유럽연합 등 많은 곳에서 지정한 '테러 단체'의 목록에는 전 세계의 수많은 단체가 포함되어 있다. 이 단체들은 모두 상징을 통해 스스로를 규정하고자 하는데, 여기에 보통 사용되는 것이 깃발이다. 소말리아의 알샤바브Al-Shabaab, 가자의 알타우히드 왈지하드Al-Tawhid wal-Jihad, 그리고 체첸에서 적어도 한 개의 지하드 단체가 IS식의 검은 깃발을 채택했다. 나이지리아의 보코하람Boko Haram도 마찬가지이긴 한데, 이 깃발이 '공식적'인 상징인지는 불분명하다. 알샤바브 깃발은 전쟁의 상징으로 사용될 때는 검은색이지만, '행정적'인 목적으로 쓰일 때는 하얀색 바탕에 검은색 글자가 적힌 형태로 색이 반전된다. 이것은 분쟁 또는 평화의 시기와 장소를 분명하고 간단하게 전달하는 방법이다. 물론 지금 언급한 집단들은 스스로를 테러 집단으로 생각하지 않을지도 모른다. 쇼핑몰, 시장, 학교 등에서 폭탄을 터뜨리고 포로들을 고문하거나 죽이는 일을 계속하고 있는데도.

IS, 자바트 파테 알샴 등 여러 지하드 단체들이 비슷해 보이는 것은 그들이 서로를 흉내내려 하기 때문이 아니다. 그보다는 그들이 각각 이슬람에 대한 관할권을 주장한다는 점, 따라서 예언자의 깃발을 내걸 권리를 주장한다는 점이 비슷하다. 제1차 세계대전 중 중동을 지배하는 오스만 제국을 무너뜨리려 했던 범아랍주의 운동의 깃발은 하얀색, 검은색, 초록색, 빨간색으로 구성되었다. 모두 이슬람에서 의미를 지닌 색깔들이었다. 따라서 그 뒤로 이 깃발은 중동 지역의 많은 국기들에 영향을 미쳤다(제4장 참조). 그러나 지하드 단체들은 국민국가를 믿지 않기 때문에 아랍 반란 깃발을 빌려오는 것에 반감을 드러냈다. 중동에서 활동하는 다른 비국가 단체들도 각자 자신이 겨냥하는 청중에게 맞는 상징을 채택했다. 레바논의 헤즈볼라, 가자의 하마스와 이자딘 알카삼Izz ad-Din al-Qassam 여단, 웨스트뱅크의 파타와 알아크사Al-Aqsa 순교여단이 훌륭한 사례들이다.

헤즈볼라, 돌격의 노란색 깃발

헤즈볼라는 이란과 밀접한 관계를 맺고 있는 시아파 조직으로 레바논 남부, 베카 계곡, 레바논의 수도인 베이루트 남부에서 가장 강성하다. 1982년에 이스라엘이 레바논을 침공한 여파로 조직된 헤즈볼라는 강한 반유대주의 성향을 갖고 있어서 이스라엘 파괴와 예루살렘 점령을 추구하며, 시아파식 칼리프 국가 건설을 목표로 삼고 있다. 지금까지 수많은 폭탄 테러 사건, 특히 미국 관련 폭탄 테러 사건의 배후로 지목되고 있으며, 아르헨티나 정부는 1994년에 부에노스아이레스의 유대교 센터에서 폭탄이 터져 여든다섯 명이 목숨을 잃은 사건에도 이 단체가 연관되어 있다고 본다. 헤즈볼라는 점점 세력을 키워 지금은 다양한 신앙이 공존하는 레바논에서 군사적으로 가장 강력한 세력이 되었으며, 사실상 국가 안의 국가처럼 움직이고 있다. 헤즈볼라 민병대는 만약 레바논에서 다시 내전이 발발한다면 십중팔구 우위를 점할 것이다. 수만 대의 장거리 로켓도 갖고 있어서 이스라엘을 위협하는 능력도 점차 강해지고 있다. 헤즈볼라는 학교, 병원, 자선사업에도 관여하고 있으나, 지금은 오로지 이슬람 시아파의 이익을 증진하는 데에만 관심이 있는 분파주의 운동으로 간주된다. 헤즈볼라 세력이 2012년에 시리아에서 바샤르 알아사드$^{Bashar\ al-Assad}$ 대통령의 군대와 함께 행동하기 시작한 뒤, 중동의 많은 수니파 무슬림은 이들을 '하느님의 당'을 뜻하는 헤즈볼라가 아니라 '사탄의 당'을 뜻하는 히즈브 알샤이탄$^{Hizb\ al-shaytan}$이라고 부르게 되었다.

헤즈볼라의 깃발은 그때그때 색이 달라지지만, 가장 자주 쓰이는 것은 노란 바탕에 헤즈볼라 문양이 있는 깃발이다. 문양의 색은 보통 초록색이다. 그 지역의 민담에 따르면, 노란색은 알라와 시아파를 위해 기꺼이 싸움에 나서는 헤즈볼라의 뜻을 상징한다. 헤즈볼라 문양에는 지구본(헤즈볼라가 전 세계에서 활동한다는 뜻), 이파리가 일곱 개인 가지, 《코란》, 그리고 목적을 이루기 위해 주저 없이 무력을 사용한다는 뜻으로 AK 돌격소총을 쥔 주먹이 그려져 있다.

1985년에 헤즈볼라가 처음 결성되었을 때에는 이념적 뿌리에 사회주의가 일부 포함되어 있었다. 또한 AK는 당시 좌익 혁명세력의 친숙한 상징이었다. 예전에 이탈리아의 붉은여단이나 독일의 바더마인호프(붉은군대 도당) 같은 호전적인 집단들이 사용하던 상징과 비슷하다. 총을 쥔 주먹 아래의 팔은 아랍어문자 '알리프*'가 된다(알리프는 알라^{Allah}의 이름을 표기할 때 첫 번째 L에 해당하는 문자다). 이 알리프가 포함된 로고를 오른쪽에서 왼쪽으로 읽으면 헤즈볼라가 되는데, 주먹은 첫 번째 알리프의 꼭대기에 있다. 깃발의 맨 아래에 적힌 구절은 "레바논의 이슬람 저항 운동"이라는 뜻이다. 이 깃발은 헤즈볼라의 최대 후원자인 이란 혁명수비대의 깃발과 아주 흡사하다. 혁명수비대는 헤즈볼라 결성 6년 전인 1979년 이란혁명 이후에 만들어졌다. 헤즈볼라는 이란의 이 엘리트 군대에서 영향을 받았음이 분명하다. 지금도 혁명수비대와 헤즈볼라는 밀접한 협력관계를 유지하며 시리아에서 나란히 싸우고 있다.

베이루트에서 시아파 지역인 남쪽 근교의 중심부에 알다히야 지역이 있다. 이곳은 나라의 관리들이 갈 수 없는 땅이다. 헤즈볼라가 이곳의 경찰이자 군대이며, 종교적 권위를 행사하고, 정부의 역할까지 하고 있다. 이 동네에서 놀라운 광경 중 하나는 이란의 호메이니와 헤즈볼라의 현재 지도자 하산 나스랄라^{Hassan Nasrallah}를 격찬하는 커다란 포스터들이다. 단색 깃발들이 바다처럼 펼쳐져 있는 것도 놀랍다. 이슬람의 전통적인 색깔인 빨간색, 검은색, 초록색 깃발과 헤즈볼라의 노란색 깃발이 나란히 걸려 있다. 노란색이 살짝 황금색을 띤 깃발들도 보이는데, 황금색은 시아파 사원에서 자주 볼 수 있는 색깔이다. 하지만 그 이유로 깃발에 황금색이 쓰였다는 결정적인 증거는 없다.

깃발을 내걸고 행진하는 헤즈볼라 민병대가 무릎을 굽히지 않은 채

---

* 아랍어 자모의 첫 번째 글자. ― 옮긴이

발을 높이 들어올리는 방식으로 걸으면서 파시스트식 경례를 하는 모습을 자주 볼 수 있다. 헤즈볼라를 옹호하는 사람들은 이 단체와 파시즘 사이에 아무 관계가 없는 척하지만, 이 단체 수뇌부의 머리 좋은 이론가들은 이런 행동의 의미가 무엇이며 이것이 어떤 메시지를 전달하는지 잘 알고 있다. 헤즈볼라에 동조하는 사람들에게 이 점을 따지면, 그들 중 일부는 타이완에서도 '파시스트식 경례'를 사용한다고 지적할 것이다. 그러나 이것은 타이완에서 이 경례가 '서약을 위한 규정'에 포함되어 있다는 사실을 무시한 발언이다. 헤즈볼라 동조자들은 또한 타이완과 이스라엘 접경국에서 그 경례의 의미가 서로 다르다는 사실을 무시한다. 레바논의 대규모 그리스도교 정치세력인 팔랑헤당이 1936년에 파시스트 원칙을 기반으로 설립되어, 유럽의 파시스트 정당들이 사용하던 경례 방식을 지금도 사용하고 있다는 사실도 무시한다.

헤즈볼라의 이데올로기에 대해 혹시 헷갈리는 독자가 있을지도 모르겠다. 나스랄라는 2002년의 연설(오디오 자료가 존재한다)에서 다음과 같은 편리한 지침을 내놓았다. "유대인들이 전 세계에서 점령지 팔레스타인으로 모여들 것이다. 적그리스도와 세상의 종말을 가져오기 위해서가 아니라, 영광스럽고 고결한 알라께서 여러분을 세상의 종말로부터 구하고자 하시기 때문이다. 그들이 한자리에 모이면, 그들이 한자리에 모이면, 거기서 결정적인 마지막 전투가 벌어질 것이다." 헤즈볼라의 깃발을 보는 것은 곧 국민국가 안의 국가(레바논의 시아파)로부터 충성을 요구하며 종교 안의 종교(이슬람 시아파)에 충성하는 극단주의 혁명 조직의 메시지를 보는 것이다.

중동의 상황이 워낙 혼란스럽고 정체성 정치가 지배적인 힘을 발휘하는 듯이 보이는 가운데, 헤즈볼라는 레바논의 시아파 대중에게서 많은 지지를 확보했다. 그러나 이 단체의 전성기, 즉 이스라엘을 공격하는 아랍의 투사로 여겨지던 시절은 이제 끝난 것 같다. 시리아 전쟁의 핵심에 자리한 분파주의 이슈 때문에 헤즈볼라는 주로 수니파로 이루어진 반대 조직들에 맞서 아사드 대통령의 군대와 함께 싸웠다. 그리고 수니파가 지배적인 아랍의 중동 국가들은 이 점을 놓치지 않았다. 사실 이 국가들과 그 국민들은 수니파 조직들의 편을 들고 있다.

팔레스타인과 이스라엘 분쟁의 상징, 하마스

국경을 넘어 가자지구로 내려가면 하마스가 있다. 이스라엘에 폭력을 행사하고 싶다면 찾아가봐야 할 조직이라는 명성에 열심히 매달려 있는 하마스는 100퍼센트 수니파 무슬림 조직이라서, 아랍의 수니파 신자들 중 일부에게서 어느 정도 지지를 받고 있다. 그러나 지난 10년 동안 아랍에서 일어난 격변들로 인해, 팔레스타인과 이스라엘의 분쟁에 대한 관심이 줄어들었다. 다른 지역에서 훨씬 더 큰 규모의 파괴와 훨씬 더 많은 사망자가 발생하고 있으며, 팔레스타인의 문제를 해결한다고 해서 중동 전체의 문제가 해결되지는 않는다는 사실을 사람들이 알게 되었기 때문이다.

1987년에 결성된 하마스는 가자지구에 갇힌 팔레스타인 사람들과 마찬가지로 많은 문제를 안고 있다. 이곳의 인구는 현재 빠른 속도로 증가하며 200만 명에 근접하고 있다. 하마스의 아랍어 정식 이름은 하라

카트 알무카와마 알이슬라미야Harakat al-Muqawamah al-Islamyyah(번역하면 '이슬람 저항 운동'이라는 뜻)다. 이 이름의 머리글자를 따서 만들어진 이름이 하마스인데, 아랍어로 '하마스'는 '열성'을 뜻하기도 한다. 이념적인 면에서 하마스는 두 가지 문제에 직면해 있다. 첫째, 팔레스타인 안팎의 일부 사람들이 보기에는 이 단체의 과격성과 폭력성이 충분하지 않다는 점. 둘째, 그 밖의 사람들이 보기에는 과격성과 폭력성이 지나치다는 점. 하마스가 이스라엘과 계속 전쟁을 벌이지 않는다면 이슬람 지하드나 IS처럼 훨씬 더 극단적인 단체에 대중의 지지를 빼앗길 위험이 있다. 그러나 이스라엘과 전쟁을 계속하다가 가자가 완전히 짓밟힌다면(그 결과 도시전투 특유의 높은 사망률이 나온다면), 자신들이 이런 파괴를 초래한 책임을 뒤집어쓰는 경우가 많다는 사실을 하마스는 알고 있다. 하마스의 상징과 메시지는 이 두 가지 문제점 사이에서 힘겹게 균형을 잡으려는 노력의 핵심을 차지한다.

하마스의 공식 깃발은 초록색 바탕에 하얀 붓글씨로 샤하다를 적은 단순한 모양이다. 이미 말했듯이, 초록색은 흔히 이슬람의 색으로 간주된다. 따라서 이것을 '하마스 깃발'이라고 부르는 것은 공정하지 못하다. 모든 무슬림을 위한 깃발이라고 해도 될 만한 모양이기 때문이다. 그러나 이 깃발은 지금도 가자 시에서 열리는 하마스 대중 집회에 가장 자주 등장하는 상징이자, 가자에 남아 있는 소수의 그리스도교인을 제외한 모두를 하나로 모을 수 있는 상징이다. 이슬람 지하드처럼 가자에서 활동하는 다른 단체의 상징을 들고 나오는 사람들조차 이 깃발 아래에 모을 수 있다. 하마스는 이집트에서 생겨나 이제 국제적인 명성을 얻은 무슬림형제단의 파생 조직으로, 지금도 그들과 밀접한 관계를 맺고 있다. IS와 달리 하마스는 스스로 이슬람을 대표하는 유일한 합법단체라고 주장하지 않는다. 그래도 일부 팔레스타인 사람들은 하마스가 일반적인 무슬림 깃발을 상징으로 사용하는 것에 아직도 때로 분노를 드러낸다.

가자에서 볼 수 있는 또 다른 깃발은 하마스의 군사력을 담당한 이자딘 알카삼 여단의 것이다. 이 여단의 이름은 프랑스와 영국의 식민지 지배에 맞서 지하드를 벌인 전사이자 설교자였던 셰이크 이자딘 알카삼Sheikh Izz ad-Din al-Qassam에게서 가져온 것이다. 그는 영국과의 총격전 중 사망해 하이파에 있는 무슬림 묘지에 묻혔다. 지금은 이스라엘의 영토가 된 곳이다. 그는 세상을 떠난 상황이 상황인 만큼 팔레스타인의 영웅이 되었다. 하마스에서 그의 이름이 지니는 상징적인 가치가 워낙 크기 때문에, 이즈 아드딘 알카삼 여단은 이스라엘로 발사하는 사제 미사일에도 '카삼 로켓'이라는 이름을 붙였다. 이 여단의 깃발에는 예루살렘의 바위사원 앞에 카피예*를 쓴 남자가 그려져 있다. 남자는 한 손에는 M16 소총을, 다른 손에는 《코란》을 들고 있다. 그리고 그의 왼쪽에는 샤하다가 적힌 초록색 깃발이 있다.

하마스의 정치 부서에는 깃발이 하나 더 있다. 앞에서 말한 초록색 깃발과 나란히 휘날리는 이 깃발의 도안은 하마스의 인장으로도 자주 쓰인다. 이 깃발의 맨 꼭대기에는 이스라엘, 웨스트뱅크, 가자지구를 모

---

* 아랍 남성들이 머리에 쓰는 두건. ― 옮긴이

두 포함하는 지도가 그려져 있다. 하지만 경계선이 전혀 표시되어 있지 않아서, 이 지역을 모두 하나의 이슬람 국가로 만들겠다는 목표를 상징한다. 동쪽의 요르단 강에서부터 서쪽의 지중해까지 뻗은 지역이다. 이곳을 통일하겠다는 목표는 지금도 하마스의 강령에 남아 있다. 유럽에서 열리는 친親하마스 집회에서 가끔 영어로 들을 수 있는 구호에도 이 목표가 요약되어 있다. "강에서 바다까지 자유로운 팔레스타인." 하마스의 깃발은 이런 모임에 자주 등장한다.

지도 아래에는 바위사원이 있고, 그 위에 칼 두 자루가 교차되어 있다. 그리고 이 바위사원 양편에는 팔레스타인 깃발이 사원을 품듯이 그려져 있다. 둥근 지붕이 덮고 있는 바위는 예언자 무함마드가 날개 달린 말을 타고 메카에서 예루살렘까지 순식간에 와버린 그 유명한 밤에 승천한 자리라고 한다. 이 바위사원은 이슬람교에서 세 번째로 신성한 곳이다. 학자들은 바위사원이 모스크인지 아닌지를 놓고 의견이 엇갈린다. 무함마드가 승천한 자리가 정확히 이곳인지를 놓고도 논란이 벌어지고 있다. 그러나 신자들에게 이곳은 단순히 매우 신성한 장소일 뿐이다. 또한 신자든 아니든 모든 사람이 보기에 이곳은 알아크사에서 시각적으로 가장 아름다운 건축물이다. 바위사원은 유대교에서도 신성한 곳이다. 아브라함이 아들 이삭을 희생제물로 바치려고 준비한 바위가 바로 이곳이라고 여겨지기 때문이다. 이 바위는 또한 세계의 기초로도 알려져 있다.

하마스의 깃발에서 바위사원 오른쪽 깃발에는 "하느님 외의 신은 없다"는 말이 적혀 있고, 왼쪽 깃발에는 "무함마드는 신의 사자"라는 말이 적혀 있다. 사원 아래에 적힌 "팔레스타인"이라는 글자 아래에는 "이슬람 저항 운동"이라는 글귀가 있다. 이 하마스 깃발이 무엇을 상징하는지는 명백하다. 이 지역에 두 나라를 세우는 해법을 거부하고, 팔레스타인이 무력으로 승리를 쟁취할 것임을 암시한다. 카삼 여단은 이스라엘을 파괴하겠다고 드러내놓고 맹세하지만, 이 여단과 별개로 존재한다고 주장하는 정치부서는 이스라엘이 이 땅에 존재할 권리를 인정하는 쪽으로 강령을 수정했는지 여부에 대해 일부러 모호한 표현을 사용한다.

파타, 팔레스타인 내 또 다른 해방의 꿈

하마스는 팔레스타인의 모든 영토에서 활동하지만 본거지는 가자다. 2007년에 하마스는 이곳에서 팔레스타인해방기구PLO의 최대 조직인 파타를 무력으로 물리치고 권력을 잡았다. 파타는 현재 웨스트뱅크에서만 효과적으로 활동하고 있다. 2007년 닷새 동안의 무력분쟁에서 100명이 훌쩍 넘는 사람들이 목숨을 잃었고, 수백 명의 파타 전사들이 이스라엘로 도망쳤다. 하마스는 전투 중에 붙잡은 많은 포로들을 가자 시의 고층건물들 꼭대기에서 아래로 던져 죽여버렸다. 이 두 세력은 최근 부분적으로 화해했으나, 서로의 차이가 워낙 커서 어느 쪽도 기꺼이 권력을 나누려 하지 않는 듯하다. 하마스는 지금도 종교적인 열정에 의지해 움직이고 있기 때문에 협상에 나설 준비가 거의 되어 있지 않다. 두 세력 모두 자기 휘하 시민들을 가혹하게 대하며 고문과 사형을 흔하게 저지른다. 그러나 파타와 팔레스타인 자치정부는 다양한 이슈에서 이스라엘 정부와 협력하고 있다. 하마스로서는 생각조차 하지 않을 일이다. 이런 차이 때문에 팔레스타인은 바다에 면한 가자와 육지로 둘러싸인 웨스트뱅크로 갈라진 것에 그치지 않고, 정치와 이념 면에서도 갈라져 있다.

하마스와 달리 파타는 공식적으로 세속주의를 표방하고 있으나, 종교적인 요소를 품고 있다. 파타의 상징 또한 마찬가지다. 1950년대에 고故 야세르 아라파트Yasser Arafat가 창설한 파타의 정식 이름은 아랍어로 '하라카트 알타흐리르 알와타니 알필라스티니Harakat al-tahrir al-watani al-Filastini(팔레스타인 민족 해방 운동)'다. 이 이름을 뒤집은 뒤 머리글자를 따서 파타라는 이름이 탄생했다. '파타'는 아랍의 무슬림들이 종교적인 맥락에서 예언자 무함마드의 사후 이슬람의 빠른 팽창을 지칭하는 단어이기도 하다.

파타 깃발은 보통 노란색이지만 가끔 하얀색이 쓰이기도 한다. 팔레스타인 깃발과 같은 색(검은색, 하얀색, 빨간색, 초록색)으로 팔 두 개가 그려져 있고, 두 손이 쥔 M16 소총은 웨스트뱅크, 이스라엘, 가자의 지도를 덮고 있다. 이 지도에도 경계선은 표시되어 있지 않다. 소총 밑에는 수류탄이 하나 있고, "파타"라는 글자가 이 그림 전체를 중앙에서 가로지른다. 또한 그림 꼭대기에 빨간색으로 적힌 글자는 "알아시파Al-Asifa(폭풍)"이고, 그림 아래에 적힌 글자는 당의 이름이며, 맨 아래에 적힌 글자는 "타우라 하타 알나세르Thawrah Hatta Al-Naser(승리에 이르기까지 혁명)"다.

파타는 알아크사 순교여단이라는 준군사 조직을 거느리고 있으나, 파타가 이 여단에 얼마나 힘을 발휘하는지는 불분명하다. 순교여단의 상징은 웨스트뱅크에 걸린 노란색 깃발에서 볼 수 있는데, 예루살렘 알아크사 꼭대기에 있는 바위사원을 긴 팔레스타인 깃발 두 개가 감싼 모양이다. 사원 위에는 서로 엇갈리게 놓은 소총 두 자루, 수류탄 하나가 있고, 그 위에 《코란》의 구절이 있다. "싸우라, 알라께서 네 손으로 그들을 벌하시고, 굴욕으로 그들의 숨통을 막고, 네가 그들보다 높아지게 도우시고, 신자들의 가슴을 치유하시리라." 맨 아래의 글자는 이 단체의 이름이다.

이 깃발에 그려진 사원의 이름이 알아크사라고 믿는 사람이 많다. 하지만 팔레스타인의 가장 저명한 지식인 중 한 명인 마흐디 F. 압둘 하디 Nahdi F. Abdul Hadi 박사를 한 번 만난 뒤 나는 이 문제의 답을 분명히 알 수 있었다. 하디 박사는 동예루살렘에 본부가 있는 '국제관계 연구를 위한 팔레스타인 학회 PASSIA'의 회장인데, 그의 사무실은 옛 사진, 문서, 상징의 보물창고다. 친절하게도 내게 몇 시간이나 시간을 할애해준 그는 커다란 탁자에 예루살렘 구시가지의 지도를 펼쳐놓고 통곡의 벽 위에 있는 알아크사 일대를 가리켰다. "알아크사 깃발에 있는 사원은 바위사원입니다. 모두들 그것이 당연히 알아크사 모스크일 것이라고 생각하지만, 그게 아니라 이 일대 전체가 알아크사입니다. 그리고 그 영역 안에 두 개의 모스크가 있습니다. 키블라 모스크와 바위사원이죠. 알아크사 여단과 카삼 여단의 깃발에 모두 그려진 모스크는 바위사원이고요."

지식인이자 팔레스타인 사람으로서 하디 박사는 정치 운동에서 상징이 얼마나 중요한지 잘 알고 있다. 본인이 수십 년 동안 상징을 둘러싼 법정투쟁을 벌이고 있기도 하다. 1948년에 가자에서 팔레스타인 민족회의는 아랍 반란 깃발을 팔레스타인 정부의 깃발로 채택했다. 그러나 1964년에 PLO가 이 깃발을 자기들의 것으로 선포해버렸다. 1967년에 이스라엘은 PLO가 이스라엘을 공격한 수많은 사례들을 열거하면서 PLO 깃발을 테러리스트의 깃발로 규정하고 금지 조치를 시행했다. 하디 박사는 이 조치를 받아들이지 않았다.

"나는 많은 변호사들과 함께 법정에 나가서 이것이 PLO 깃발이 아니라 팔레스타인 깃발임을 증언했습니다. 그래도 금지 조치는 거둬지지 않았어요. 1993년 오슬로 협정*이 이루어진 뒤에야 이 깃발이 용인되었습니다. 이제는 이 깃발이 팔레스타인 사람들의 의식 속에 깊이 뿌리를 내리고 있어서 시위 때 다른 단체들의 깃발 없이 이 깃발만 들자고 말하는 사람들이 있을 정도입니다. 하지만 파타는 자기들의 노란색 깃발도 반드시 들어야겠다고 고집을 피웁니다. 아마 지지자가 워낙 많이 떨어져나가고 있어서 그런 것 같습니다." 그는 파타 깃발에 "뿌리가 없습니다"라고 말한다. "그들에게는 역사가 없습니다. 그냥 하나의 파당일 뿐이에요. 따라서 다른 파당들 사이에서 정체성을 확립할 필요가 있습니다. 자기들 말로는, 자기들이 곧 정부니까 자기들만의 깃발을 내걸 수 있다고 하지만 모두가 이 말을 반기는 건 아닙니다. 팔레스타인 깃발은

---

* 미국 빌 클린턴Bill Clinton 정부의 중재하에 이스라엘과 PLO가 오랜 협상을 거쳐 1993년 노르웨이 오슬로에서 평화협정을 체결했다. 이 협정은 이스라엘이 1967년부터 점령해온 요르단 강 서안을 팔레스타인에 되돌려주고, 이스라엘과 팔레스타인이 공존한다는 '두 국가 해법'을 규정해 중동 평화과정의 새로운 계기를 마련했다는 평가를 받는다. 이 협정으로 요르단 강 서안지구와 가자지구를 영토로 하는 팔레스타인 자치정부PA가 구성됐으며 현재 유엔에는 참관국으로만 가입돼 있으나 국제사회에서 독립국가로 인정받고 있다. 오슬로 협정에 서명한 이스라엘의 이츠하크 라빈Yitzhak Rabin 총리와 PLO 지도자 야세르 아라파트는 1994년 노벨평화상을 공동 수상했다.

팔레스타인의 상징이니까요."

알아크사 여단 깃발은 종교적인 의미를 지니고 있기 때문에, 여단이 파타와 어느 정도 거리를 둘 수 있게 해준다. 만약 파타에 대한 지지가 완전히 곤두박질치더라도, 알아크사 여단 혼자서 계속 활동할 수 있을 것이다. 이 지역에 지금도 사납게 불고 있는 변화의 바람을 받아 나부끼는 천 조각들이 이 모든 메시지를 은근하게 전달해준다. 이보다 더 많은 메시지를 덜 은근하게 전달할 때도 있다.

상징과 의미를 둘러싼 정치 싸움

세세한 부분들이 중요하다. 모든 문화에는 깊은 의미를 아는 사람들에게 통하는 상징이 있다. 이런 상징은 우리가 한 지역을 진심으로 이해하는 첫 발을 뗄 수 있게 해준다. 그 지역에서만 통하는 유머를 이해하는 것도 비슷한 역할을 한다. 영국에서 청바지를 입은 남자의 뒷주머니에 둘둘 만《선*The Sun*》지가 꽂혀 있다면, 사람들은 그가 노동계급이라고 짐작할 것이다. 이 짐작이 맞을 수도 있고 틀릴 수도 있지만 하여튼 그렇다. 중동의 이슬람 문화에서는 남자가 수염을 길렀는지 기르지 않았는지에 따라 몇 가지 짐작할 수 있는 것이 있다. 예를 들어, 수염을 깨끗이 민 사람이라면 딱히 종교에 열성적이지 않다고 볼 수 있을 것이다. 이집트에서 수염을 풍성하게 길러 세심하게 다듬은 사람은 온건한 무슬림이라고 볼 수 있다. 수염을 다듬지 않고 길게 기른 사람은 신앙에 대해 보수적인 사람일 수 있고, 콧수염을 밀어버리고 턱수염만 기른 사람은 틀림없이 근본주의에 기울어져 있다고 보면 된다. 콧수염 없이 긴 턱수염을 멋대로 길러 오렌지색으로 물들인 사람을 만나면, 십중팔구 초^超보수주의 잭폿을 터뜨렸다고 할 수 있다.

이처럼 사람들이 외모를 달리하는 것은 거기에 담긴 정보를 남들이 이해해주기를 바라기 때문이다. 팔레스타인 사람들이 여러 깃발에 담긴 깊은 메시지를 파악하는 것도 비슷한 맥락이다. 예를 들어 파타 깃발은 팔레스타인 자치정부의 정치적 입장과 살짝 어긋나 있다. 파타가 팔레스타인 자치정부를 주도하는데도 그렇다. 그들의 깃발은 목적 달성을 위한 폭력의 사용을 암시하고, 경계선이 표시되지 않은 지도는 그들이 달성하려는 목적이 무엇인지 보여준다. 그러나 공식적인 방침은 이 지역에 두 국가가 공존하는 해법을 평화롭게 협상하자는 것이다. 파타가 상징에서 총과 수류탄을 제거할 수는 있을 것이다. 하지만 그렇게 했다가는, 팔레스타인 내에서 무장투쟁을 신봉하는 조직들과 소원해질 것이다. 그렇게 되면 그 조직들 중 다수가 파타와 결별하고 더 호전적인 단체들과 힘을 합칠 가능성이 있다.

하마스, 파타, 알아크사, 카삼의 메시지는 그 지역을 위한 것이다. 헤즈볼라의 메시지도 정도가 조금 덜할 뿐 마찬가지다. 그러나 다시 IS로 관심을 돌려보면, 범아랍 이슬람주의 메시지뿐만 아니라 '움마^{umma}'라고 불리는 전 세계 이슬람공동체에 보내는 범무슬림 시그널도 볼 수 있다. 오스만 제국이 해체된 지 거의 100년이 흐른 지금, IS는 칼리프가 다스리는 나라를 현실로 만들려고 한다. 일시적으로나마 실제로 그런 나라를 만드는 데 성공했다는 사실 때문에 IS는 지하드를 원하는 사람들이 반드시 찾아가야 하는 조직이 되어 전 세계의 전사들을 끌어들이고 있다. 알카에다가 이론으로만 갖고 있던 목표를 실제로 달성하기는 했으나, 알카에다의 전철을 따라 점점 세가 줄어들다 보면 'IS의 아들'이 그 자리를 대신하게 될 것이다. 애당초 알카에다가 IS를 낳은 것과 같다. 따라서 상징과 그 의미를 둘러싼 싸움은 앞으로도 계속될 것이다.

2007년에 IS는 자신의 깃발에 대한 발표를 기도문으로 마무리했다. "하느님께 찬양을. 하느님께 간청합니다. 이 깃발을 모든 무슬림의 유일한 깃발로 만들어주시기를." 이론적으로는 이 깃발이 모든 무슬림의 깃발이 될 수 있을 것이다. 그러나 다행히도 이 깃발이 IS를 지지하는 의미로 쓰일 때는 그 깃발 아래 모여드는 사람이 상대적으로 몇 명 되지 않는다.

제6장

에덴의 동쪽

중앙아시아와 동아시아 국기에 담긴
역사적 전환점

베이징 톈안먼 광장에서 매일 열리는 국기 게양식. 2008년 5월. 중국 국기는 공산주의 혁명을 위해 만들어졌으나, 그 상징성은 이 나라의 역사에 깊은 뿌리를 두고 있다. 현재 이 국기는 공산주의가 후기에 이르러 점점 바깥을 바라보며 더 강해지는 중국을 상징한다.

너는 긴 여행을
성공적으로 마칠 것이다.
너의 깃발에
번영의 바람이 불어오리라

⚑ 헨닝 해슬런드Henning Haslund(덴마크의 여행작가이자 인류학자),
  《몽골의 사람과 신Men and Gods in Mongolia》중에서

에덴의 동쪽은 이슬람의 초승달이 차츰 희미해지고, 중국의 별이 떠오르는 지점이다. 거기서 계속 나아가다 마지막에 닿는 곳은 솟아오르는, 그리고 결코 지지 않는 일본의 태양이다.

대부분의《성경》분석가들은 에덴의 위치를 이라크의 우르 지역으로 본다. 티그리스강과 유프라테스강을 포함한 네 개의 강이 에덴과 함께 언급된〈창세기〉2장 10~14절을 부분적으로 참고한 주장이다.《성경》을 문자 그대로 받아들이는 사람이 아닌 한, 이 구절의 내용은 스코틀랜드의 앵거스 왕이 9세기에 하늘에서 성 앤드루의 십자가를 봤다는 이야기와 비슷하다. 다시 말해서, 진실성을 따지는 것이 별로 의미 없는 일이라는 뜻이다. 인식이 현실보다 더 중요하다. 때로는 인식이 곧 현실이 되기도 한다.

《성경》구절의 진실성 여부보다 더 중요한 것은 이 우르 지역이 아브라함에게서 유래한 세 개의 대형 일신교가 발생한 곳으로 여겨진다는 점이다. 하느님은 칼데아의 우르에 사는 아브람과 조용히 이야기를 나누면서, 조금 방랑을 하다 보면 그에게 좋은 일이 생길 것이라고 조언한다. 아브람은 빙글빙글 길을 돌아 현재의 이스라엘과 팔레스타인 지역에 이른다. 그는 이제 하느님이 주신 새 이름 아브라함으로 불리고 있다. 하느님은 그에게 "열국의 아비"가 될 것이라고 말했다. 그런데 보라, 아브라함을 이브라힘이라고 부르는 한 종족이 이슬람을 창시한다. 그리고 우리가 이미 보았듯이, 동서로 급속히 뻗어나갔다.

유럽의 깃발에 그려진 십자가들과 조우하기 시작하면서, 우리는 이슬람이 서쪽으로 어디까지 뻗어나갔는지 어렴풋이 인식한다. 초승달을 비롯한 이슬람의 상징들을 국가의 기장에 포함시킨 나라들을 동쪽으로 좇다 보면, 아제르바이잔을 지나 이름이 '스탄'으로 끝나는 중앙아시아 국가들과 말레이시아까지 이르게 된다. 여기서부터는 이슬람의 상징이 점점 사라지기 시작하지만, 브루나이 같은 먼 나라의 국기와 일부 국가의 지역 깃발에서 여전히 그 상징들을 볼 수 있다. 동쪽으로 나아가며 마주치는 다양한 깃발들은 사상, 사람, 종교가 이 거대한 대륙을 어떻게 가로질렀는지 보여준다. 한 나라의 정체성이 크게 바뀐 시점을 보여주는 국기들도 많다. 공산주의나 제국주의의 영향을 보여주는 깃발들이 그렇다. 그러나 이 현대국가의 깃발들은 고대에 뿌리를 두고 있음을 보여주듯, 풍요롭고 폭넓은 문화와 역사에 대한 단서 또한 품고 있다.

소련 붕괴로 생겨난 신생국들

중앙아시아의 다섯 개 '스탄' 국가들은 모두 인구 중 대다수가 무슬림인데도, 국기에 초승달이 들어간 나라는 두 곳뿐이다. 이 다섯 나라의 인구 중에 무슬림이 아닌 러시아계 주민들이 상당히 포함되어 있기는 하다. 이 다섯 나라는 모두 문화적으로 오랜 역사를 자랑하지만, 1991년에 소련이 붕괴되면서 생겨난 신생국가들이다. 그들은 수십 년 동안 소련의 일부였기 때문에, 독립한 뒤 급속도로 나라를 건설해야 했다. 소련의 강대한 억압이 사라지자, 엘리트들은 재빨리 새로운 억압의 체제를 세웠다. 다른 곳들과 마찬가지로 이곳의 문화에서도 소비에트 인간이 불사의 존재라는 신화는 싹 사라져버렸다. 이 지역 사람들이 오랜 악몽에서 깨어나 과거의 삶을 이어갔지만, 소련 시절에 새로 유입된 인구가 이 신생국가들 내부에서 지역적인 긴장의 원인이 될 가능성이 있었다. 가장 눈에 띄는 사례가 바로 페르가나 계곡이다. 소련이 멋대로 그어놓은 타지키스탄, 우즈베키스탄, 키르기스스탄의 국경선이 이곳에서 만나기 때문에, 자칫 유독한 혼합물이 만들어질 수 있다. 여기서 터키계 주민들과 우즈베크족, 타지크족, 키르기스족이 우연히 마주치곤 하는데, 물과 땅을 놓고 종족 간의 분쟁이 종종 발생한다.

투르크메니스탄의 국기에는 확실히 상징이 가득 들어 있어서 거의 예술작품 같다. 이 나라의 독립을 확인해주는 이 국기는 이 나라가 소련 시절에 빚진 것이 전혀 없다는 뜻을 품고 있다. 국기의 바탕색은 초록색이고, 거기에 하얀 초승달 한 개와 하얀 별 다섯 개가 왼쪽 위를 향해 그려져 있다. 그리고 왼쪽에는 무늬가 있는 빨간색 띠가 있다.

초록색과 초승달은 8세기부터 이 지역을 장악한 종교 이슬람의 분명한 상징이다. 그러나 초승달과 별의 하얀색은 차분함을 의미하기도 한다. 다섯 개의 별은 투르크메니스탄의 주요 다섯 개 지역인 아할, 발칸, 다쇼구즈, 레바프, 마리를 상징한다. 또한 전설에 따르면, 별의 꼭짓점들은 물질의 다섯 가지 상태, 즉 고체, 액체, 기체, 결정체, 플라스마를 상징한다고 한다. 이것만으로는 아직 멋짐이 부족하다 싶었는지, 왼쪽의 빨간색 수직 띠에도 다섯이라는 숫자가 등장한다. 투르크메니스탄의 전통 카펫 제작에 사용되는 좌우대칭의 둥근 문양 다섯 개. 이 문양만으로도 유목민 조상을 둔 국민들의 공감을 얻을 수 있다. 카펫 제작은 지금도 계속 이어지고 있지만, 이제는 인구 대부분이 정주생활을 한다. 일자리를 찾아 해외로 나간 많은 사람들을 제외한다면.

이 나라에는 가스 산업이 잘 발달되어 있지만, 파이프라인이 북쪽으로 뻗어 있다. 정부가 러시아의 비위를 열심히 맞춰야 한다는 뜻이다. 그러나 지리적 위치와 인구구성 때문에 이란, 터키와도 좋은 관계를 유지하고 있다. 국기의 빨간 띠 맨 아래를 보면 올리브 가지가 있다. 1995년에 이 나라가 발표한 중립 정책을 반영한 문양이다. 이 나라는 이 정책을 법에도 포함시켜 다음과 같이 선언했다. "투르크메니스탄의 국기는 나라의 화합과 독립, 그리고 중립성을 상징한다."

유엔은 이 '영세중립국' 선언을 인정했다. 이 나라의 국민들이 매우 자랑스럽게 여기는 부분이다. 그러나 정부가 내놓은 중립의 정의 중에 외부인들에게 나라의 문을 부분적으로 닫아버리는 동시에 국민들의 활동을 감시하는 내용이 포함된 것 같아서, 이 나라가 정말로 중립적인지 확인하기가 항상 쉽지만은 않다. 물론 이런 측면은 이 나라 국가에 포함되어 있지 않다. 국가의 가사는 중립성을 강조할 뿐이다. "내 나라는 신성하고, 내 국기는 세계에서 휘날린다." 그리고 기억에 남을 만한 가사로 국기가 끝난다. "투르크메니스탄이여 오래도록 번영하라!" 한 나라의 국가에서 〈스타트렉〉의 대사를 자기도 모르게 차용한 사례*는 아마도 이것이 유일한 듯 싶다.

우즈베키스탄, 소련으로부터 최초 독립한 나라

북동쪽으로 국경을 넘어가면 육지에 둘러싸인 나라 우즈베키스탄이 있다. 이 나라의 국기는 시적인 상징성이라는 측면에서 투르크메니스탄에 못지않다. 우즈베키스탄은 인구가 3,000만 명으로 중앙아시아의 '스탄' 국가들 중 가장 많다. 소련 붕괴 후 최초로 독립을 선언한 나라이기도 하다. 이 나라는 1991년 8월 31일에 건국을 선언하고, 두 달 반 뒤에 새로운 국기를 채택했다.

언뜻 보기에 이 국기는 파란색, 하얀색, 초록색이 수평으로 배열된 단순한 삼색기 같다. 왼쪽 귀퉁이에는 하얀 초승달과 하얀 별 열두 개가 있다. 파란색은 우즈벡족이 이웃 민족들과 마찬가지로 터키계라서 국기에 들어갔다. 파란색이 그들의 전통적인 색깔이라는 뜻이다. 파란색은 또한 14세기 터키와 몽골을 지배한 전사 티무르Timur**의 깃발 색이기도 하다. 티무르는 우즈베키스탄의 제2 도시인 사마르칸트 근처에서 태어났다. 당시 이 지역은 트란스옥시아나라고 불렸으며, 현재의 우즈베키스탄 영토와 대략 일치했다. 유목민으로 구성된 티무르의 군대

---

* 영화와 TV 시리즈로 유명한 〈스타트렉〉에서 외계 행성 벌컨의 인사말이 "Live long and prosper", 즉 '오래도록 번영하라'다. — 옮긴이

** 튀르크—몽골계 유목민 전사로, 몽골의 뒤를 이어 유라시아의 거대한 영토를 장악하고 티무르 제국(1370~1857)을 건국했다.

는 인도에서부터 러시아까지 모든 땅을 지배했으며, 거기서 얻은 엄청난 부를 사마르칸트로 보냈다. 현재 사마르칸트에는 이슬람 예술의 보석 중 하나인 티무르의 웅장한 무덤이 있다.

파란색 아래에는 하얀색이, 그 아래에는 초록색이 있다. 하얀색은 평화를 상징하고 초록색은 자연을 상징한다. 초록색은 또한 인구의 대다수가 무슬림이라는 사실을 인정하는 색이기도 하다. 이곳에서는 수니파가 지배적인 주류인데, 이들은 신앙을 파괴하려는 소련의 잔혹한 시도를 이겨냈다. 그러나 이웃국가들과 마찬가지로 우즈베키스탄도 이슬람 극단주의자들 때문에 골머리를 앓고 있다. 이 극단주의자들 중에는 외국으로 나가 알카에다나 IS 같은 집단에 합류하는 사람도 있다. 우즈베키스탄의 국기에 아름다움을 더해주는 부분은 두 개의 얇은 빨간색 줄이다. 하얀색 띠의 위아래에 자리한 이 빨간색 선은 "모든 살아 있는 신체 속에 흐르는 생기를 상징"한다. 또한 평화로운 하얀색을 매개로 파란 하늘과 초록색 대지를 연결해주는 역할도 한다.

우즈베키스탄 정부에 따르면, 국기에 그려진 달을 이슬람과 연계해서 볼 수 있다. 그러나 이런 맥락에서 이 달은 공식적으로 신월新月, 즉 '독립국의 탄생의 상징'이다. 마지막으로 열두 개의 별은 우즈벡족이 전통적으로 사용하던 태양력의 열두 달을 상징한다. 각 달의 이름은 열두 개 별자리의 이름을 따서 지어졌는데, 이것은 우즈벡족이 고대부터 천문학 지식의 개척자였다는 주장과 관련되어 있다. 다른 공식적인 설명, 즉 열두 개의 달이 국가 경영의 기초가 되는 열두 개 원칙을 상징한다는 설명보다 훨씬 더 낭만적인 개념이다.

IS가 스탄 국가들에 미치는 영향력

다른 '스탄' 국가들, 즉 카자흐스탄, 타지키스탄, 키르기스스탄의 국기는 모두 앞의 두 국기에 나타난 시적인 분위기를 다양한 방식으로 되풀이한다. 예를 들어, 카자흐스탄의 국기에서는 태양 아래에 대초원의 독수리가 날고 있다. 카자흐 사람들에게 이 문양은 자유를 뜻한다. 키르기스스탄의 국기는 잘 모르는 사람이 보기에, 빨간 바탕('키르기스'가 빨간색을 뜻한다) 위의 태양을 테니스공이 가린 것 같은 모양이다. 이 국기를 더 자세히 살펴보고, 키르기스스탄의 정보 센터에 전화도 걸어 이것저것 물어보면, 빨간 바탕 위의 문양이 사실 40개의 햇살을 내뿜는 태양임을 알 수 있다. 40은 키르기스 부족의 숫자다. 태양에 그어진 선들의 모양은 키르기스의 전통적인 유르트* 뼈대 모양과 같다. 최근 서구의 호화 캠핑장에서 유르트는 고급 텐트로 활용되고 있으나, 키르기스 사람들에게는 집, 가족, 인생, 시공의 조화를 상징한다. 또한 다양한 이웃이 공존하는 땅에서 같은 민족에 속하는 수많은 부족들을 연상시키는 상징이기도 하다.

이런 감상과 상징성은 변화의 시기에 나라를 하나로 모을 수 있는 깊숙한 문화적 흐름과 닿아 있다. 아니면 정치가가 이를 이용해서 권력을 확립할 수도 있다. 이런 상징들에 비하면, 이 '스탄' 국가들의 정치적 기상도는 그리 매력적이지 않다. 이 지역에는 민주주의의 전통이 없기 때문에 시민사회의 힘이 약하다. 다당제 실험은 순식간에 엘리트의 권

---

* 유목민들의 원형 텐트. — 옮긴이

력강화라는 결과를 낳았다. 평생 공산주의자 행세를 한 구소련의 기관원들이 간단히 민족주의로 전향한 사례도 많다. 이슬람 극단주의의 문제도 점점 심각해지는 중이다. IS 같은 단체들이 이 지역에서 신입대원을 모집하고 있기 때문이다. 2016년 6월 이스탄불 공항 폭탄 테러는 정신이 번쩍 들게 하는 사건이었다. 범인들 중 두 명이 각각 우즈베키스탄과 키르기스스탄 출신으로 알려졌다. 2017년 첫 날에는 이스탄불의 나이트클럽에서 적어도 39명이 목숨을 잃는 사건이 발생했다. 경찰은 사람들에게 총격을 가한 범인이 키르기스스탄 출신이라고 말했다. 터키 정부는 터키가 시리아에서 IS와 대적한다는 이유로 IS가 이런 사건에 영향을 미쳤다고 비난했다. 북쪽의 러시아도 이슬람 과격파가 '스탄' 국가들에 미치는 영향이 점점 커지는 것을 걱정하고 있다. 전사들이 아프가니스탄 등지에서 훈련을 받으며 경험하는 일들이 궁극적으로 러시아에 대한 공격으로 돌아올 가능성이 있다는 것을 알기 때문이다. 두 나라 모두 IS 전사들이 이라크와 시리아에서 패배해 흩어지면서 그들 중 수백 명이 중앙아시아의 '스탄' 나라들로 돌아갈 길을 모색하고 있다는 사실을 안다. 이 전사들 중 일부는 폭동을 위한 비옥한 온상으로 변해가고 있는 땅에서 자기들의 '지하드'를 계속 이어갈 생각이다.

끝날 줄 모르는 아프가니스탄의 국기 수정 작업

이란과 마찬가지로(제4장 참조) 아프가니스탄도 아랍에 속하지 않지만 이슬람의 진군이 반영된 상징을 사용하는 나라다. 20세기에 국기를 가장 많이 수정한 나라로 여겨지고 있기도 하다. 이 나라의 국기 수정 작업은 아직도 끝나지 않았다. 지금의 국기는 탈레반*을 몰아낸 뒤 2002년에 만들어진 것이다(2004년에 소폭 수정되었다). 검은색, 빨간색, 초록색이 수직으로 배열되어 있고, 한가운데에 아프가니스탄의 국가 기장이 있다. 검은색은 과거를 상징한다고 한다. 예전에 사용하던 여러 국기의 색깔이 검은색이었기 때문이다. 빨간색은 점령군의 손에서 자유를 되찾기 위해 흘린 피를 상징하고, 초록색은 이슬람뿐만 아니라 미래의 희망도 상징한다. 한가운데의 하얀 기장에 그려진 모스크는 이 나라의 종교를 상징한다. 모스크 위에는 샤하다가 적혀 있고, 그 아래에는 "알라후 아크바르"가 적혀 있다. 깃발에 박혀 있는 1298년은 이슬람 달력으로 1919년에 해당한다. 아프가니스탄이 영국으로부터 독립한 해다. 모스크 아래에 적혀 있는 글자는 "아프가니스탄"이다. 모스크를 에워싼 밀 이삭은 이 나라의 주요 작물 중 하나가 밀임을 가리킨다. 양귀비도 이 나라의 주요 작물이긴 한데, 그것을 국기에 그렸다면 아마 오해를 받았을 것이다. 통합의 깃발로서 이 국기는 제한적인 성공을 거뒀다. 나라의 분열은 여전하고, 특히 남부에서는 상당수의 주민들이 국기에 이렇다 할 애착을 보이지 않는다. 수많은 도시와 마을에서 휘날리는 탈레반의 하얀 깃발을 두려워하는 사람들조차 그렇다.

2012년에 나는 헬만드 주의 상인 마을에서 영국군, 아프간군과 함께 몇 주를 보냈다. 한 번은 아프가니스탄 부대가 순찰 중에, 탈레반 깃

---

* 이슬람교 율법을 공부하는 이들로 구성된 이슬람 원리주의 무장 세력. 1994년 아프가니스탄 북부와 파키스탄 서부에서 출발해, 이슬람 이상 국가 건설을 위한 무장 투쟁을 벌여왔다. 2021년 미군이 철수하면서 다시 집권 세력이 됐다.

발이 걸려 있는 어느 지역으로 가서 그 깃발을 끌어내리겠다고 고집을 피웠다. 몇 시간 동안 상당한 위험을 무릅써야 하는 일이었다. 그래도 그들은 다른 세력의 상징을 그냥 묵인할 수 없었다. 그때 나는 병사들 중 북부 출신이 많고, 그들이 쓰는 언어가 헬만드의 언어와 다르다는 사실을 알게 되었다. 조짐이 좋지 않았다. 영국군(과 미군)이 떠난 뒤 아프간 군대는 고투 중이고 주민들은 수백 킬로미터나 떨어진 카불의 정부를 별로 믿지 않는다. 아프가니스탄 국기는 어떤 의미에서 수도인 카불의 깃발인 셈이다. 그러니 처음에는 탈레반 깃발이, 그리고 지금은 IS 깃발이 불길한 바람에 펄럭이고 있는 것도 무리가 아니다. 아프가니스탄 깃발에 대해 마지막으로 남은 사실 하나는 주목할 가치가 있다. 아프가니스탄 정부는 1974년에 제정한 국기법에 "아프가니스탄이 발사할지도 모르는 모든 우주선에 국기를 사용"하는 조항을 만들어놓았다. 이 나라에는 이런 낙관적인 정신이 필요하다.

파키스탄의 별과 초승달

아프가니스탄에서 남쪽으로 내려가면, 동양에서 이슬람의 상징인 초승달을 사용하는 두 번째 사례가 나온다. 파키스탄 국기다. 초록색 바탕 중앙에 커다란 하얀색 별과 초승달이 그려져 있고, 깃대 쪽에는 흰색 띠가 세로로 있다. 1906년에 처음 만들어졌을 때 이 깃발은 인도무슬림연맹*의 깃발이었다. 인도무슬림연맹은 그때 이미 인도의 무슬림들이 별도의

    ★ 인도 독립 이전에 이슬람교도의 이익을 지키기 위해 만들어진 정당. ― 옮긴이

국가를 만들어야 한다고 주장하고 있었다. 당시에는 없던 하얀 띠가 깃발에 추가된 것은 1947년 파키스탄이 독립했을 때였다. 이 하얀색은 이 나라 인구 중 무슬림이 아닌 소수집단들을 상징한다. 인구 중 약 5퍼센트를 차지하는 시크교도, 힌두교도, 그리스도교도에게 이 하얀 띠는 딱 그들이 듣고 싶어 하는 메시지를 전달해준다. 그러나 거리에서는 이들뿐만 아니라 시아파 무슬림까지 포함된 모든 소수집단 사람들이 이번 세기 들어 근본주의가 점점 강해지는 분위기 때문에 고생하고 있다. 별과 초승달이 그려진 초록색은 당연히 이슬람의 상징으로 여겨지지만, 공식적인 설명에 따르면 초승달은 진보를 의미하고 별은 빛과 지식을 의미한다. 국가의 3절 가사에도 이 둘이 등장한다. "이 초승달과 별의 깃발이/ 진보와 완성의 길을 이끈다."

파키스탄 정부는 관저에 있을 때 반드시 국기를 걸어야 하는 주요 인사들의 명단을 작성해놓았는데, 이것이 이 나라의 성공을 바라는 사람(이나 테러리스트)들에게 손쉬운 안내서 역할을 한다. 승용차에 국기를 매달 자격이 있는 사람들의 명단도 있는데, 이들은 자신이 차 안에 직접 앉아 있을 때에만 국기를 걸 수 있다. 그런데 인도와의 크리켓 경기에서 승리한 날이면, 인구 중 대부분이 이 명단에 속하는 것 같다. 그런 날은 국기로 장식한 자동차들이 도시의 거리로 달려나와 빽빽하게 늘어서서 경적을 울려댄다.

인도 국기에 그려진 바큇살

인더스 계곡을 지나면 깃발에 초록색을 사용하는 또 다른 나라가 나온다. 바로 인도다. 여기에 많은 이야기가 있다.

인도 국기는 '티랑가^Tiranga'라고 불린다. 삼색기라는 뜻이다. 세 가지 색이 수평으로 배열되어 있는데, 맨 위에 노란색, 중간에 하얀색, 아래에 초록색 순서다. 국기 한복판에는 스물네 개의 살이 있는 파란색 바퀴가 있다. 차크라라고 불리는 이 바퀴는 기원전 3세기 아쇼카^Ashoka 황제가 다스리던 사르나트의 사자상 원주두圓柱頭 받침에 새겨진 바퀴와 똑같은 모양이다. 이 사자상 원주두는 나중에 인도의 국가 기장이 되었다.

지금의 국기가 채택된 것은 독립 직전인 1947년 7월 22일이다. 그러나 그 전에 이미 마하트마 간디^Mahatma Gandhi는 국기에 상징을 제대로 표현하는 것이 얼마나 중요한지 일깨워주었다. 그는 이렇게 말했다.

국기는 모든 나라에 꼭 필요하다. 국기를 위해 목숨을 바친 사람이 수도 없이 많다. 국기는 틀림없이 일종의 우상숭배 대상이므로, 국기를 파괴하는 것은 죄악이 될 것이다. 국기가 '이상'을 상징하기 때문이다. 유니언 잭이 펼쳐질 때 영국 사람들의 가슴에는 측량하기 힘든 감정이 생겨난다. 성조기는 미국인들에게 온 세상이나 마찬가지다. 별과 초승달이 그려진 깃발은 이슬람 세계에서 최고의 용맹함을 이끌어낼 것이다. 무슬림, 그리스도교인, 유대인, 파르시교도 등 인도를 고향으로 삼은 우리 인도인들에게도 삶과 죽음을 바칠 수 있는 공통의 깃발이 필요할 것이다.

간디는 1921년에 국기의 기본 도안을 들고 나왔다. 당시 인도 사람들은 인도의 국기가 어떤 모양이어야 하는지를 놓고 이미 수십 년 동안 논란을 벌이는 중이었다. 어느 날 인도의회위원회의 회의에서 한 청년 이 빨간색과 초록색 띠만으로 구성된 국기 도안을 간디에게 보여주었 다. 두 개의 띠는 인도의 주요 세력인 힌두교도와 무슬림을 상징했다.

간디는 이 도안이 마음에 들었으나, 인도 내의 다른 수많은 집단을 상징하는 하얀 띠를 넣자고 제안했다. 그는 또한 이 하얀 띠에 물레 도 안도 추가했다. 인도 아대륙에 사는 사람이라면 누구나 보자마자 의미 를 이해할 수 있는 이 상징이 인도의 독립에 도움이 될 것이라는 생각 때문이었다. 1927년에 간디는 "물레는 인도 땅에서 모두가 전환기를 위 해 반드시 돌려야 하며, 대다수는 전환기뿐만 아니라 다른 때에도 항상 이 물레를 돌려야 한다"고 주장했다. 물레를 사용하면 인도만의 물건들 을 만들어낼 수 있고, 그것이 인도 경제에 도움이 될 것이라는 믿음과 연결된 말이었다. 그는 이렇게 물레를 사용하면 (대개 인도산 면화로) 영 국에서 만들어진 천을 사용하는 일이 줄어들어 독립의 길이 편안해질 것이라고 믿었다. 1931년에는 맨 위의 빨간색 띠가 노란색으로 바뀌었 다. 그리고 이 깃발의 색깔들은 각각의 집단을 가리키는 것이 아니라 용 기와 희생, 평화와 진리, 믿음과 기사도를 상징한다는 메시지가 사람들 에게 전달되었다. 간디가 추가한 물레 도안은 그대로 유지되었다.

그러나 새로 독립한 나라의 국기를 정할 때가 되었을 때에는 색깔 만 그대로 유지되고 물레 도안이 사라졌다. 그 자리에는 법륜 도안이 대 신 들어섰다. 이 둥근 바퀴는 윤회라는 우주의 질서를 떠받치는 영원한 우주의 법을 상징한다. 힌두교, 불교, 자이나교, 시크교는 모두 이 '법'이라는 개념을 인정하기 때문에, 대다수의 국민들이 법륜을 알고 있다. 그러나 모든 인도 국민이 법륜의 바큇살이 각각 무슨 의미인지까지 자세히 아는 것은 아니다. 예를 들어, 불교의 해석에서 법륜의 어느 바큇살은 스파르샤, 즉 촉^觸(교제하거나, 키스하거나, 한데 얽혀 있는 연인들)을 상징하고, 또 어느 바큇살은 브하바, 즉 성교 중인 커플을 상징한다는 사실을 모두가 알지는 못한다.

평범한 해석으로는, 바퀴가 모두에게 앞으로 나아가는 움직임, 즉 전진을 상징한다는 것이 있다. 간디는 자신의 물레 도안이 사라진 것에 대해 그리 좋은 반응을 보이지는 않았다고 한다. 그러나 한동안 명상을 한 뒤 새로운 도안을 받아들였다. 게다가 예전 수십 년 동안 제안되었던 여러 상징 중 일부에 비해서는 법륜이 더 안전한 상징이라는 점도 있었다. 예전에 제안된 상징 중 예를 들어 힌두교의 신 가네샤는 코끼리의 머리를 갖고 있는 만큼, 만약 국기에 채택되었다면 이례적으로 보였을 것이다.

현재 인도 국기의 색깔들은 공식적으로는 종교와 관련되어 있지 않다. 그러나 초록색이 이슬람을 상징하고, 노란색이 힌두교와 불교와 자이나교에서 의미 있는 색이라는 사실을 모르는 사람은 없다. 노란색은 물질세계를 포기하고 초월한다는 뜻을 전달한다고 여겨지므로, 많은 스님들, 포부가 큰 구루들, 도시 중심가에서 탬버린을 흔들고 '하레 크리슈나*'를 외치며 춤을 추는 사람들도 이 색을 즐겨 사용한다. 한편 국

---

* 힌두교의 주요 신 가운데 하나인 크리슈나를 기념하는 만트라(주문).

기에 대한 비공식적인 해석에 따르면, 국기 중앙의 하얀색 띠가 노란색과 초록색을 평화로이 이어준다고 한다.

법에 따라 국기는 인도에서 손으로 짜는 천인 카디Khadi로만 만들 수 있다. 간디가 널리 알린 천이다. 국기를 파괴하거나 모욕하면 최대 징역 3년형을 받을 수 있다. 인도는 영국의 공무원 조직을 보며 관료적인 학습을 했으므로, 세 개의 규정을 적용할 수 있는 곳에 하나만 골라서 쓰는 경우는 거의 없다. 1947년부터 2002년까지 제정된 수십 개의 국기 관련 법 중에, 관공서와 관용차량에만 국기를 달 수 있다는 법이 있었다. 인도 공무원들은 테니슨Alfred Tennyson**의 다음과 같은 시에서 영감을 얻은 것 같다. "이유를 묻는 것은 그들의 일이 아니야/ 3중으로 규정을 만드는 것이 그들의 일이지."

2001년 어느 날 나빈 진달Naveen Jindal이라는 사업가가 미국에서 공부하던 시절 그곳에 만연한 성가신 자유주의 사상에 노출된 나머지 자신의 사무실 건물에 국기를 걸기로 결정했다. 출동한 경찰은 국기를 내려 몰수한 뒤, 그에게 기소하겠다고 협박했다. 진달은 그들보다 선수를 쳐서 델리의 법원에 공익소송을 냈다. 그는 국민이 국기를 내걸어 애국심을 표현하는 데에 제한을 두는 것은 국민의 권리에 어긋나는 일이라고 주장했다. 대법원까지 올라간 이 재판에서, 대법원은 진달의 손을 들어주며 정부에게 법 개정을 고려하라고 요구했다. 2002년에 개정된 국기법은 일반 국민이 1년 중 아무 때나 자유로이 국기를 거는 것을 허용

** 19세기 영국을 대표하는 시인.

했다.

인도 국민들은 정말로 국기를 거는 것을 좋아한다. 파키스탄의 건국자인 모하메드 알리 진나Mohammed Ali Jinnah가 "다양한 민족이 사는 이 아대륙亞大陸"이라고 부른 이 지역의 대다수 인도인들을 국기 중앙의 바퀴가 하나로 묶어주는 듯하다. 인도에도 분리주의 등 여러 문제가 있지만, 고대국가이자 현대국가인 이 나라의 최전성기는 아직 오지 않은 것인지도 모른다. 20세기에 가장 강력했던 반식민주의 독립운동에서 태어난 인도의 국기 이야기에는 이 강력한 나라의 복잡한 종교, 민족, 정치 상황이 반영되어 있다. 인도는 스스로를 다른 나라들과 대결하는 존재로 보지 않고, 세계무대에서 점점 중요성을 키워가는 나라로 규정한다. 경제와 군사 면에서 중국과 경쟁을 벌이면서 맺고 있는 관계가 이번 세기를 결정짓는 지정학적 요소 중 하나가 될 것이다.

전 세계 유일한 두 삼각 국기

이제 히말라야를 넘어 중국으로 들어갈 차례다. 하지만 도중에 잠시 걸음을 멈추고, 세계에서 유일하게 직사각형이나 정사각형이 아닌 국기를 살펴볼 가치가 있다.

네팔은 두 개의 진홍색 삼각형으로 이루어진 국기를 갖고 있다는 점에서 유난히 두드러진다. 위아래로 쌓여 있는 두 삼각형의 테두리는 진한 파란색이다. 이 국기는 이 나라의 주요 종교인 힌두교와 불교, 그리고 히말라야 산맥을 상징한다. 위쪽 삼각형에는 하얀 초승달 위로 태양이 반쯤 고개를 내민 모양이 그려져 있고, 아래쪽 삼각형에는 햇살이 열두 개인 하얀 태양이 그려져 있다. 전에는 이들이 왕실과 총리 집안을 상징했으나, 지금은 네팔이 세속국가가 되었으므로 이 나라가 천체들처럼 오랫동안 존재할 것이라는 희망을 상징한다.

이 국기는 실제로 선대 왕 부부보다 오래 살아남았다. 선대 왕 부부는 2001년에 왕세자가 쏜 총에 맞아 다른 사람들 여덟 명과 함께 목숨을 잃었고, 왕세자 역시 곧 자살했다고 한다. 놀라울 정도로 짧은 수사가 끝난 뒤 이 학살의 현장을 피한 왕의 동생이 왕좌에 앉았다. 그러나 그가 국민들 사이에 인기가 너무 없어서 마오이스트Maoist* 반군이 더욱 기승을 부리게 되었고, 반군은 그를 설득해 군주제에 완전히 종지부를 찍게 만들었다. 이렇게 국가체제는 바뀌었으나 국기는 바뀌지 않았다. 네팔 국기는 이례적인 모양 때문에, 제작법이 가장 상세하게 명시되어 있는 국기라고 해도 될 것 같다. 예를 들어 아래쪽 삼각형의 태양을 그릴 때는 "AF 선을 U에서 둘로 나누고, AB 선과 평행으로 UV 선을 긋되, V에서 BE 선과 닿게 한다. HI와 UV가 서로 만나는 중앙의 W 지점을 중심으로 반지름 MN인 원을 그린다"는 지침을 따라야 한다.

중국에는 신이 없다, 공산당만 있을 뿐

이제 신들의 세계를 떠나 신이 없는 공산주의 국가 중국으로 들어가보자. 예전에 비해 더 넓어진 이 나라의 국경선 안에는 수억 명이나 되는

---

* 산업자본주의가 발달하지 않은 단계에서 농민들을 주력으로 한 무장혁명에 성공한 중국 마오쩌둥 毛澤東의 혁명사상을 추종하는 이들을 가리킨다.

신자들이 살고 있지만, 중국의 현재 지배자들은 이 사실을 인정하지 않으려 한다. 그래도 중화인민공화국의 국기에는 공산주의가 도래하기 수천 년 전까지 거슬러 올라가는 상징이 들어 있다.

깃발을 연구하는 많은 학자들은 신원과 방향을 알리는 신호로 천 깃발을 가장 먼저 사용한 사람들 중에 중국인도 속한다고 본다. 2,600년 전 손무孫武가 쓴《손자병법孫子兵法》에는 다음과 같은 구절이 있다. "전장에서는 모든 것이 혼란스러워 보이지만, 깃발을 드는 방법은 미리 정해져 있다. 징소리는 정해진 절차다." 이보다 적어도 2,000년 전에 지금의 이란 지역에 살던 사람들과 이집트인들은 상징을 붙인 막대기를 들고 다녔다. 그러나 휘트니 스미스Whitney Smith 박사는 1975년에 펴낸 독창적인 저서《전 세계 깃발의 역사 Flags Through the Ages and Across the World》에서 다음과 같이 말했다. "비단 깃발을 처음으로 사용한 사람들은 십중팔구 중국인인 듯하다. 이 비단 깃발은 서구보다 훨씬 더 이른 수천 년 전부터 바다와 육지에서 모두 사용되었다." 스미스는 동물 조각상 같은 물체를 막대 꼭대기에 부착하는 방식보다 막대에 가로로 천을 붙이는 방식에 우리가 초점을 맞추게 된 것은 중국 덕분이라고 주장한다.

그러나 이 비단 깃발이 그 뒤 근동으로 퍼져나갔는지, 아니면 무역로를 타고 근동에 비단이 들어오자 이미 여러 형태의 깃발을 사용 중이던 그 지역 사람들이 비단을 깃발로 만든 것인지는 불분명하다. 확실한 것은 서구 세계가 십자군 전쟁 중에 아랍의 깃발들을 흉내내기 시작했다는 사실이다.

수백 년이 흐른 뒤 깃발의 역사는 완전히 한 바퀴를 돌아 출발점으로 되돌아왔다. 중국은 물품운송과 군사행동에 엄청나게 다양한 깃발들을 사용했으나, 중국과 중국인을 상징적으로 표현한 깃발을 굳이 만들어내려고 한 적은 없었다. 그들은 오래전부터 스스로를 하나의 민족으로, 그리고 하나의 문명으로 인식했다. 이 중원의 백성들이 보기에는 자기들이 누군지 너무나 명약관화했기 때문에 깃발이 필요하지 않았다. 이런 인식이 바뀐 것은 19세기 중반에 유럽인들이 저마다 국기를 내세우고 대거 몰려왔을 때였다.

1863년에 청나라의 동치제同治帝는 이미 유럽인들의 '설득'에 넘어가 나라에 해군이 필요할 뿐만 아니라(물론 유럽인들의 지휘를 받는 해군이었다), 국기도 반드시 있어야 한다고 생각했다. 당시 동치제의 나이가 겨우 일곱 살이었다는 점이 설득에 도움이 되었다. 곧 파란 용이 그려진 노란색 깃발이 만들어졌다. 원래는 삼각기였으나, 유럽인 관료들이 이걸로는 안 된다며 직사각형으로 바꾸게 했다.

20세기 초에 독립의지가 강해지면서, 천으로 만든 다양한 상징들이 등장했다. 1932년에 나온, '중화소비에트공화국*'의 전투용 깃발도 그중 하나였다. 이 '공화국'은 장시성의 일부에 불과했으며, 고작 2년 반 동안 존재했다. 그래도 노란색 망치와 낫이 중앙에 있고 왼쪽 위 귀퉁이에 노란색 오각별이 있는 이 빨간색 깃발이 중국 일부 지역에서 휘날린 것은 사실이다. 이 깃발은 나중에 중국 본토 전체를 대표하게 된 국기의

---

* 1931년~1937년 중국 남동부 장시江西성에 수립됐던 공산주의 공화국. 마오쩌둥과 주더朱德가 이끌었으며 '장시 소비에트'라고도 불린다.

원형이 되었다.

중화인민공화국은 1949년 10월 1일에 건국되었다. 흔히 그렇듯이, 이 신생국가, 아니 새로운 체제에는 새로운 깃발이 필요했다. 수천 점의 도안이 출품된 경선에서 우승한 것은 젊은 공산당원 쩡롄쑹曾聯松의 작품이었다. 공산당이 경선 출품작에 내건 요건은 반드시 중국의 지리, 민족성, 역사, 문화가 반영된 도안이어야 한다는 것이었다. 또한 노농동맹으로 이루어진 정부도 여기에 암시되어 있어야 했다.

당시 상하이에 직장이 있던 쩡롄쑹은 밤에 다락방에서 도안을 그렸다. 과거 장시성에서 휘날렸던 그 깃발의 영향을 받은 것으로 짐작된다. 그가 하늘을 응시하며 "달을 그리워하고 별을 그리워하는 것은 학수고대하는 마음*"이라는 중국의 오랜 속담을 떠올렸다는 이야기도 있다(좋은 이야기를 굳이 망칠 필요는 없다). 이렇게 역사 요건을 정리한 그는 공산당이 이 나라의 구세주이므로 커다란 별로 대표해야겠다는 생각을 떠올렸다. 여기에 마오쩌둥이 '인민 민주 독재를 논함'이라는 에세이에서 밝힌 중국의 네 계급을 상징하는 작은 별 네 개를 추가했다.

그러니 마오가 쩡의 도안을 좋아한 것도 무리가 아니다. 그러나 최종 도안은 여러 차례 수정을 거친 뒤에 완성되었다. 그 과정에서 원래 도안에 있던 낫과 망치도 사라졌다. 소련을 너무 강하게 연상시킨다는 것이 이유였다. 전 세계의 모든 공산주의자가 형제라는 개념은 당시 중소관계에서 다소 시련을 겪는 중이었다. 곧 최종 도안을 승인한 공산당

* 盼星星盼月亮. ─ 옮긴이

은 앞서 이란에서 이란혁명이 일어난 뒤 당국이 국기를 생각하는 방식에서 보았듯이, 대중의 집단적인 기억과 현대적인 메시지 전달기법을 혼합할 필요가 있음을 깨달았다.

따라서 이 적기赤旗는 공산주의의 상징이 되었고, 왼쪽 위에 노란색으로 크게 자리 잡은 별은 공산당의 지도력을 상징하게 되었다. 하지만 국기의 의미는 이것뿐만이 아니다. 네 개의 작은 오각별은 앞에서 말했듯이, 공산주의가 도래하기 이전에 존재하던 여러 계급들에 대한 마오의 '연합전선' 구상을 상징한다. 이 네 계급은 노동자, 농민, 소시민, '애국적인 자본가'다. 이 계급들에는 공산주의 건설을 위해 모두 힘을 합쳤다는 메시지가 당연히 전달되었다. 특히 '애국적인 자본가'를 여기에 포함시킨 것이 상당히 뜻밖인데, 40년 뒤 당이 '중국식 자본주의'로 나아가야 한다는 사실을 깨달았다는 점을 감안하면 선견지명이 있는 판단이었다고 해도 될 것 같다. 12억 중국인들 중 대다수도 당의 깨달음과 함께 자신들이 원래는 공산주의자가 아니었음을 받아들인 듯하다.

별의 꼭짓점이 다섯 개인 것은 숫자의 의미에 대한 고대의 믿음을 바탕으로 정한 것이다. 공산주의 이전 중국 철학의 기반은 음양오행이었다. 다섯 가지 덕목**, 다섯 명의 통치자, 오행*** 등 모든 것에 적용된 이 시스템은 균형, 힘, 완전성을 상징한다. 지금은 다섯 개 꼭짓점에 비공식적으로 대중적인 가치가 부여되기도 한다. 즉 인구의 다수를 차지

** 仁義禮智信. ― 옮긴이
*** 火水木金土. ― 옮긴이

하는 한족, 그리고 전통적으로 '중국인'이었던 몽골인, 만주족, 티베트인, 회족, 이렇게 다섯 개 민족을 상징한다는 것이다. 그러나 한족이 오래전부터 이웃 민족들을 복속시킨 역사를 생각하면, 이웃 민족들은 이 주장을 받아들이지 않을 수도 있다. 이 주장은 비록 국기의 도안에 대한 공식적인 설명에는 포함되어 있지 않지만, 1912년부터 1928년까지 사용되었던 오색기를 연상시킨다. 오색기의 다섯 색깔은 중국의 여러 민족들을 상징했다.

현재 중국 국기는 위의 모든 것을 상징한다. 쩡의 도안을 바탕으로 수정을 거친 국기는 베이징 톈안먼 광장 깃대에 처음으로 게양되면서 중화인민공화국의 건국을 공식적으로 알렸다.

지금의 중국 법은 각 성省들이 별도의 깃발을 사용하면 안 된다고 규정한다. 다양한 요소가 공존하는 나라를 하나로 묶어주는 원심력 중 하나가 바로 이 국기임을 당이 알고 있기 때문이다. 예를 들어, 무슬림이 인구 중 다수를 차지하는 위구르 지역에는 동東투르키스탄 운동이 있고, 그들은 연한 파란색 바탕에 초승달과 별이 그려진 깃발을 사용한다. 만약 이 깃발을 허용한다면 지역적 정체성이 강해져서 독립운동에 힘이 실릴 것이다. 티베트의 경우도 마찬가지다. 그곳에서 티베트 깃발을 소지하는 것은 중범죄로 간주된다. 그래도 이런 방법만으로 더 많은 자치권 확보를 원하는 일부 주민들의 뜻을 꺾을 수 없다. 티베트 사람들이 자신의 문화를 지키고 싶어서 위험을 무릅쓰는 것을 보면, 티베트 정체성의 깊이를 알 수 있다. 그러나 중국의 압박이 점점 더 강해지고 있는 것 같다. 중국 정부는 앞으로 수십 년에 걸쳐 티베트의 문화와 정체성이 점점 흐려지기를 바라며 티벳의 상징들을 억압하고 있다. 이보다 반발이 적은 지역에서도 법이 항상 지켜지는 것은 아니다. 공산당이 지역적인 차이를 인정하면서도 이 나라의 유일한 통치세력이라는 자리를 지키기 위해 계속 줄타기를 해야 한다는 사실을 알 수 있다.

쩡은 1999년에 여든두 살의 나이로 상하이에서 세상을 떠났다. 이렇게 해서 그는 2011년에 베트남 정부가 별이 다섯 개가 아니라 여섯 개인 중국 국기 수천 점을 제작하는 바람에 당이 발칵 뒤집힌 사건을 피해갈 수 있었다. 심지어 베트남 사람들은 당시 중국의 부주석이던 시진핑習近平이 하노이를 방문했을 때 이 잘못된 국기를 흔들기까지 했다. 2006년에 중국 고위인사들이 델리를 방문했을 때도 비슷한 일이 있었다. 의전에 대해 조금이라도 아는 사람이라면, 이런 일이 얼마나 중요한지 알 것이다.

'중화인민공화국 국기법(1990)'은 특정 성향의 사람들이 읽기에 몹시 흥미로운 문서다. "네 개의 작은 오각별은 각각 큰 오각별의 중심부를 똑바로 향하는 꼭짓점 하나를 갖고 있어야 한다"는 조항에 앞서 먼저 평범한 규정들이 나온다. 국기 게양, 하강, 게양했다가 조기로 내리기 등에 관한 규정이다. 대부분의 나라가 그렇듯이, 나라의 통치자를 비롯해서 여러 고위인사들이 세상을 떠났을 때 중국도 조기를 게양한다. 그러나 "세계평화 또는 인류의 진보를 위해 뛰어난 기여를 한 사람" 또한 조기 게양 대상으로 규정되어 있다.

이 법 19조는 멍청하게 국기를 불태운 사람에 대한 것이다. 이런 사람은 최대 징역 3년의 벌을 받을 수 있다. 그러나 죄가 비교적 경미하다고 판단되면(즉 좋은 변호사를 고용하거나 힘 있는 친척이 있다면) "공안에 대한 행정처벌규정에 따라 공안기관에서 15일이 넘지 않게 구금될 것" 이라는 반가운 내용도 있다.

중국 국기는 세계에서 가장 유명한 깃발 중 하나다. 2013년 12월에는 중국 우주선에 부착되어 달에 간 적도 있다. 옥토끼 달 탐사선에 국기를 붙인 것은 대단히 상징적이고 의미심장한 일이었다. 달 표면에서 국기를 내보이며 우주여행과 우주기술을 선도하는 국가가 되겠다는 뜻을 드러낸 나라는 미국과 소련에 이어 중국이 세 번째다. 또한 1976년 이후 우주선이 달 표면에 연착륙한 것은 처음이었기 때문에, 이번 세기에 중국이 얼마나 발전했는지를 보여주는 증거인 동시에 중국인들에게는 엄청난 자부심의 원천이 되었다.

중국이 세계적인 해양강국이 되겠다는 뜻을 세우고 해군을 증강하면서 바다에도 중국 국기가 점점 자주 등장한다. 콩고민주공화국처럼 아주 먼 나라에 이르기까지 전 세계에서 중국 국기를 볼 수 있다. 중국(과 다른 나라들)은 콩고에서 귀금속을 캐가고 있다. 앙골라에는 콩고에서 캔 금속을 항구로 운반하기 위한 고속도로를 건설했고, 파키스탄의 과다르에는 말레이시아와 인도네시아 사이의 좁은 해로로 사실상 미국의 통제하에 있는 말라카 해협을 피해 중국까지 물품을 운송하기 위한 항구와 고속도로가 건설되고 있다. 세계의 거의 모든 왕국, 공화국, 영토에서 볼 수 있는 이 중국 국기는 지난 반세기 동안 이루어진 중국의 급속한 팽창과 영향력 증가에 더욱 힘을 실어주고 있다.

중국이 남중국해에 건설한 인공섬에서도 이 국기는 휘날리고 있다.

중국 정부는 이 섬이 이제 중국의 영토라고 주장하지만, 베트남, 타이완, 필리핀 등 이웃 국가들은 인정하지 않는다. 미국 해군도 마찬가지라서, 전함에 성조기를 달고 이 섬에서 아주 가까운 곳까지 드나들고 있다.[*]

타이완에 존재하는 두 개의 국기

중국의 이 적기에 비해 타이완, 즉 중화민국[ROC]의 국기는 잘 눈에 띄지 않는다. 1940년대에 공산당과의 내전에서 패배한 반공세력은 본토에서 떨어진 이 섬으로 물러났다. 타이완은 현재 별도의 국기를 갖고 있으면서도 정체성을 확신하지 못한다. 청천백일만지홍기靑天白日滿地紅旗라고 불리는 국기는 1949년에 내전에서 패배해 장제스蔣介石의 지휘하에 타이완으로 물러난 국민당의 깃발에서 유래한 것이다. 중화민국은 자신이 중국 전체의 합법정부라고 주장하지만, 바다 너머의 인민공화국은 생각이 다르다. 베이징의 정부는 타이완을 독립국 행세를 하는 지방이라고 부르고 있다.

인민공화국 쪽의 힘이 너무 강해서 중화민국을 인정해주는 나라가 별로 없기 때문에, 타이완은 국제회의나 올림픽 같은 대회에 나갈 때 국기를 내세울 수 없다. 그래서 대신 '중화타이페이'의 깃발을 사용한다. 양편 모두 수용할 수 있는 타협책이지만, 둘 다 자기 뜻을 관철할 수만 있다면 바꾸고 싶어 하는 깃발이기도 하다. 타이완의 관점에서 보면 중

---

[*] 중국, 베트남, 대만, 필리핀, 말레이시아, 브루나이 6개국은 남중국해에 있는 스프래틀리 제도(중국명 난사南沙 군도)를 둘러싸고 영유권 분쟁을 벌이고 있다. 미국은 이 다툼에서 중국의 입장에 반대하며 동남아시아 국가들을 지원하기 위해 '항행의 자유'를 지킨다는 이유로 전함들을 통과시키곤 한다.

국으로부터 독립을 선언한 적이 없는 만큼, 자기보다 훨씬 덩치가 큰 형제 국가를 도발하지 않기 위해 국가의 상징인 국기를 희생하는 방안을 기꺼이 받아들이고 있다.

　　두 개의 국기가 존재한다는 사실은 여러 면에서 중국인들이 분열되어 있다는 상징이다. 이것과 거울처럼 닮은 상황이 인근에도 존재한다.

하나의 반도, 하나의 민족, 천양지차인 남북한기

한반도를 두 개의 코리아로 나누면 두 개의 국기라는 결과가 나온다. 만약 양쪽이 모두 제2차 세계대전 이전의 깃발을 사용하는 쪽으로 상황이 풀렸다면 그들이 원래 하나의 민족임이 거기에 드러났겠지만, 대한민국^{ROK}이라고도 불리는 남한만이 과거의 깃발을 그대로 사용하기로 했다. 한국어로 태극기太極旗라고 불리는 이 깃발은 하나의 예술작품일 뿐만 아니라, 심오한 영적인 상징이기도 하다. 따라서 신을 믿지 않는 북쪽의 공산당은 자기들 눈에 종교적인 헛소리처럼 보이는 이 깃발에 손을 델 생각이 없었다. 대신 자기들만의 정치적인 헛소리를 만들었다.

　　태극기라는 이름은 국기 중앙에 있는 빨간색과 파란색의 음양 상징에서 나온 것이다. 이 상징이 '태극' 문양이라고 불리기 때문이다. 원 안에서 빨간색과 파란색이 똑같은 면적을 차지하고 있는데, 빨간색은 양을 상징하고 파란색은 음을 상징한다. 이 지역의 전통적인 철학에 따르면, 음과 양은 서로 반대되는 위대한 우주적 힘이지만, 하나로 합쳐지면 완벽한 조화와 균형을 이룬다.

　　태극기의 네 귀퉁이에는 세 줄로 이루어진 괘가 있다. 영어로 '변화의 책'이라고 불리는 고대 중국의 책《역경易經》에서 유래한 문양인데, 전설에 따르면 이 책이 2,000여 년 전부터 존재했다고 한다. 태극 문양을 에워싼 괘는 성장과 변화의 나선을 통과하는 음양을 상징한다. 왼쪽 위의 괘는 하늘을 상징하고, 오른쪽 아래의 괘는 땅을 상징한다. 오른쪽 위의 괘는 물을 상징하고, 왼쪽 아래의 괘는 불을 상징한다. 이 네 개의 괘는 모두 또 다른 의미를 지니고 있는데, 예를 들어 오른쪽 위의 괘는 물 외에 달, 지성, 지혜도 상징한다. 이 모든 것이 자리한 흰색 바탕은 순수와 청결을 의미한다. 한국인들은 특별한 자리에서 흰색 옷을 즐겨 입기 때문에, '백의민족'이라는 별명을 얻었다.

전체적으로 봤을 때 이 깃발은 한민족이 항상 우주와 조화를 이루며 발전해나갈 것이라는 이상을 상징한다. 분열은 이 이상과 완전히 반대되는 것이지만, 1947년의 정치적 상황이 그러했기 때문에 분단된 북쪽의 지도자들은 서로가 별개의 국가임을 강조하고자 했다. 제2차 세계대전이 끝나면서 한반도를 식민지로 지배하던 일본이 물러간 뒤, 이 나라는 38선에서 둘로 나뉘었다. 북쪽은 소련이, 남쪽은 미국이 맡았다. 나중에 소련이 떠난 뒤에는 중국이 북한의 보호자가 되었다.

북한의 공식적인 국호는 조선민주주의인민공화국DPRK이다. 국호에 '민주'와 '공화국'이라는 단어가 포함된 나라가 대부분 그렇듯이, 이 나라 역시 민주적이지도 않고 공화국도 아니다. 현존하는 독재국가 중 가장 사악하고, 편협하고, 살인적인 나라라고 할 수 있다. 또한 휘청거리는 나라이기도 하다. 사실상 김씨 왕조 국가인 이 나라에서 김씨 일가는 처음부터 이 나라를 다스리며 전 세계에 정치적 코미디를 보여주었지만 자신의 신민들에게는 거의 아무것도 공급해주지 않았다.

북한의 국기에 대해서는 구체적인 정보가 거의 없다. 표도르 테르티 츠키[Fyodor Tertitskiy]가 DailyNK.com에 기고한 에세이에 따르면 1947년 에 당시 북한의 사실상 지배자이던 소련이 새로운 국가를 세우고 있으니 새로운 국기도 필요하다는 지시를 내렸다고 한다. 당시 56세이던 북조선노동당 위원장 김두봉은 레베데프[Nikolai G. Lebedev] 소장의 방으로 불려와 이미 국기가 존재한다고 주장했다. "김은 그 깃발의 의미를 상세히 설명하기 시작했다. 그러나 소련 군인의 관점에서 봤을 때, 그 깃발 도안의 바탕이 되었다는 중국 철학은 중세의 미신과 다를 것이 별로 없었다. 음이니, 양이니, 《역경》의 괘니 하는 동양적인 이야기를 한동안 듣고 있던 레베데프는 '그만'이라는 말 한 마디로 김의 이야기를 끊어버렸다. 그리고 그 자리에 함께 있던 소련 대령이 씩 웃으며 말했다. '내가 듣기에는 전설 같은 얘기군요.'"

몇 달 뒤 지시가 내려와 DPRK의 국기가 생겨났다. 소련 시대의 일반적인 깃발을 조금 변형한 형태로, 소련 시대의 표준적인 건축물과 마찬가지로 단순명쾌했다. 북한 정부의 웹사이트에 따르면, 이 국기에서 가장 큰 비중을 차지하는 빨간색은 혁명전통을 의미한다. 위와 아래의 파란색 띠는 "세계의 진보적인 인민들과 힘을 합쳐 독립, 평화, 우호의 이상의 승리를 위해 싸우고자 하는 욕망"을 상징한다. 파란색 띠와 붙어 있는 얇은 흰색 띠는 "유구하고 눈부신 문화를 지닌 하나의 민족을 상징"하며, 커다란 빨간색 별은 "한민족의 선조들과 투쟁정신을 상징"한다.

이듬해에 김두봉은 《신국기의 제정과 태극기의 폐지에 대하여》라는 책을 펴냈다. 여기서 그는 새로운 국기가 "광명발전할 행복한 국가"의 상징인 반면, 태극기는 비과학적이고 미신적이라고 설명했다. "무용한 난해로 인한 각양각색의 불통일" 때문에 국기로 쓸 수 없다는 것이었다.

1950년대가 시작되자, 점차 민족주의 색채를 강하게 띠던 북한은 공산 독재국가의 전형적인 방식에 따라 국기가 소련의 영향으로 만들어졌다는 사실을 지워버리고, 김두봉에게서도 모든 권력을 빼앗았다. 이제 위대한 지도자 김일성은 (소련으로부터 약간의 도움을 얻어) 일본 제국군을 분쇄했을 뿐만 아니라, 심지어 인민공화국의 찬란한 국기마저 도안한 사람이 되었다. 이미 알려진 것처럼, 김씨 왕조의 빛에는 끝이 없다. 김일성의 아들 김정일은 "21세기의 북극성", "뜨거운 사랑의 영원한 가슴"일 뿐만 아니라 "주체의 태양"으로도 불렸다. 이 마지막 칭호는 DPRK가 자기들만의 정치체제인 '주체사상'을 만들어냈음을 강조하기 위한 것이었다. 주체사상은 민족주의적인 자급자족 철학과 공산주의의 혼종이다. 자급자족이 가능하다면 누구든 자기 나라에 들여놓을 필요가 없다. 그리고 이 나라가 그렇게 훌륭한 곳이라면 누가 이곳을 떠나려 하겠는가. 이 나라의 국가國歌는 다음과 같이 선언한다. "솟는 힘 노도도 내밀어… 한없이 부강하는 이 조선 길이 빛내세." 현재의 지도자 김정은도 자신의 훌륭한 점들을 극찬하는 수백 개의 호칭을 짊어지고 살아가고 있다.

하나의 반도, 하나의 민족, 몹시 다른 두 깃발. 이 둘을 하나로 섞기가 아주 힘들 것 같겠지만, 2012년 런던 올림픽이 이것을 해냈다.

DPRK의 여자 축구 팀이 콜롬비아와의 경기를 앞두고 경기장의 거대한 전광판을 통해 소개될 때, 각 선수의 이름과 사진 옆으로… 남한의 국기가 나타난 것이다. 수비수에서 미드필더를 거쳐 공격수에 이르기까지, 심지어 후보선수가 소개될 때까지 계속 나타났다. 사진이 한 장씩 지나갈 때마다 북한 선수들은 점점 화를 내다가 결국 경기장에서 나가버렸다. 그럴 만도 했다. 엄밀히 말해서 북한은 아직도 남한과 전쟁 상태이기 때문이다. 1953년에 한국 전쟁은 휴전으로 끝났다.

선수들은 조직위가 실수를 바로잡아야만 경기장으로 돌아가겠다고 강력히 주장했다. 조직위는 끝없이 사과를 하면서 정신없이 영상을 편집하는 수밖에 없었다. 한 시간 뒤 경기장으로 돌아온 북한 선수들은 전광판을 확인하고 나서 경기에 임해 콜롬비아에 2대 0 승리를 거뒀다.

남북한은 모두 국기 전쟁에서 서로를 괴롭힌 혐의가 있다. 북한이 새로 국기를 만든 이후, 남한은 자국 영토 내에서 북한 국기를 어떤 형태로든 내거는 것을 금지했다. 2008년 평양에서 열릴 예정이던 월드컵 예선전이 중국으로 옮겨 열린 것도 놀랄 일은 아니었다. DPRK가 자국 영토 내에서 남한의 국가를 연주하거나 국기를 게양할 수 없다고 밝혔기 때문이다.

2014년에 인천에서 열린 아시안게임에서도 남한은 거리에 북한 국기를 내거는 것을 금지한 법을 계속 적용하겠다고 밝혔다. 선수촌에는 북한 국기가 게양되었으나, 그뿐이었다. 아시아올림픽평의회[OCA] 규정집 58조에 "모든 경기장과 그 인근에 경기에 참가한 NOC[참가한 국가]의 깃발과 함께 OCA 깃발이 자유로이 걸려 있어야 한다"고 규정되어 있지만 소용없었다. 북한은 이렇게 국기를 사람들에게 드러낼 수 없다면, 350명의 '미녀응원단'도 대중 앞에 내보이지 않겠다고 결정했다. 자국의 선수들을 응원하기 위해 선발된 이 젊은 여성들에게는 두 가지 특징이 있었다. 모두 넋을 잃을 만큼 아름답다는 점, 그리고 김정은 정권에 광적으로 헌신한다고 알려져 있다는 점. 이 응원단이 가져올 국기의 크기에 대해 남한이 문제를 제기하자, 북한 외교관들은 회담장에서 그대로 퇴장해버렸다. 그리고 응원단 파견이 취소되었다.

남북한은 언제나 그랬듯이 지금도 가깝고도 먼 사이다. 전쟁의 위험이 상존하고 있기 때문에 남한의 거대도시 서울에 사는 사람들은 모두 38선을 따라 배치된 북한 포의 사정거리 안에 서울이 들어 있다는 사실을 알고 있다. 또한 북한의 핵무기는 남한 전역에서 두려움의 대상이다.

흔히 가족간의 다툼이 가장 격렬하다. 그러나 남북한과 일본의 관계를 보면, 어느 쪽이 더 격렬한지 구분하기 힘들 때가 있다.

일본, 떠오르는 태양의 나라

일본은 20세기에 35년 동안 한반도에 자국 국기를 내걸었다. 지금은 그 국기가 안정적이고 평화로운 민주국가를 대표하지만 과거 그 야만적인 시절의 국기와 흡사하다는 점이… 문제가 된다. 일본의 조선 통치는 잔혹했다. 당시에는 일본 제국의 일부이던 이 땅에 강제로 게양된 일본 국기가 그 잔혹함을 일부 상징한다. 관공서에는 일본 국기가 걸렸고, 어린이들은 매일 아침 일본 국기가 게양될 때 일본 국가를 불렀다.

태평양에 있는 이 섬나라는 '떠오르는 태양의 나라'라고도 불린다. 일본이라는 이름은 '태양 기원'이라는 뜻이며, 국기의 공식적인 이름은 일장기日章旗, 즉 '태양문양기'다. 대중적으로는 히노마루日の丸라고도 불리는데, '태양 원반'이라는 뜻이다. 놀라울 만큼 단순한 모양이라서 누구나 이 국기를 보는 순간 알아볼 수 있다. 하얀 바탕에 빨간 원 하나가 있을 뿐이니까. 그 밖에 우리의 의식 속에 각인된 또 하나의 깃발은 일본 군기다. 하얀 바탕에 태양이 그려져 있는 것은 같지만, 거기에서 햇살 열여섯 개가 뻗어나와 있다.

일장기가 공식적으로 채택되기 전에도 다양한 형태의 히노마루가 수백 년 동안 일본의 여러 섬에서 사용되었다. 수백 개나 되는 섬으로 이루어진 일본은 유라시아 대륙의 동쪽 끝에 위치하며, 여기서 동쪽을 바라보면 바다밖에 보이지 않는다. 그리고 그 바다 위로 매일 해가 떠오른다. 일본의 상징으로 태양이 등장한 최초의 기록은 서기 607년에 다소 뻔뻔한 일왕이 중국 천자에게 보낸 편지다. 이 편지의 서두에 그는 이렇게 썼다. "태양이 떠오르는 나라에 사는 하늘의 아들이 태양이 지는 나라에 사는 하늘의 아들에게." 태양이 지는 나라에 사는 태양의 아들은 이 편지를 반가워하지 않았다.

일본 전승에 따르면, 태양의 여신 아마테라스가 2,700년 전 일본을 세웠다고 한다. 그녀는 신도神道에서 가장 중요한 신이며, 초기에 일본을 다스린 어느 왕의 조상이다. 현재의 일왕은 '태양의 아들'로 불리며, 신도의 신자들은 그가 아마테라스의 직계 후손으로 신에게 점지를 받았다고 생각한다. 그러나 중국인과 비슷하게 일본인도 굳이 자신을 밝힐 필요가 없다고 생각했기 때문에, 최근까지도 이 나라를 대표하는 상징이 없었다.

19세기에 유럽인들이 일본에 대거 나타나기 시작하자 초기 메이지 정부는 국민들 사이에 단합의 정신을 심어줄 필요가 있음을 깨달았다. 그래서 영국과 마찬가지로 섬나라인 일본에서 아주 중요한 전력이던 해군기로 욱일기旭日旗를 채택했다. 그리고 이때부터 이 깃발이 나라를 상징한다는 생각이 생겨나기 시작했다. 국가인 기미가요君が代가 그 뒤를 이었다.

그러나 그 뒤로 군국주의의 시대가 왔다. 일본이 산업강국이 되었으나 산업화의 연료가 될 천연자원이 없다는 점이 여기에 부분적인 영향을 미쳤다. 천연자원은 서쪽의 이웃국가들에 있었고, 일본은 그것을 훔쳐올 군사력이 있었다. 여러 전쟁을 치른 일본 제국은 나중에 그로 인해 오랜 역사를 통틀어 가장 큰 재앙을 경험하게 되었다.

가장 먼저 일어난 전쟁은 청일 전쟁(1894~95), 그다음에는 러일 전쟁(1904~05), 그다음에는 제1차 세계대전에 일부 관여(1914~18), 그다음에는 중일 전쟁(1937~45), 그다음에는 일본의 무조건 항복으로 끝난 제2차 세계대전. 히로시마와 나가사키에는 핵폭탄이 떨어졌다. 이 세월 동안 일본은 여러 나라를 점령해 수탈했다.

한때 '세상의 어둠을 밝힐 것'이라고 여겨지던 일본 국기가 이제는 어둠의 상징이 되어버렸다. 일본, 조선, 중국, 싱가포르, 필리핀 등 여러 곳에서 히노마루가 내려졌고, 일본이 저지른 만행이 일본 본토에 알려지면서 국내 언론들은 국민들이 전쟁 중의 일을 받아들일 수 있게 돕기 위해 전쟁 기록을 조사했다. 이 작업은 지금도 계속된다. 또한 일본의 이웃국가들, 특히 남북한과 중국이 일본과 전면적으로 화해하지 않는 분위기도 여전히 남아 있다. 이들 나라에는 전쟁 때의 충격적인 경험 때문에 그 시기의 상징을 보는 것조차 참지 못하는 세대가 아직 살아 있다.

전쟁이 끝난 뒤 일본의 행정을 맡은 미국 관리들은 처음에 국기와 군기를 엄격하게 규제했다. 그러나 1947년에 더글러스 맥아서^{Douglas} 장군이 여러 관공서 건물에 히노마루를 거는 것을 허용해주었다. 이듬해에는 평범한 국민들이 국경일에 국기를 거는 것이 허용되었고, 1949년에는 모든 규제가 사라졌다. 이렇게 이 나라의 상징을 되찾는 작업이 오랫동안 이어졌다.

그래도 쉬운 과정은 아니었다.

현대 일본 국기가 과거의 일본 국기, 즉 제2차 세계대전 중의 일본 국기와 같다는 점이 문제다. 어떤 사람들에게는, 비유하자면, 나치 기장이 현대 독일의 국기가 된 꼴이다. 나치의 상징이 악의 축소판이라는 점을 감안하면, 완전히 공정한 시각이라고 할 수는 없다. 전쟁 중에 일본 군부가 불명예스러운 행동을 저지르기는 했으나, 나치처럼 이념적인 이유로 기술을 이용해 하나의 민족 전체를 체계적으로 없애버리려 하지는 않았다.

다른 점은 이것만이 아니다. 일본 국기는 군국주의 정부가 동남아시아 전역을 짓밟기 전부터 존재했던 반면, 나치 깃발은 독일에서 고작 12년 동안 권력을 잡았던 정당이 제정한 것이다. 전쟁 중의 독일 깃발은 하나의 정당, 하나의 이념, 특정 시기만을 가리키지만, 전쟁 중에 일본이 사용한 깃발은 나라 전체를 가리킨다. 일본 역사 중 이 시기에 벌어진 일들 때문에 일본이 국기를 바꿔야 한다는 주장을 지지한다면, 다른 나라들에 대해서도 같은 주장을 할 수 있다. 식민지를 지배하고 노예무역을 했던 영국도 아마 거기에 포함될 것이다. 하지만 만약 일본이 정말로 국기를 바꿨다면, 전쟁 중의 국기가 주변국 국민들에게 불러일으키는 분노를 인정한 것이 되어 전후화해에 도움이 되었을지 모른다는 가설도 세워볼 수 있다.

그러나 일본 군기에 이르면 문제가 더 복잡해진다. 이 깃발을 바꾸기가 더 쉬웠을 수도 있는데, 1954년에 일본 자위대가 생겨나면서 햇살 열여섯 개가 있는 욱일기를 군기로 다시 채택해버렸다. 기묘한 선택이었다. 전쟁을 직접 경험했거나 전쟁에 대해 조금이라도 아는 사람이 보면 지금도 이상하게 보일 수 있다. 국기를 바꿨다면 일본인들에게는 국가적 정체성의 일부를 잃어버리는 것처럼 대단한 충격이 되었을 수 있지만, 군기를 바꿨다면 1930년대와 1940년대에 일본 군부가 저지른 일을 받아들이고 인정하는 행동의 일부로 보였을 것이다.

1950년대에 일본은 평화로운 민주주의 국가였다. 1930년대와 1940년대에 자국 군대가 저지른 행동으로 인한 충격에서 아직 벗어나지 못한 사람들도 여전히 남아 있었다. 그래서 자위대가 그 깃발을 택한 것이 더욱더 당혹스럽다. 그러나 일본의 '정신적인 비무장'이 독일의 경우만큼 뿌리가 깊지는 않았다는 점을 생각해볼 필요가 있다.

그래도 정신적인 비무장은 두고두고 영향을 미쳤다. 예를 들어, 시간을 빨리 감아 1970년대로 가보면 좌익 성향인 일본 교직원조합이 회원들에게 국기를 향해 절하지도 말고 국가를 부르지도 말라고 지시했다. 일장기는 1947년부터 일본의 국기였으나 일본 국민들은 이 깃발에 열광적인 반응을 보인 적이 없었다. 법전에 일본의 상징으로 규정되어 있지도 않았다. 제2차 세계대전 때 일본의 왕이었던 히로히토^{昭和天皇}가 1989년에 세상을 떠나면서, 이 깃발의 장점에 대해 토론할 수 있는 여건이 만들어졌다. 그리고 1999년에 국기의 비율을 손볼 때 의회는 그 기회를 이용해서 이 깃발을 국기로 공식 인정했다. 감정적이고 격렬한 토론을 거친 뒤의 일이었다.

국기가 공식적으로 인정된 뒤 그 영향으로 여러 변화들이 일어났다. 1999년에 일본 문부성은 졸업식에서 국기를 게양하고 국가를 불러야 한다는 지침을 내놓았다. 일본 학생들이 자국의 상징을 존중하지 못한다면, 다른 나라의 상징도 존중할 수 없을 것이라는 주장이 이 지침을 어느 정도 정당화해주었다.

그러나 모두 동의하지는 않았다. 히로시마의 어느 고등학교 교장인 이시카와 도시히로^{石川敏浩}는 이런 지침을 전달해야 한다는 사실에 갈등을 느낀 나머지 자살하기까지 했다.* 이 소식이 알려지면서 전국적으로 논란이 일었고, 2002년 일본에서 열린 월드컵 경기 때도 자국 팀을 응원하는 국기가 별로 보이지 않을 정도로 그런 분위기가 강하게 남아 있었다.

---

* 1999년 일본 문부성이 기미가요와 히노마루 사용 지도를 강화했고, 히로시마 세라현립고등학교 교장 도시히로는 이 문제로 고민을 거듭하다가 졸업식을 하루 앞두고 스스로 목숨을 끊었다.

세월의 흐름에 따라 20세기의 가장 큰 대격변이었던 전쟁의 기억이 점차 역사 속으로 사라져가면서, 일본 국기도 전쟁의 그림자에서 서서히 벗어나고 있다. 그러나 2016년에도 일본의 아베 신조安倍晉三 총리가 대학들에게 캠퍼스에 국기를 걸라고 '강력히 권고하는' 조언을 내놓을 정도였다.

사실 동쪽에서 해는 결코 지는 법이 없다. 그러니 떠오르는 태양의 나라를 상징하는 천 조각의 의미도 금방 역사 속으로 져버릴 것 같지 않다.

이제 일본에서 더 동쪽으로 나아가면 처음 출발했던 나라, 즉 성조기의 나라에 이른다. 그러니 동쪽이 아니라 남쪽을 볼 때가 되었다. 아프리카의 빨간색, 황금색, 검은색, 초록색과 라틴아메리카의 노란색, 빨간색, 파란색이 거기 있다.

제7장

자유의 깃발

아프리카, 식민의 시대를 지나
단합의 시대로

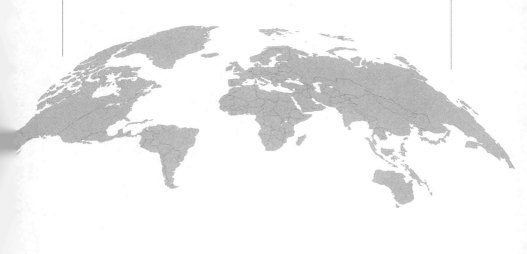

가나의 축구 팬들이 2012년 1월 자국 팀이 출전하는 아프리카네이션스컵 경기를 보기 위해 남아프리카공화국 요하네스버그의 예오빌에 모였다. 가나 축구 팀은 흔히 '검은 별'이라고 불린다. 가나 국기의 중앙에 있는 검은 별과 빨간색, 황금색, 초록색의 바

탕색은 독립을 위해 싸우며 더 현대적이고 자신감 있는 아프리카를 꿈꿨던 사람들의
범아프리카주의 이상에서 유래했다.

독립 주권국가가 되는 방법을
배우는 가장 좋은 길은
독립 주권국가가 되는 것이다

⚑ 콰메 은크루마Kwame Nkrumah(가나의 초대 총리)

아프리카는 지난 수백 년 동안 많은 것을 수출했다. 항상 자의로 수출한 것만은 아니었다. 그러나 아프리카 대륙의 축복을 받아 세계로 퍼져나간 것 중에는 빨간색, 황금색, 초록색, 검은색이라는 상징색을 바탕으로 한 이상이 포함되어 있다. 아프리카의 독립이라는 이상이다. 달리 표현하면 자유의 이상이기도 하다.

아프리카의 유일한 비非식민지배국

이 색깔들의 뿌리는 적어도 19세기까지 닿아 있다. 실제로는 십중팔구 이보다 더 멀리까지 뻗어 있을 것이다. 이 색깔들의 근원이 된 국기는 에티오피아의 국기다. 이 나라는 이탈리아가 갖은 노력을 기울였음에도, 아프리카에서 유일하게 식민지 경험이 없다. 에티오피아의 국기에는 지금도 오랜 전통에 따라 빨간색, 황금색, 초록색이 자랑스레 자리 잡고 있다. 그러나 1996년부터는 노란색 별과 다섯 개의 빛살을 품은 파란색 원이 중앙에 추가되었다. 빛살은 이 나라에 살고 있는 다양한 민족을 상징하고, 별은 그들의 평등과 단합을 상징한다. 이 별을 솔로몬

왕의 별이나 다윗의 별로 보는 사람도 있다. 이 나라의 초대 황제인 메넬리크^{Menelik I}가 솔로몬과 시바^{Sheba}의 여왕 사이에서 태어난 아들이라는 주장 때문이다.

이탈리아는 '아프리카 쟁탈전'에 늦게 뛰어들었다. 1890년대 초에 영국, 프랑스, 독일, 벨기에는 이미 가장 가치 높은 영토로 간주되던 아프리카를 대부분 차지하고 있었다. 이탈리아의 몫으로 남은 땅은 지금의 에리트레아밖에 없었다. 이탈리아는 이 식민지를 발판으로 삼아, 당시의 아비시니아, 즉 지금의 에티오피아를 침공했다. 1895년에 격렬한 싸움이 벌어졌으나, 놀랍게도 이듬해에 이탈리아 군대가 에리트레아로 후퇴하고 말았다. 이탈리아 군의 인명피해는 적어도 7,000명에 달했다. 아프리카에 투사가 등장한 것이다. 이 나라는 아프리카가 무엇을 성취할 수 있는지 보여주는 모범사례였다.

에티오피아는 이때의 군사적 승리에 앞서 수십 년 동안 빨간색, 황금색, 초록색 중 한 가지 색만으로 이루어진 페넌트를 사용했다. 세 가지 페넌트를 한꺼번에 내걸 때도 많았다. 당시 이 나라의 인구 중 대다수가 그리스도교도였기 때문에, 〈창세기〉에서 하느님이 대홍수 이후 세상에 보여주셨다는 무지개와 이 색깔들을 연결시키는 것이 전통적인 해석이었다. 따라서 이탈리아 군대를 물리친 뒤 1897년에 메넬리크 2세^{Menelik II}가 최초의 공식적인 국기 제작에 착수했을 때 이 색깔들이 자연스레 선택되었다. 아프리카 대륙에서 한 나라를 대표하는 공식적인 국기가 만들어진 것은 이때가 처음이었다. 이 나라의 상징색으로 된 깃발을 든 '유다의 정복하는 사자,' 즉 이 나라의 문장紋章이 국기에 추가된 것은 초대 황제 메넬리크로부터 이어진 황실의 혈통을 나타내기 위해서였다. 오래전부터 황실과 함께 연상되던 이 상징은 1974년의 마르크스주의 혁명 때까지 국기에 남아 있다가 사라졌으나, 라스타파리 운동(나중에 자세히 설명하겠다) 깃발을 통해 지금도 살아 있다.

이탈리아 군대는 무솔리니의 파시스트 시대인 1930년대에 다시 이 나라를 침공했다. 이번에는 머스터드 가스를 포함한 현대전의 장비들을 동원한 이탈리아는 결국 이 나라를 점령하는 데 성공했다. 그러나 그때까지 주권국가이던 아비시니아/에티오피아는 유엔의 전신인 국제연맹의 회원국이었다. 미국뿐만 아니라 많은 회원국이 이탈리아의 에티오피아 병합을 승인하지 않았으므로, 에티오피아 역사에서 5년 동안 외국군대에 점령당한 이 시기는 다른 나라처럼 식민지 시대로 간주되지 않는다.

역시 국제연맹 회원국인 영국과 프랑스는 이탈리아의 공격행위를 인정한다는 비밀 협약을 이탈리아와 맺었다. 또한 당시 국제연맹도 적극적으로 행동에 나서지 않았다. 이것은 제2차 세계대전으로 향해가던 당시 상황에서 국제연맹이 평화유지 기구의 역할을 하지 못한 중요 이유 중 하나로 꼽힌다. 1935년 잡지 《펀치*Punch*》에는 유명한 풍자 만평이 실렸다. 19세기에 유행하던 노래 가사를 이용한 만평인데, 이 노래의 원래 가사는 다음과 같다.

우리는 싸우고 싶지 않지만, 이런! 만약 싸운다면,
우리에겐 배도 있고, 사람도 있고, 돈도 있어.

《펀치》의 만평은 국제연맹을 일종의 코미디극으로 묘사하면서 가사를 바꿔 영국과 프랑스가 무솔리니에게 불러주는 노래로 만들었다.

우리는 당신이 싸우는 게 싫지만, 이런! 만약 싸운다면,
아마 우리는 가벼운 반대의견을 암시한 공동각서를 발표할 거야.

1941년에 이탈리아는 다시 에티오피아에서 쫓겨났고, 에티오피아는 주권국가의 지위를 회복했다. 이 나라의 사례가 모범이 되어, 전쟁이 끝난 뒤 이 대륙에 변화의 바람이 불기 시작했다.

아프리카 흑인들의 자긍심

방금 설명한 수십 년 동안의 혼란기에 에티오피아 서쪽으로 수천 킬로미터나 떨어진 미국에서 이 대륙까지 광범위한 영향을 미칠 일이 만들어지고 있었다.

흑인의 정치의식이라는 개념이 태어나는 데에는 아메리카 대륙과 아프리카 대륙에서 많은 사람들이 영향을 미쳤다. 그중에 자메이카 태생의 마커스 모사이아 가비Marcus Mosiah Garvey는 몹시 뛰어난 사람이었다. 인종분리를 외친 그는 '아프리카로 돌아가자'는 운동을 만들어낸 사람 중 하나다. 자메이카에 세계흑인지위향상협회UNIA를 세운 그는 1916년 자신의 운동을 뉴욕에도 전파했다. 이 운동은 뉴욕에서 꽃을 피워 곧 미국 전역으로 퍼져나갔다. 가비는 기업가로 활동하는 한편, 미국 흑인들이 타고난 혈통을 자랑스럽게 생각해야 하며 조상들이 살던 고

향으로 돌아가야 한다는 주장을 폈다. 이러한 목적을 위해 그는 블랙스타라인이라는 운송회사를 세웠다. 그러나 회사는 무너졌고, 가비는 경제적인 부정행위 혐의로 체포되어 감옥에 갇혔다가 1927년 자메이카로 추방되었다. 하지만 이런 일이 벌어지기 전에 그와 UNIA는 힘을 합쳐 나중에 범아프리카주의 깃발이라고 전 세계에 알려지게 될 깃발을 이미 만들어두었다.

그를 비롯해서 미국의 많은 사람들은 1900년부터 알려진 인종차별적인 노래에 상처를 받았다. 〈깜둥이Coon만 빼고 모두 깃발이 있다네〉라는 제목의 이 노래는 가비가 깃발을 만들던 1920년에도 여전히 공연되고 있었다. 미국의 풍자작가인 H. L. 멘켄H.L. Mencken은 'coon'이라는 불쾌한 호칭을 대중에게 널리 알린 세 곡 중 하나로 이 노래를 꼽았다. 가비는 이에 맞서서 범아프리카주의를 상징하는 빨간색, 검은색, 초록색 깃발의 제작을 맡겼다. 범아프리카주의는 아프리카 혈통의 사람들을 모두 하나로 모으고, 식민주의에 종지부를 찍고, 아프리카와 거기서 이주한 사람들에게 경제적 기회를 마련해주자는 운동이다. 이 깃발은 1920년 뉴욕에서 열린 어느 국제회의에서 발표되었다. 이 자리에 참석한 아프리카 25개국의 대표들은 자신들의 노력을 뒷받침할 공통의 상징이 필요하다는 데 공감했다. 가비가 한때 일한 적이 있는《아프리칸 타임스 앤드 오리엔트 리뷰*African Times and Orient Review*》는 몇 년이 흐른 뒤 그의 말을 다음과 같이 인용했다. "깃발이 없는 민족이나 나라를 알려달라. 그러면 나는 긍지가 없는 종족이 누군지 알려주겠다. 그렇다! 노래와 흉내를 통해 그들은 이렇게 말했다. '깜둥이만 빼고 모두 깃발이 있다네.' 정말 옳은 말이 아닌가! 그렇다! 하지만 이건 4년 전의 이야기다. 지금은 그런 말을 할 수 없을 것이다⋯."

1920년에 나온 UNIA '세계 흑인들의 권리선언' 39조는 "빨간색, 검은색, 초록색을 아프리카 민족의 색으로 삼는다"고 선언했다. 왜 하필 이 세 가지 색깔이었을까? 이듬해에 UNIA가 펴낸 《세계 흑인 문답집 Unuversal Negro Catechism》은 다음과 같이 설명했다. "빨간색은 인간이 구원과 자유를 위해 반드시 흘려야 하는 피를 의미하고, 검은색은 우리가 속한 고결하고 뛰어난 인종의 색깔이며, 초록색은 우리 고향의 무성한 식물을 뜻한다."

많은 사람들은 가비가 에티오피아의 독립에 고무되긴 했으나, 에티오피아의 삼색기가 빨간색, 노란색, 초록색이 아니라 빨간색, 검은색, 초록색이라고 착각한 것 같다고 추측했다. 가비를 인터뷰한 적이 있는 미국 언론인 찰스 모브레이 화이트Charles Mowbray White가 이를 언급한 적 있다. '마커스 가비 문서'에는 그의 말이 다음과 같이 인용되어 있다. "예전에 가비는 에티오피아 삼색기의 의미를 다음과 같이 설명했다. '빨간색은 세계의 빨갱이들과 공감하고 있음을, 초록색은 자유를 위해 싸우는 아일랜드인들에 대한 공감을, 검은색은 흑인을 뜻했다.' ⋯다른 자리에서 가비는 빨간색, 검은색, 초록색으로 이루어진 에티오피아 국기가 '피와 자연 사이에 자리한 흑인이 권리를 찾을 것'을 보여준다고 말했다."

진실이 무엇이든 가비가 에티오피아의 사례에서 영향을 받았음은 분명하다. 가비의 추종자들을 위한 문답집에는 "우리 인종을 위한" 국가國歌는 "에티오피아, 우리 아버지의 땅"이라는 가사로 시작된다는 문장이 있다. 그보다 앞에는 〈시편〉 68편 31절이 실현되고 있다면서 이 구절을 인용해놓았다. "통치자들이 이집트에서 나오리니 이디오피아가 하나님을 향하여 곧 자기 손을 내밀리로다." 문답집은 이《성경》구절이 "흑인들이 같은 인종의 통치자들과 함께 아프리카에 자기들만의 정부를 세울 것"임을 증명한다고 주장한다.

가비가 착각했든 안 했든, 그가 만든 깃발이 이미 자리를 잡아서 바꿀 수가 없게 되었다. 따라서 이 깃발의 세 가지 색깔은 에티오피아 국기의 빨간색, 초록색, 노란색(또는 황금색)과 마찬가지로 아프리카를 연상시키는 색이 되었다. 이것은 가비의 유산 중 하나다. 미국의 역사가 조지 셰퍼슨George Shepperson은 1960년에 이미《저널 오브 아프리칸 스터디즈 Journal of African Studies》에 다음과 같이 썼다. "검은 피부에 대한 수치심이 아니라 자긍심을 기르기 위한 그의 강력한 선전 활동은 도처에서 아프리카 민족주의에 지울 수 없는 흔적을 남겼다." 가비는 1940년 런던에서 세상을 떠났다. 평생 아프리카 땅을 실제로 밟아보지는 못했다. 그는 자메이카에 묻혀 지금도 국민적 영웅으로 대우받고 있으며, 그의 영향을 전 세계에서 느낄 수 있다. 자메이카 국기의 색깔이 검은색, 초록색, 황금색인 것은 우연이 아니다.

라스타파리 운동은 가비를 예언자로 본다. 이 운동은 1930년대 초에 자메이카에서 생겨났다. 1920년에 가비는 다음과 같이 말했다. "아프리카를 보라. 흑인 왕이 왕관을 쓸 때. 해방의 날이 가까이에 왔으니." 다시 말해서, 메시아가 올 것이라는 뜻이었다. 10년 뒤 라스 타파리 마코넨Ras Tafari Makonnen이 에티오피아의 황위에 올라 하일레 셀라시에 1세

Haile Selassie I가 되었다. 라스는 에티오피아의 공용어인 암하라어로 '머리' 또는 '군주'라는 뜻이고, 타파리는 '우러름을 받는 자'라는 뜻이다. 그의 이름이 지닌 이런 의미와 하일레 셀라시에가 다윗 왕의 225대 직계자손이라는 주장을 들어 예언이 실현되었다고 보는 사람도 있었다. 따라서 그들은 그를 예수의 재림, 여호와의 아들, 또는 신으로 보았다. 그는 동시에 유다의 사자이기도 했다. 중앙에 유다의 사자가 있는 에티오피아의 옛 국기가 라스타파리 운동의 깃발로 쓰인 이유가 이것이다.

가비는 이런 주장들을 모두 받아들이지는 않았지만, 라스타파리 운동의 추종자들은 지금도 그를 우러러본다. 그의 사상이 스며든 이 운동은 추종자가 약 100만 명밖에 되지 않는다는 점을 감안할 때 세상에 생각보다 더 큰 영향을 미쳤다. 밥 말리Bob Marley* 같은 음악가들이 연주한 레게 음악의 인기가 큰 역할을 했다. 밥 말리도 가비와 하일레 셀라시에를 자주 언급한 바 있다. 예를 들어, 〈구원의 노래Redemption Song〉의 가사에 "정신적인 노예생활에서 스스로를 해방시키라. 우리 자신만이 우리의 정신을 자유롭게 할 수 있다"는 가비의 말을 인용했고, 근사한 노래 〈전쟁War〉에서는 하일레 셀라시에가 1963년 유엔에서 한 연설 중 상당 부분을 인용했다. "한 인종은 우월하게, 다른 종족은 열등하게 보는 철학이 마침내 영원히 믿음을 잃고 버림받을 때까지… 앙골라, 모잠비크, 남아프리카공화국에서 우리 형제들을 인간 이하의 굴레에 묶어두는 비

---

* 자메이카의 싱어송라이터이자 기타리스트. 그의 이름은 하일레 셀라시에의 본명인 라스 타파리 마콘넨Ras Tafari Makonnen에서 유래했다.

열하고 불행한 정권들이 타도되어 무너질 때까지… 그날까지 아프리카 대륙에 평화는 없을 것이다."

가비가 지금도 살아서 자신의 연설이 전 세계 대중문화에 퍼져 있는 것을 보았다면 깜짝 놀랐을지도 모른다. 아프리카 정치에 그가 영향을 미쳤다는 사실은 이에 비해 덜 놀랍지만, 그래도 여전히 대단하기는 하다. 케냐의 조모 케냐타Jomo Kenyatta, 가나의 콰메 은크루마Kwame Nkrumah 등 아프리카의 지도자들이 젊은 시절에는 그의 인종분리 주장을 받아들이지 않았을지 몰라도, 그의 글과 연설은 그들이 받은 정치 교육의 일부였다. 케냐타와 은크루마는 모두 범아프리카주의의 핵심 교의를 신봉했다. 아프리카에 살고 있는 사람들과 그곳에서 세계로 흩어진 사람들의 부족, 언어, 문화는 제각각이지만 아프리카라는 단어가 그들을 하나로 묶어준다는 것.

가나의 검은 별

은크루마는 1935년부터 1945년 사이에 미국에 살면서 가비의 글을 읽고, 그 내용을 가슴에 새긴 채 고향으로 돌아가 신생 독립국인 가나의 총리가 되었다. 가나는 사하라 이남에서 식민주의의 사슬을 가장 먼저 끊은 나라였다. 골드코스트라는 이름으로 영국의 지배를 받던 가나는 1957년에 독립했다. 수도 아크라에 자리를 잡은 정부는 에티오피아의 국기와 똑같이 초록색, 황금색, 빨간색을 국기 색으로 선택했지만 배열 순서를 바꿔 맨 위에 빨간색, 중간에 황금색, 아래에 초록색을 놓았다. 은크루마는 가비의 블랙스타라인 운송회사를 기리는 뜻에서 노란색 띠 중앙에 검은색 별을 넣는 것도 승인했다. 이 깃발을 도안한 테오도시아 살로메 오코Theodosia Salome Okoh의 말처럼 이 오각별이 "식민주의에 맞선 투쟁에서 아프리카의 해방과 단결을 상징"하게 된 것도 은크루마의 결정에 영향을 미쳤다. 가나 축구 팀이 지금도 '검은 별'이라고 불리는 것은 이 별 때문이다. 그러나 안타깝게도 은크루마는 조국에 스스로 독재 정치라는 족쇄를 채운 신세대 아프리카 지도자 중 선두 그룹에 속했다. 해방을 위해 싸울 때 내세웠던 이상과 새로운 국기가 상징하는 모든 것을 스스로 배신한 것이다.

범아프리카주의 정신을 담은 깃발들

1960년대에 아프리카에 독립국이 점점 늘어나면서 그중 많은 나라들이 에티오피아, 가비, 가나, 은크루마의 영향으로 범아프리카주의의 상징색을 국가적 상징으로 채택했다. 카리브해의 여러 나라들도 그 뒤를 따랐으나, 아프리카 국가들이 그랬듯이 각각의 색에 새로운 의미를 부여할 때가 많았다. 예를 들어, 가나는 황금색이 이 나라의 풍부한 광물 자원을 뜻한다는 주장을 고수하고 있지만, 가봉의 국기에서 중앙을 차지한 노란색 띠는 이 나라가 적도에 있다는 뜻이라고 한다.

사하라 이남에서 가나에 이어 독립한 다섯 나라, 즉 기니, 카메룬, 토고, 말리, 세네갈도 모두 빨간색, 황금색, 초록색을 기반으로 한 국기를 채택했다. 그들은 자국의 국기가 외국의 지배를 거부하고 더 나은 미래를 모색하기 위해 하나로 힘을 모은 이 대륙의 범아프리카주의 깃발임을 인정했다. 세 가지 기본색을 바탕으로 여러 변형을 가미한 것은 각국의 개성을 보여주었으나, 누구나 이들 국기의 공통적인 요소를 알아볼 수 있었다. 예를 들어 카메룬은 왼쪽부터 초록색, 빨간색, 노란색의 순서로 세 가지 색깔을 수직으로 배열했다. 노란색은 태양, 초록색은 희망, 빨간색은 단합을 각각 상징하며, 빨간색 띠에 그려진 노란색 별은 '단합의 별'이다. 독특한 디자인이지만, 카메룬 정부의 말처럼 모두 범아프리카주의의 정신에 닿아 있다.

다른 나라들은 빨간색, 초록색, 검은색을 사용하는 가비의 깃발을 기반으로 삼았다. 예를 들어, 말라위는 맨 아래에서부터 초록색, 빨간색, 검은색(국민을 상징) 순서로 세 가지 색깔을 수평으로 배열한 뒤, 검은색 띠에는 떠오르는 빨간 태양을 그려 넣었다. 이 태양은 아프리카 대륙 전역의 사람들이 품은 희망과 자유를 상징한다. 케냐의 초대 대통령 케냐타는 가비의 세 가지 색인 초록색, 빨간색, 검은색을 밑에서부터 차례대로 배열한 다음 각각의 색깔 사이를 얇은 하얀색 선으로 구분한 도안을 승인했다. 마사이족 전사의 방패와 창 두 자루를 국기 중앙에 세로로 길게 그려 넣은 것은 파격적이었다. 이 국기에서 검은색은 인구의 대다수를 의미하고, 빨간색은 자유를 위해 흘린 피를 상징하며, 초록색은 천연자원을 뜻한다. 또한 하얀색 테두리 선은 평화와 정직성을 상징하고, 방패와 창은 이 모든 가치를 지키는 역할을 한다.

다양한 종족이 모여 있는 나라에서 어느 특정 부족만의 상징을 국기에 사용한 것이 흥미롭다. 다른 나라였다면, 이것이 큰 문제가 됐을지도 모른다. 그러나 케냐 인구 4,400만 명 중 마사이족은 겨우 1.8퍼센트밖에 되지 않는다. 키쿠유, 루오, 칼렌진 등 이 나라에서 세력을 다투는 주요 부족들에게 마사이족은 위협이 되지 않는다는 뜻이다. 따라서 전통의 상징임을 쉽게 알아볼 수 있는 방패 문양을 아프리카에서 가장 유명한 부족 중 하나인 마사이족의 색으로 도안해 넣은 것을 모두 받아들일 수 있었다. 스와질란드도 전통적인 전사의 방패를 국기에 넣었다. 검은색과 하얀색이 절반씩 섞인 이 방패는 이 나라의 여러 부족들이 함께 잘 지낼 수 있을 것이라는 희망을 상징한다. 한편 모잠비크는 여기서 조금 더 나아갔다고 할 수 있다.

모잠비크가 현대식 무기를 국기에 그린 까닭

모잠비크의 국기는, 아주 부드럽게 말을 골라 표현하자면, 흥미롭다. 관점에 따라 문제가 있는 것으로 보일 수도 있고, 영감을 불어 넣는 깃발로 보일 수도 있다. 어쩌면 걱정스럽게 보는 사람도 있을 수 있고, 그럭저럭 받아들일 만하다고 보는 사람도 있을 수 있다. 이 국기에서 가장 흥미로운 요소는 총검을 꽂은 AK-47 돌격소총이다. 이 총은 국기 왼쪽에 배치되어 있다. 전 세계 국기 중에서 현대적인 무기를 상징적으로 그려 넣은 깃발은 모잠비크 국기가 유일하다. 이 국기를 구성하는 색은 빨간색, 노란색, 초록색, 검은색, 하얀색, 이렇게 다섯 가지다. 여기서 노란색은 이 나라의 풍부한 광물자원을 뜻한다. 왼쪽의 빨간색 삼각형 안에 그려진 노란색 별은 이 나라 정부의 사회주의 신념을 상징하며, 그 위에 교육의 중요성을 표현한 책과 농민을 상징하는 괭이가 그려져 있다. 여기에 함께 그려진 AK-47은 필요한 모든 수단을 동원해서 자유를 지키겠다는 이 나라의 단호한 의지를 나타낸다.

AK-47은 포르투갈에 맞서 독립 전쟁을 벌이던 시절*, FRELIMO라고 불리던 모잠비크 해방전선이 사용하던 무기다. FRELIMO는 가장 세력이 큰 혁명군이었으므로, 거의 5,000년에 달하는 포르투갈의 통치에 종지부를 찍고 1975년에 당연한 듯 권력을 잡았다. 과거 FRELIMO의 깃발 도안과 비슷한 현재의 국기는 1983년에 채택되었다. FRELIMO는 지금도 모잠비크 정치에서 지배적인 세력이다. 국기에 그려진 총에 대해 이 나라의 많은 평범한 국민들은 불편한 감정을 드러낸다. 총을 국가적 단합의 상징으로 보기가 힘들기 때문이다. 이 국기 전체에서 당리당략의 냄새가 풍길 뿐만 아니라(FRELIMO의 지도체제에 부족적인 요소가 있기는 하지만, 그들의 기반은 부족이 아니다. 정치다), 총이 폭력과 내전을 연상시키기 때문이다. 이런 이미지를 세계에 널리 알리고 싶어 하는 사람은 많지 않다. 모잠비크 국민들은 10여 년 전부터 총을 국기에서 지우는 문제를 놓고 격렬한 논쟁을 벌이고 있지만, 총을 지워야 한다는 압력을 행사하는 쪽은 주로 야당이다. 정부는 총을 포기할 생각이 없기 때문에 지금도 국기에 총이 남아 있다. 국제회담장에서 전 세계의 국기들과 함께 이 국기가 휘날리는 것을 볼 때면, 조금 이상해 보이기는 한다.

국기에 드러낸 독립과 저항의 역사

사하라 이남에서 범아프리카주의 색깔인 빨간색, 황금색, 검은색, 초록색을 국기에 사용한 나라만 적어도 18개국이다. 이 색깔들에 영향을 받

* 모잠비크는 1964년부터 1974년까지 포르투갈의 식민 지배를 받았다.

은 흔적이 역력한 국기는 이보다 더 많다. 그들을 식민지로 지배했던 강대국의 국기들은 아프리카의 역사를 기릴 때를 빼면 대부분 가차 없는 거부의 대상이다. 우간다와 잠비아의 국기가 좋은 예다. 우간다 국기는 다양한 색의 줄무늬가 있는 독특한 모양이다. 중앙에 두 개의 띠를 차지하는 하얀 원을 넣지 않았다면 줄무늬가 들어간 과자처럼 보일 뻔했다. 원 안에는 다소 화려한 왕관을 쓴 회색 학 한 마리가 당당하게 한 다리로 서 있다. 순한 동물로 알려진 학은 이 나라의 상징이다. 이 새의 우아함이 곧 우간다 국민의 우아함을 뜻한다고 한다. 잠비아는 독특한 모양을 선택했다. 초록색이 국기의 대부분을 차지하지만, 오른쪽 아래에 빨간색, 검은색, 오렌지색이 직사각형 모양으로 배열되어 있다. 그 위를 날고 있는 독수리는 이 나라를 상징하는 동물인데, 여기서는 이 나라의 문제를 이겨내고 솟아오르는 잠비아 국민을 상징한다.

　라이베리아는 예외적으로 검은색, 황금색, 초록색, 검은색의 패턴에서 벗어난 국기를 갖고 있다. 이 나라를 세우는 데 미국에서 온 노예 출신 흑인들이 힘을 보탠 독특한 역사 때문이다. 그래서 이 나라의 국기는 성조기와 아주 흡사하다. 라이베리아라는 이름은 라틴어로 '자유롭다'를 뜻하는 liber에서 유래했다. 노예제 폐지론자들과 해방노예들이 19세기 초 몇십 년 동안 서아프리카 해안의 부족들에게서 땅을 사들였다. 그리고 그 땅에 미국에서 온 흑인 수천 명이 정착했다. 처음부터 미국식 깃발을 사용했으나, 왼쪽 위에 십자가가 들어간 것이 차이점이었다. 1847년에 국기를 제정해야 한다는 목소리가 나오자, 라이베리아 독립선언서에 서명한 열한 명을 상징하는 열한 줄의 줄무늬 도안이 최종적으로 선택되었다. 십자가가 있던 자리에는 별이 대신 들어갔다.

분리주의와 종족 간 갈등으로 신음하는 아프리카

이 나라의 국기 외에도 예외적인 도안의 국기들이 있지만, 그것이 범아프리카주의의 거부를 뜻하지는 않는다. 범아프리카주의는 지금도 아프리카 대륙 전역에 널리 퍼져 있다. 예외적인 국기 도안은 대개 각 나라 내부의 사정이나 구체적인 사건에서 기인한다. 예를 들어, 중앙아프리카 지역, 특히 콩고민주공화국, 르완다, 부룬디는 오래전부터 분쟁에 시달리고 있다. 1994년 르완다에서 종족학살이 발생한 이후*, 국민들 사이에 화해가 필요하다는 공감대가 형성되었다. 화해를 위해 나온 아이디어 중의 하나가 바로 새로운 시작이었다. 그래서 이 나라는 2001년에 빨간색, 황금색, 초록색으로 이루어진 기존의 국기를 버리고 파란색, 노란색, 초록색으로 이루어진 새 국기를 채택했다. 기존 국기가 후투족의 극단주의를 연상시키기 때문이었다. 새 국기의 초록색은 단합된 노력을 통한 번영, 노란색은 경제 발전, 파란색은 평화를 각각 뜻한다. 맨 위에 있는 파란색 띠의 오른쪽 귀퉁이에는 국민들의 점진적인 계몽을 뜻하는 태양이 그려져 있다. 르완다는 여기에서 그치지 않고, 대량학살 사태의 공포를 이겨내고 새로운 출발을 한다는 뜻을 더욱 강조하기 위해 국가의 기장과 국가도 새로 바꿨다.

---

* 르완다 내전 중 다수족인 후투족에 의해 투치족과 이들을 옹호했던 중도 성향의 후투족이 집단학살된 사건이다. 1994년 4월 7일부터 7월 중순까지 약 100일 동안 100만여 명이 살해되었다.

르완다 사태 이후 부룬디에서도 종족 간의 폭력이 재발했다. 이 나라의 국기는 주요 종족들을 포용하는 도안으로 만들어져 있었으나, 안타깝게도 정치적 현실은 거기에 미치지 못했다. 부룬디의 국기 도안도 예외에 속한다. 중앙의 커다란 하얀색 원에서 뻗어나간 가지들이 각각 네 귀퉁이로 향하고, 나머지 공간은 빨간색과 초록색으로 메워져 있다. 그리고 원의 중앙에는 빨간 별 세 개가 있다. 하얀색은 평화를 상징하며, 세 개의 별은 이 나라의 좌우명인 '단결, 노동, 전진'의 상징이다. 그러나 이와 동시에 이 나라에서 가장 세력이 큰 세 개의 부족, 즉 투치족, 후투족, 트와족을 뜻하기도 한다. 벨기에의 보호령이었던 부룬디는 이웃인 르완다와 마찬가지로 후투족과 투치족 사이의 무시무시한 폭력사태로 신음하고 있다. 다수인 후투족 주민들이 소수인 투치족 위주의 군대와 충돌한 1993~2006년의 내전에서 거의 30만 명이 목숨을 잃었다. 그 이후 군대와 정당을 통합하려는 시도들이 있었으나, 2015년 여름부터 다시 시작된 폭력사태는 완전한 화해와 진정한 통합국가를 이루려는 노력의 한계를 보여준다.

많은 아프리카 국가들이 분리주의와 종족 간의 갈등으로 고생하고 있다. 19세기와 20세기에 강대국들이 지도에 멋대로 국경선을 긋는 바람에 새로운 독립국마다 서로 다른 언어를 쓰는 여러 종족이 모여 살게 된 것이 이유 중 하나다. 이 나라들 중 일부는 범아프리카주의라는 이상과의 연대 속에서 국기를 제정했는데도, 스스로 국민들을 단합시키려는 노력을 전혀 하지 않았다. 이들의 '국기'는 국민들에게 억지로 강요된 국경선을 강화하는 역할을 했을 뿐이다. 부룬디 같은 나라는 이 사실을 인정하고 국민을 단합시킬 수 있는 국기를 만들려고 시도했으나, 나라 안의 특정한 종족을 가리키지 않고 다양한 종족이 어우러진 환경을 축하하는 국기를 만든 나라도 있다. 작은 섬나라 세이셸의 국기가 그런 예다. 세이셸은 영국으로부터 독립한 것을 기념하기 위해 1996년 다섯 가지 색으로 이루어진 아름다운 부챗살 모양의 국기를 들고 나왔다. 다섯 가지 색깔 중 어느 것도 종족과는 상관이 없지만, 주요 정당을 의미하기는 한다. 왼쪽에서 오른쪽을 향해 부챗살 모양으로 점점 넓어지는 색색의 띠는 다양한 종족이 함께 살아가는 사회와 역동적인 미래를 향해 나아가는 새로운 국가의 탄생을 상징한다.

나이지리아 국기에 대한 논란

국기에서 종족과 관련된 의미를 아예 없애버린 나라도 있다. 나이지리아가 좋은 예다. 1914년에 영국이 세운 이 나라는 과거 베닌 제국, 오요 제국, 소코토 칼리프국 등 여러 나라의 땅이었던 지역들 중 일부로 구성되어 있다. 이 나라에는 약 250개 종족이 살고, 지리적으로는 36개 지역으로 이루어져 있으며, 주요 종교는 이슬람교와 그리스도교다. 독립 이후 거의 60년에 이르는 기간 동안 이 나라는 군사 쿠데타, 종족 간의 충돌, 분리주의 전쟁 등 어려운 일들을 겪었다. 최근에는 IS와 관련된 이슬람주의 테러 단체인 보코하람이 나타나 활동 중이다. 이 나라 국기에는 초록색, 하얀색, 초록색이 수직으로 배열되어 있는데, 초록색은 이 나라의 무성한 숲과 농업을 상징하고 하얀색은 평화를 상징한다.

이 국기는 1959년에 당시 스물세 살의 학생이던 마이클 태우 아킨쿤미Michael Taiwo Akinkunmi가 디자인했다. 그는 런던에서 공학을 공부하던 중, 이듬해에 영국으로부터 독립할 예정인 신생 주권국가의 국기 도안 공모 광고를 신문에서 보았다. 그는 즉시 작업을 시작해 고향으로 작품을 부쳤다. 공모에 응한 작품은 2,000점이 넘었다. 그의 집안에는 1959년 2월 14일에 라고스의 '독립축하국'에서 일하는 헤포드Hefford 대령이라는 사람이 그에게 보낸 편지가 아직도 보관되어 있다. 편지에는 다음과 같이 적혀 있다. "국기에 대한 제안에 감사드립니다. 심사위원회가 절차에 따라 심사숙고하겠습니다."

심사위원회는 정말로 심사숙고했다. 그리고 이듬해에 아킨쿤미는 나이지리아 행정관의 런던 사무실로 초청되어 좋은 소식과 나쁜 소식을 들었다. 나쁜 소식은 그가 보낸 도안 중 일부가 심사위원의 마음을 사지 못해 지워졌다는 것이었다. 그의 도안은 수직으로 배열된 초록색-하얀색-초록색 중 하얀색 띠에 햇살이 퍼져나가는 빨간색 태양을 그려 넣은 모양이었는데, 심사위원들이 지워버린 것은 바로 빨간색 태양이었다. 좋은 소식은 그 태양을 지우고 나서 남은 모양이 심사위원들의 마음에 들어서, 그 도안이 최종적으로 선택되었다는 것이었다. 그는 상금 100파운드를 확보했을 뿐만 아니라, 나이지리아 역사책에도 반드시 한 자리를 차지하게 되었다. 하지만 이런 약속은 이 나이지리아인 학생이 무려 40여 년 동안 참을성 있게 기다린 뒤에야 비로소 현실이 되었다.

2006년에 아킨쿤미는 공무원으로 일하다가 퇴직해서, 라고스에서 북쪽으로 약 110킬로미터 떨어진 이바단의 가난한 동네에 살고 있었다. 아무도 그가 누구인지 알지 못했다. 그는 사실상 무명의 존재였다.

그런데 이바단 대학교에 다니던 선데이 올라왈레 올라니란Sunday Olawale Olaniran이라는 학생이 나이지리아 역사를 공부하다가 국기 도안을 만든 사람의 이름을 우연히 알게 되었다. 나중에 그는 아킨쿤미를 가리켜 "영예를 얻지 못한 영웅"이라고 말했다.

올라니란은 전국지인 《데일리 선Daily Sun》과 접촉해서 함께 아킨쿤미의 행방을 추적했다. 그렇게 찾아낸 아킨쿤미는 기억력도 이미 많이 흐려졌고, 건강도 좋지 않은 상태로 가난하게 살고 있었다. 연금이 지급되기는 했으나 워낙 들쭉날쭉해서 생활비를 충당할 수 없었다. 이 사실이 알려지자 평범한 나이지리아 국민들이 먹을 것과 옷가지를 그에게 기부해주었다. 그러나 올라니란은 여기서 만족할 생각이 없었으므로, 아킨쿤미가 이 나라에 어떤 기여를 했는지 널리 알리기 위한 캠페인을 시작했다. 그의 뜻이 이루어지는 데는 몇 년이 걸렸지만, 독립 50주년 행사가 벌어진 2010년에 정부는 마침내 아킨쿤미를 '훌륭한 나이지리아인'으로 명명했다. 그가 처음으로 얻은 영예였다. 이렇게 이름이 널리 알려지면서 그는 '국기 아저씨'로 불리게 되었고, 2014년에는 이미 시력을 다 잃어버렸는데도 수도 아부자까지 와서 당시 대통령이던 굿럭 조너선Goodluck Jonathan이 수여하는 '연방공화국 관리OFR' 칭호와 대통령 특별보좌관으로서 평생 봉급을 받을 자격을 얻었다.

빨간색 태양이 들어간 아킨쿤미의 원래 도안은 현재의 국기보다 더 화려했다. 그 태양이 사라진 나이지리아의 국기는 잘 눈에 띄지 않는 국기 중 하나가 되었지만, 그래도 이제는 초록색-하얀색-초록색의 배열이 나라의 상징으로 인정받고 있다. 비판하는 사람이 없는 것은 아니다.

파룩 A. 크페로기^{Farooq A. Kperogi}는 2012년에 나이지리아의 지식인 웹 사이트 '빌리지 스퀘어(생각의 시장)'에 기고한 글에서 자기 나라의 국기가 "세계 최악의 도안을 채택한 국기 중 하나임이 틀림없다. 상상력도 없고, 미학적으로도 보기에 좋지 않으며, 이미지와 상징 면에서는 불모지와 같다. 내가 아는 한, 별 특징이 없는 색을 두 번이나 사용한 국기는 전 세계에 몇 개 되지 않는다"고 말했다. 호된 비판이다. 그러나 크페로기의 말은 계속 이어진다. "이것이 사소한 주제처럼 보일지도 모르지만… 최근 나이지리아에서 벌어진 일들을 보며 우리는 우리의 대표 이미지와 우리가 실제로 경험하고 있는 현실 사이의 관계에 대해 마땅히 의문을 품어야 한다…. 국기에 초록색이 두 번이나 쓰인 것을 내 머리로는 도저히 정당화할 수 없다. 누가 보면 초록색이 시중에서 퇴출될 위험이 있어서 우리가 초록색을 포획해 국기에 전시한 줄 알 것이다."

국기에 대한 논란은 항상 벌어지고 있지만, 아직 국기를 바꿀 정도는 아닌 것 같다. 그래도 이런 논란에서 문제의 핵심을 짚는 크페로기의 말을 길게 인용할 가치가 있다. "우리가 우리 문화, 특징, 역사를 묘사하기 위해 꺼내들 수 있는 상징이 색깔뿐인가? 아주 옛날부터 이 나라의 풍경 속을 남북으로, 동서로 흐르며 경외심을 불러일으키는 강들은 어떤가? 미로처럼 복잡하지만 화려한 태피스트리 같은 우리 역사는? 독특하고 화려한 요리는? 식민지 시대 이전의 용맹한 제국들은…? 왜 이들 중 어느 것도 국기에 상징적으로 표현되지 않았는가? …우리가 영국의 지배를 받다가 '독립'한 지 이제 52년이 되었다. 국기의 색깔과 도안을 일찌감치 다시 생각해봤어야 하는 것 아닌가? 우선 지금의 국기는

식민지 시대의 잔류물이다. 독립한 뒤 공들여 만들어낸 깃발이 아니라
는 뜻이다…. 우리가 초록색-하얀색-초록색 국기를 계속 사용할 이유
가 없다."

아이쿠. 그러나 이런 주제는 몹시 주관적이고 감정적이다. 그리고
크페로기는 이 주제에 대해 목소리를 내는 많은 사람 중 한 명일 뿐이다.

남아프리카공화국, 혐오 시대의 종언

남아프리카공화국이 아파르트헤이트 시대* 이후 새로운 국기를 만들
때 도안을 맡은 프레드 브라우넬Fred Brownell은 이런 감정적인 측면을 깊
이 염두에 두고 오랫동안 생각을 거듭했다. 갈등에 시달려온 남아프리
카공화국은 당시 완전히 달라진 현실에 적응하려고 애쓰는 중이었다.
그러나 이 나라의 국민들은 여전히 극단적으로 분열되어 서로를 경계
하고 있었다. 이 나라에는 국민을 하나로 모을 수 있는 상징이 절실히
필요했다. 그야말로 생사가 결정되는 역사적인 순간이었다. 수천 가지
집단적인 결정들이 모여서 한 나라의 미래를 만들어내는 순간. 그런 결
정 중 하나가 바로 프레드의 손으로 이루어졌다.

그는 잘 나서지 않는 조용한 성격이라서, 허황된 말이나 과장된 말

---

* 인종에 따라 사회적 권리를 차별한 남아프리카공화국의 분리 정책. 1948년부터 이를 공식화하고
흑인들을 분리된 주거지역으로 내모는 등 극도로 차별적인 정책을 펼쳤다. 흑인들의 거센 저항과 국제
사회의 비판. 각국의 보이콧 등에 밀려 결국 백인정권은 1990년대 초반 아파르트헤이트를 철폐했으며.
장기간 투옥돼 있던 흑인 투사 넬슨 만델라가 석방됐다. 1994년 사상 첫 민주선거로 만델라가 대통령
에 당선되면서 인종분리 시대는 종말을 맞이했다.

을 잘하지 않는다. 어쩌면 그래서 그가 도전할 과제가 생겼을 때 기꺼이 받아들인 건지도 모른다. 그의 역사적인 순간은 1994년 2월의 어느 토요일 밤 프레토리아에 있는 그의 집 전화벨이 울렸을 때부터 시작되었다. 데 클레르크Frederik W. de Klerk* 대통령은 퇴장을 앞두고 있었고, 만델라는 이미 석방되어 그 나라 최고의 자리에 오르기 직전이었다. 따라서 새로운 남아프리카공화국에는 새로운 국기가 필요했다. 기존의 국기는 네덜란드 국기를 바탕으로 한 것이라서 식민주의와 아파르트헤이트를 모두 연상시켰으므로, 마땅히 없어져야 했다.

프레드에게 전화가 걸려오기 전, 이미 7,000건의 국기 도안이 퇴짜를 맞았다. 그래픽디자인 스튜디오들도 답을 내놓지 못했다. 정신없는 변화의 시기에 모두를 만족시키기는 불가능했다. 권력이양의 감시를 맡은 당국자들은 프레드에게 다음과 같은 질문을 던졌다. "새로운 국기는 어떤 모양이어야 하겠습니까?" 그리고 일주일의 말미를 주었다.

이미 현역에서 은퇴한 일흔네 살의 프레드는 나라의 각종 깃발, 배지, 인장 등의 등록을 관장하는 남아프리카 문장紋章국의 관리였다. 따라서 그는 이미 이 주제에 대해 어느 정도 생각해본 적이 있었다. 1993년 여름에 그는 취리히에서 열린 국제 깃발학회에 참석해, 유난히 지루한 연설을 듣다가 새로운 남아프리카공화국을 위한 몇 가지 아이디어를 스케치하기 시작했다. 남아프리카공화국의 다양한 '색깔들'이 반드시

---

* 남아프리카공화국 백인정권의 마지막 대통령. 아파르트헤이트 정책의 종식에 기여하고 남아프리카 공화국에 새로운 민주적 기초를 쌓은 업적으로 넬슨 만델라Nelson R. Mandela와 함께 1993년 노벨 평화상을 공동 수상했다.

스스로를 유지하면서 협동해야 한다는 만델라의 거듭된 호소를 바탕으로 한 아이디어들이었다.

내가 이 책을 쓰기 위해 프레드를 인터뷰했을 때, 그는 자신의 생각을 이렇게 설명했다. "내 머릿속 한 구석에 있던 생각, 그리고 내가 머리를 긁적이며 고민하던 생각은 우리에게 뭔가 새로운 것, 수렴과 상징을 나타낼 수 있는 것이 필요하다는 거였습니다. 모두가 받아들일 수 있는 것이 필요하다고 확신했습니다."

그는 Y 자 문양을 생각해냈다. 중심이 되는 색은 초록색이지만, 위와 아래에는 각각 빨간색과 파란색이 있고, 여기에 검은색과 황금색이 추가되었다. 아프리카민족회의ANC, 줄루 잉카타 자유당 등 여러 정치단체들이 깃발에 사용하는 색이었다. "빨간색, 황금색, 초록색은 기존의 정치적 현실이었습니다. 이 모든 것을 하나로 모은 도안이라면 색깔, 국민, 언어의 수렴을 표현할 수 있을 것 같았습니다. 옛날에 우리가 쓰던 국기도 생각했죠. 거기서는 오렌지색, 하얀색, 파란색이 지배적이었습니다. 나는 오렌지색 대신, 빨간색과 오렌지색의 중간쯤 되는 칠리레드를 선택했습니다. 아주 예쁜 색입니다. 사람들은 나더러 빨간색과 오렌지색 사이의 선 위에 앉아 있다고 비난했지만, 아뇨, 그건 두 색의 만남을 표현한 색이었습니다."

칠리레드는 네덜란드와 영국의 식민지 시절 깃발들의 중간쯤에 위치하는 색이기도 했다. 프레드는 이 점도 염두에 두었다. 그러나 국기에 사용된 색깔들이 반드시 뭔가를 상징한다고, 그러니까 초록색은 식물을 상징한다는 식으로 볼 필요는 없다고 말한다. 이 색깔들이 하나로 합쳐져서 이 나라 국기 역사의 시놉시스를 보여준다는 것이 그의 설명이다. 국기의 도안, 특히 Y 자 문양은 과거와 현재, 그리고 다양한 종족들의 수렴을 상징한다.

그는 자신과 같은 깃발 전문가이자 친구인 올로프 에릭슨^{Olof Eriksson}의 조언을 받아들였다. "우표 크기만큼 작게 줄였을 때 상세한 특징이 사라지는 도안이라면 나쁜 도안이라고 말하더군요. 제 도안은 6×4밀리미터로 줄여서 사방의 길이가 2.5센티미터인 정사각형 위에 열여섯 개나 배치해두어도 사람들이 알아볼 수 있습니다. 전 세계에 국기가 워낙 많고, 특히 삼색기가 정말 많기 때문에, 나도 책을 찾아봐야만 각국의 국기를 구분할 수 있습니다. 하지만 우리 국기는, 음, 그냥 스스로 벌떡 일어나서 모습을 드러내죠."

그가 Y 자를 바탕으로 한 아이디어를 조금 더 손질해서 만든 두 개의 도안이 위원회의 시선을 끌었다. 결국 이 도안 두 개와 다른 사람들의 도안 세 개가 데 클레르크 대통령에게 제출되었다. 국기에 관한 결정이 얼마나 민감한지 잘 알고 있던 대통령은 혼자서 내릴 결정이 아니라는 생각에 즉시 국무회의를 소집했다. 그리고 여기서 지금의 국기가 채택되었다. 곧 이 도안을 전달받은 ANC의 수석 협상가 시릴 라마포사_{Cyril Ramaphosa}는 새로운 나라의 상징을 결정하는 일인 만큼, 새로운 시대의 상징적인 인물에게서 축복을 받을 필요가 있음을 깨닫고 만델라에게 팩스로 도안을 보내주었다.

여기서 역사의 매혹적인 이야기 하나가 펼쳐진다. 당시에는 이메일이 아직 보편화되지 않았고, 팩스로 전송된 문서는 언제나 흑백이었다.

프레드는 이때의 일을 내게 이야기해주며 쿡쿡 웃었다. 하지만 그 당시에 그는 사정을 전혀 모르고 있었다. "만델라는 북동부에 있다가 그 팩스를 받았습니다. 결국 누군가가 동네 상점으로 달려가 색연필을 몇 개 사와서 팩스에 색칠을 했답니다. 내가 듣기로 만델라는 그 그림을 열심히 살펴본 뒤에, '좋군요. 이걸로 갑시다'라고 말했다고 합니다."

이 말과 함께, 총선 때까지 새로운 국기를 완성하려는 경주가 시작되었다. 4월 27일의 총선이야말로 권력의 이양이 확실히 이루어졌다는 증거가 될 터였다. 남은 시간은 기껏해야 5주 남짓. 과도행정위원회는 만델라의 동의가 떨어진 뒤 몇 시간도 안 돼서 그 도안을 채택했으나 곧바로 문제에 부닥쳤다. 전국의 깃대가 약 10만 개인데, 권력이 이양되는 그날 그 모든 깃대에 새 국기가 걸려야 했다. 그러나 국내에서 생산할 수 있는 국기는 일주일에 5,000장이 고작이었으므로, 전국의 깃대 중 4분의 3이 그날 창피하게도 알몸으로 서 있어야 한다는 계산이 나왔다. 이때 네덜란드의 공장들이 나서서 문제를 해결해주기는 했으나, 그로 인해 유럽이 보유하고 있던 국기 제작용 자재들이 모두 소진되는 일이 벌어졌다.

그럼 국기에 대한 반응은? "처음에 국민들의 반응은 미약했습니다." 프레드는 이렇게 말했다. 하지만 선거 날부터 만델라의 대통령 취임식 날까지 몇 주 동안 사람들의 머릿속에 국기의 도안과 색깔이 스며들기 시작했다. "2, 3주 만에 사람들의 태도가 바뀌었습니다. 국기에 대해 다정한 애정을 드러내기 시작한 사람들이 많았죠. 다들 국기를 받아들였습니다. 결국 색깔은 사람들의 삶에서 심리적인 구성요소이고, 삶의 정수의 일부니까요."

그럼 이 국기가 자랑스럽습니까? "글쎄요, 난 그것이 내가 해야 할 일이라고 생각하고 작업했어요. 내가 할 수 있는 일을 하는 것이 내 책임이었습니다. 작게나마 기여할 수 있어서 기쁩니다."

작게나마라니. 사실 프레드는 아파르트헤이트 폐지 이후 힘겨웠던 화해 과정에서 자신의 역할을 수행했다. 그러나 국기는 성공작으로 평가되었어도, '무지개의 나라'라고 불리는 남아프리카의 국민단합은 그리 성공적이지 못했다. 앞으로도 한동안 노력을 기울여야 할 것으로 보인다. 다양한 색깔을 한자리에 모아 상징하려고 했던 이상은 사라지지 않는 분열 앞에서 휘청거리고 있다. 게다가 경제적인 어려움과 이민 때문에 상황이 더욱 악화되는 중이다.

그러나 아프리카에 노력을 기울여야 하는 일은 이것뿐만이 아니다. 대부분 비교적 역사가 짧은 아프리카 국민국가들의 발전도 계속 노력을 기울여야 하는 문제다. 빨간색, 황금색, 초록색, 검은색은 대륙 전체의 단합이라는 이상을 널리 알리는 데에 앞으로도 항상 도움이 될 것이다. 그러나 이 거대한 대륙에서는 현재 수십 개 국가로 나뉜 사람들이 각각 자국의 국민이라는 정체감을 조금씩 단단히 다지고 있다. 또한 권력, 정치, 종족 간의 상호작용 속에서 각각의 국기가 지닌 상징성은 중요한 역할을 한다. 남은 과제는 각 나라의 이 상징들을 공고히 하는 것이다. 새로운 국기는 국민들에게 한데 뭉칠 수 있는 중심점을 제공해주지만, 국가가 생기기 전 과거의 정체감도 여전히 강력한 힘을 발휘할 수 있다. 아니, 발휘할 것이다.

제8장

혁명의 깃발

옛것과 새것이 융합된
라틴아메리카 문화

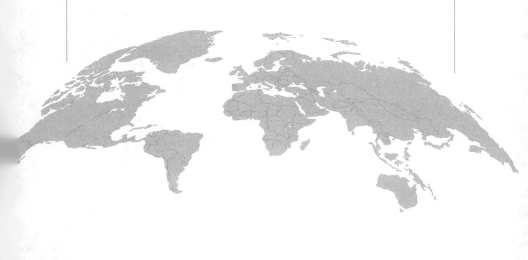

볼리비아 국기와 위팔라 깃발. 위팔라는 최근 안데스 산맥 지역 일대에 살고 있는 토착 부족들의 권리를 상징하게 되었다. 2009년 볼리비아의 에보 모랄레스Evo Morales 대통령은 여러 색깔로 이루어진 위팔라 깃발과 볼리비아 국기인 삼색기를 공공건물에 함께 게양해야 한다는 규정을 만들어 논란을 일으켰다.

얄궂게도,
라틴아메리카의 나라들은
불안정하기 때문에
작가들과 지식인들에게
자신이 필요한 존재가 될 수 있다는
희망을 안겨준다

☛ 마누엘 푸익Manuel Puig(아르헨티나 소설가)

곤드와나 대륙*에는 깃발이 있었던 적이 없다. 여기에는 탄탄한 과학적 이유가 있는데, 그중에서 가장 중요한 이유는 당시 깃발을 만들 만한 인간들이 그곳에 존재하지 않았다는 것이다. 티라노사우루스 렉스는 다른 손가락들과 방향이 다른 엄지손가락이 없는 관계로 결코 깃발을 만드는 수준에 도달하지 못했다. 뭐, 그런 건 상관없다. 지구상에 마지막까지 남아 있던 이 초™대륙이 약 1억 8,000만 년 전에 분리되면서, 아프리카 대륙과 남아메리카 대륙을 포함한 여러 지역이 생겨났기 때문이다.

아프리카 서해안과 남아메리카 동해안의 상세지도가 만들어진 1620년대에 이르러서야 사람들은 이 두 대륙이 퍼즐 조각처럼 서로 잘 들어맞는 모양을 하고 있음을 깨달았다. 이런 추측이 판구조론의 뒷받침을 받아 널리 받아들여지게 된 것은 1960년대가 되어서였다.

하나의 대륙이었다가 분리된 이 두 대륙은 식민지와 노예의 시대가

---

* 고생대 말기부터 중생대 초기에 걸쳐 남반구에 존재했을 것으로 추측되는 대륙. — 옮긴이

시작될 때까지 서로 이렇다 할 교류가 없었다. 그러다 그 시대에 이르러 두 대륙 모두 유럽 여러 나라의 지배를 받게 되었고, 곧이어 서아프리카에서 남아메리카로 엄청난 양의 인신매매가 이루어졌다. 그러나 이 두 대륙이 각각 식민주의라는 족쇄를 벗어던지고 국가적 상징을 선택해야하는 시기가 되었을 때, 그들이 선택한 길은 서로 달랐다.

콜럼버스에게 발견당한 지상낙원

남아메리카는 지역별로 공통의 역사와 관련된 색깔들이 있지만, 남아메리카 대륙 전체를 아우르는 색깔은 없다. 삼색기처럼 유럽식을 따른 깃발을 사용하는 나라도 아프리카보다 더 많다. 고대 문화와 민족의 상징을 사용하는 깃발들도 눈에 띈다. 특히 멕시코 국기가 그렇다. 그러나 이런 깃발은 드문 사례일 뿐이다. 어쩌면 두 대륙이 식민지였던 시기와 독립한 시기가 다르기 때문에 이런 결과가 나온 것인지도 모른다. 아프리카 대륙은 완전히 점령당해 식민지화된 시기가 아메리카 대륙에 비해 짧은 편이었다. 100년이 채 안 되는 지역이 많다. 그 기간 동안 토착문화는 물론 사람들까지도 상당 부분 살아남았다. 따라서 식민지 시대 이후 점령자들의 상징이 거부당한 것은 자연스러운 일이었다.

반면 라틴아메리카에 원래 살고 있던 사람들, 즉 아즈텍인, 마야인, 잉카인 등은 유럽인들이 가져온 질병과 전쟁으로 거의 전멸하다시피했다. 그나마 살아남은 사람들도 대부분 외딴 곳으로 숨어들었기 때문에, 거의 300년에 걸친 식민지 시대 동안 자기들이 살고 있는 사회에 많은 영향을 미치지 못했다. 그동안 주로 에스파냐와 포르투갈이 이 대륙을 지배했고, 이들보다는 덜하지만 영국과 프랑스도 이 대륙에 식민지를 갖고 있었다. 지금도 이 대륙의 인구 6억 2,600만 명 중, 토착주민의 비중은 10퍼센트가 되지 않는다.

따라서 라틴아메리카 주민들이 소리 높여 독립을 외치기 시작했을 때, 그들 중 대부분은 문화적으로나 언어적으로나 자신을 지배하는 주인들과 뿌리가 같았다. 그래서 구질서의 상징을 내던지는 일에 심리적으로 덜 끌렸을 것이다. 자신들이 그동안 애써 억압했던 토착문화에서 영감을 얻은 사람은 거의 없었다. 미국 독립 전쟁은 유럽 출신 정착민의 후손들이 유럽 강대국에서 스스로 떨어져 나와 자기들만의 새로운 정체성을 확립할 수 있음을 보여주었다. 19세기 초에는 프랑스혁명이 비교적 최근의 일이었으므로, 주로 유럽인의 후손인 라틴아메리카의 혁명가들은 프랑스의 삼색기가 상징하는 자유의 이상을 받아들였다. 또한 나폴레옹이 유럽을 휩쓸면서 에스파냐와 포르투갈의 왕정이 차례로 약화된 것도 그들에게는 이롭게 작용했다.

라틴아메리카를 정의하는 말은 다양하지만, 간결함을 위해 나는 멕시코에서부터 시작해 남쪽으로 8,800킬로미터 떨어진 아르헨티나 남쪽 끝까지 이어진 육지를 라틴아메리카로 본다는 정의를 고수하겠다. 이 땅에 사는 주민들은 대부분 에스파냐어나 포르투갈어를 사용한다.

1498년에 크리스토퍼 콜럼버스^{Christopher Columbus}는 현재의 베네수엘라 땅에 상륙했다. 그리고 연안 바다에 거대한 민물 조류가 흐르는 것을 보고 크게 감탄했다. 그는 자신의 후원자인 에스파냐의 페르디난드 Ferdinand Ⅱ 왕과 이사벨라^{Isabella Ⅰ} 왕비에게 보낸 편지에서 지상낙원을 발견했다고 썼다.

바다와 이렇게 가까운 곳에서 바다 안에 이처럼 대량의 민물이 존재하는 경우는 글로 읽은 적도 없고 말로 들은 적도 없습니다. 아주 온화한 날씨 또한 정황증거입니다. 만약 제가 말씀드린 그 민물이 낙원에서 흘러나온 것이 아니라면, 더욱더 놀라운 일이라 하겠습니다. 이렇게 크고 깊은 강이 이 세상에 존재한 적이 있다고는 믿을 수 없기 때문입니다.

에스파냐 사람들은 이 말에 환상을 품고, 이 대륙 전체를 제2의 고향으로 만들 꿈을 품었다. 그래서 약 20년 뒤 떼 지어 이곳으로 몰려왔다. 1717년에는 콜럼버스가 상륙한 지점을 중심으로 그 일대가 모두 이미 에스파냐 제국의 땅이 되어 누에바그라나다^{Nueva Granada}*라고 불렸다. 대략 지금의 베네수엘라, 콜롬비아, 파나마, 에콰도르에 해당하는 땅이다.

에스파냐에 저항한 대 콜롬비아의 시대

거의 1세기가 흐른 뒤, 베네수엘라 지역에서 태어난 시몬 볼리바르^{Simón Bolívar}가 등장했다. 그는 에스파냐의 식민통치와 누에바그라나다라는 이름을 도저히 더 이상 받아들일 수 없다고 펄펄 뛰는 사람이었다. 1810년에 그는 군인들과 함께 베네수엘라 지역의 에스파냐 총독을 쫓아냈고,

* 누에바그라나다는 에스파냐어로 '새로운 그라나다'라는 뜻이다.

이듬해에는 베네수엘라의 독립을 선언했다. 그 뒤로 약 20년 동안 볼리바르를 중심으로 격동의 시대가 펼쳐졌다. 그동안 놀라운 전투를 몇 차례 치른 그는 1819년 보고타로 들어가 콜롬비아공화국을 선포했다. 지금의 콜롬비아, 파나마, 에콰도르, 베네수엘라에 해당하는 땅과 페루 및 브라질의 일부가 여기에 속했다.

이제 해방자라고 불리게 된 그는 잠시 숨을 고르지도 않고, 콜롬비아뿐만 아니라 대륙 전체에서 에스파냐를 쫓아내려는 노력을 시작했다. 그가 선포한 공화국은 1822년에 이미 현실이 되어 있었다. 현대의 콜롬비아와 혼동하지 않기 위해, 역사가들은 이 나라를 대ᴬ 콜롬비아라고 부른다.

그는 노란색, 파란색, 빨간색이 수평으로 배열된 삼색기를 자신의 깃발로 정했다. 전승에 따르면, 맨 위의 노란색은 이 나라의 부유함을 상징하고, 파란색은 공화국과 에스파냐 사이에 놓인 바다를 상징하며, 빨간색은 에스파냐 지배자들을 타도하기 위해 싸운 사람들의 용기와 피를 상징한다. 이 깃발은 볼리바르의 동료 혁명가인 프란시스코 드 미란다Francisco de Miranda가 1806년에 일찌감치 도안했다. 그는 두 가지에서 영감을 얻었다고 말했다. 먼저, 그는 이탈리아에서 본 프레스코화를 떠올렸다. 콜럼버스가 베네수엘라에 상륙하면서 노란색, 파란색, 빨간색으로 이루어진 깃발을 펼치는 그림이었다. 그가 두 번째로 떠올린 것은 수십 년 전 독일의 위대한 작가 요한 볼프강 폰 괴테Johann Wolfgang von Goethe와 나눈 대화였다.

드 미란다는 아메리카 대륙에서 자신이 겪은 모험을 이야기해주었더니 괴테가 이렇게 말했다고 주장했다. "원색이 왜곡되지 않는 곳을 당신의 땅에 만드는 것이 당신의 운명입니다." 괴테는 색에 대해 오랫동안 많은 생각을 한 사람이었다. 드 미란다는 "노란색이 가장 따뜻하고 고상하며 빛에 가장 가까운 색인 이유, 파란색이 흥분과 고요함의 혼합이자 그림자를 불러내는 거리를 뜻하는 이유, 빨간색이 노란색과 파란색의 고양, 통합, 그림자 속으로 사라지는 빛의 소실인 이유"를 그가 자신에게 증명해주었다고 말했다. 괴테는 계속 말을 이었다. "국가는 이름과 깃발에서 출발해서 이름과 깃발 그 자체가 됩니다. 사람이 자신의 운명을 실현하는 것과 같습니다."

한 나라의 이름이 된 혁명가, 볼리바르

대 콜럼비아 사람들은 이 깃발을 자랑스럽게 여기려고 해보았다. 그러나 지역적인 차이와 지도자들의 포부가 방해가 되었다. 오랜 세월에 걸쳐 형성된 강력한 국가제도라는 끈이 없는 상태에서 이 나라에 속한 여러 지역들이 각자 별도의 길을 걷기 시작했다. 볼리바르가 페루의 혁명을 이끌기 위해 자리를 비운 사이, 같은 베네수엘라 출신 동료 한 명이 그에게 대항하는 혁명을 이끌었다. 에콰도르에서도 비슷한 소요가 있었다. 암살시도를 한차례 겪고 나서 피로와 병이 깊어진 볼리바르는 1830년에 이만 물러나기로 결정하고, 유럽에서 은퇴생활을 할 준비를 했다. 그러나 콜롬비아의 대서양 해안에서 결핵에 무릎을 꿇었다.

대 콜롬비아는 해체되고, 새로운 주권국가인 콜롬비아, 베네수엘라, 에콰도르가 생겨났다. 이 세 나라 모두 대 콜롬비아 국기의 복사판이나 다름없는 국기를 채택했다. 노란색, 파란색, 빨간색이 위에서부터 차례로 배열된 국기였다. 이 세 나라는 이제 서로 아주 달라졌지만, 공통의 역사에 대한 전반적인 이해는 여전히 남아 있다.

베네수엘라 국기의 파란색 띠 중앙에는 일곱 개의 하얀 별이 있다. 에스파냐에 맞서 싸울 때 동참했던 일곱 지역을 상징하는 별이다. 볼리바르는 지금도 대단한 영웅으로 대우받기 때문에, 1990년대에 우고 차베스Hugo Chávezs 대통령은 나라 이름을 베네수엘라 볼리바리안공화국으로 바꿨다. 2006년에는 이 나라에 몇 명 되지 않는 토착민들을 상징하는 활과 화살을 그려 넣은 새 국기를 도입하기도 했다. 이 국기는 자리를 잡지 못했지만, 토착민들에게 선심을 쓰는 듯한 태도를 보였던 볼리바르와 달리 이번 세기에는 현대 라틴아메리카에서 그들이 차지하는 위치에 대한 인식이 점점 자라나고 있음을 보여주었다.

에콰도르 국기 중앙에는 이 나라의 상징인 콘도르가 꼭대기에 앉아 있는 커다란 문장紋章이 있다. 1860년에는 여기에 양자리, 황소자리, 쌍둥이자리, 전갈자리의 상징이 추가되었다. 1845년 3월, 4월, 5월, 6월에 혁명이 일어나 후안 호세 플로레스Juan José Flores 장군이 쫓겨난 것*을 기리기 위해서였다. 이 사건은 폭력 속에서 태어나 정치적 무뢰배들의 잘못된 통치가 계속 이어지던 이 나라들의 역사를 보여주는 전형적인 사례다.

---

* 베네수엘라 출신의 정치인으로, 에콰도르 건국을 이끌었고 1대, 3대, 4대 대통령을 지냈다. 주변국들의 여러 분쟁에 개입한데다 임기를 연장하기 위해 개헌을 추진해 지지를 잃었으며 결국 1845년 반란 세력에 의해 쫓겨났다.

독재자가 물러나도 또 다른 독재자가 그 자리를 채우는 상황은 볼리바르가 원한 것이 아니었다. 하지만 그 역시 독재적인 성향을 점차 어느 정도 갖게 되기는 했다. 예전의 친구들을 감옥에 가두고, 자신에게 최고의 권력을 부여하는 경향도 보였다. 콜럼버스와 더불어 볼리바르는 역사를 통틀어 자신의 이름을 딴 나라가 있는 소수의 인물에 속한다. 20세기 멕시코의 유명한 혁명가인 에밀리아노 사파타^{Emiliano Zapata}*도 이런 일은 해내지 못했다. 멕시코 밖에서 현재 사파타는 역사를 바꾼 인물이라기보다 멋들어진 콧수염을 기른 인물로 더 유명하다. 이탈리아의 혁명가 가리발디가 비스킷 이름이 된 것에 비해 봐도, 정말 아주 조금 더 나은 운명에 지나지 않는다.

볼리바르의 이름을 딴 나라는 기본형을 따른 국기를 사용하고 있다. 빨간색, 노란색, 초록색이 수평으로 배열된 이 삼색기가 평범함에서 벗어날 수 있는 것은 순전히 중간의 노란색 띠에 있는 훌륭한 문장^{紋章} 덕분이다. 가지런히 배열된 무기들 꼭대기에 콘도르가 있는 모양의 문장인데, 중앙에 그려진 동물은 잘 모르는 사람이 보기에 야마 같지만 사실은 알파카다. 누구나 알듯이, 알파카는 야마에 비해 상당히 작은 동물이다.

하지만 이런 알파카 이야기보다는 볼리비아에서 사용되는 다른 두 깃발에 더 관심이 갈지도 모르겠다. 둘 중에 먼저 볼리비아 해군 깃발

---

* 농민을 이끌고 멕시코 혁명에 참가했던 멕시코 농민 운동 지도자. 토지 개혁을 요구하며 혁명 주류파와 대립하다가 암살당했다.

을 보자. 이 깃발에 관심이 가는 것은 도안 때문이라기보다, 볼리비아가 육지로 에워싸인 나라라서 이 나라 해군이 안데스 산맥 해발 3,657미터 지점에서 활동한다는 사실 때문이다. 대부분의 수병은 평생 바다를 본 적도 없다. 이런 상황이 벌어진 것은, 1884년에 체결된 태평양 전쟁 종전 협정 때문이다. 이 협정에 따라 볼리비아는 384킬로미터에 이르는 해안선을 칠레에 할양하면서 바다에 접근할 길을 잃어버렸다.

볼리비아는 이 땅을 되찾고 싶어 한다. 칠레 사람들이 이웃나라 국민들을 주말에 바닷가로 초대해야겠다고 농담하는 것에 종지부를 찍고 싶어서이기도 하고, 해안선을 통해 교역수입과 국가적 자부심이 크게 올라갈 것이라는 기대 때문이기도 하다. 따라서 볼리비아의 역대 대통령들은 가끔 원래 국경선이 그려진 옛 지도 앞에서 연설을 한다. 해군 깃발에 있는 커다란 노란색 별은 이 나라의 외교적 지위를 상징한다. 즉 지금처럼 칠레의 호의 덕분에 바다에 접근하는 것이 아니라 주권국가로서 바다에 접근할 권리가 있다는 것. 해군에서는 숨을 잘 참는 것이 유용한 기술일 수 있지만, 볼리비아의 해군 5,000명은 굳이 그 기술을 연마할 필요가 없다. 가까운 미래에 국경선이 바뀔 가능성이 희박하기 때문이다. 게다가 티티카카 호수와 항행이 가능한 강 8,000킬로미터를 순찰하는 일만으로도 바쁘게 지내고 있다.

볼리비아의 또 다른 깃발, 위팔라

관심이 가는 두 번째 깃발은 위팔라다. 이 나라의 두 번째 기장이 된 위팔라는 에콰도르, 페루, 볼리비아, 칠레의 안데스 산맥에 흩어져 살고 있는 토착민들의 상징이기도 하다. 정사각형 안에 일곱 가지 무지개 색의 정사각형들이 마흔아홉 개 배열된 형태인데, 위팔라는 토착부족인 아이마라족의 말로 '깃발'이라는 뜻이다. 이 깃발의 전통에 대해서, 그리고 이 깃발에 사용된 색깔들이 잉카 제국과 관련이 있는지에 대해서 많은 논란이 벌어지고 있다. 그러나 어쨌든 이 깃발의 여러 변형들이 토착부족을 상징하고 있으며, 그들이 점점 정치적인 조직을 갖춤에 따라 지난 수십 년 동안 위팔라 깃발 또한 더욱 널리 알려지게 되었다.

아이마라족 출신인 에보 모랄레스Evo Morales 대통령은 2009년 학교를 포함한 모든 공공건물과 공공장소에 빨간색, 노란색, 초록색의 국기와 위팔라 깃발을 반드시 함께 게양해야 한다고 선포했다. 볼리비아 동부 지역에서는 이 조치에 대한 반응이 그리 좋지 않았다. 이곳 주민 대다수가 토착민과는 상관없는 혈통이기 때문이었다. 따라서 동부의 일부 지역에서는 대통령의 포고가 무시되기도 했다. 위팔라에 반대하는 사람들은, 궁극적으로 현재의 삼색기 대신 이 깃발을 국기로 사용할 생각이 아닌지 걱정한다. 여러 종족과 계급 사이의 분열을 이 깃발이 부추긴다는 우려도 있다. 그들은 이 깃발이 이 나라에 존재하는 수십 가지의 문화 중 한 소수집단만을 상징할 뿐이며, 모랄레스도 나라의 이름을 볼리비아다민족국으로 바꾸면서 다양한 문화를 인정했다고 주장한다.

아이마라족의 시각에서 위팔라는 그들이 겪은 고난의 역사를 인정해주는 깃발이다. 게다가 여기에 사용된 색깔들도 상징적이다. 노란색은 에너지를, 하얀색은 시간을, 초록색은 자연을, 파란색은 하늘을 각각 상징하며, 주황색은 사회와 문화의 표현이고 보라색은 안데스 전역을 상징하는 색깔이다. 빨간색은 행성 지구를 의미한다. 고고학자들은 다채로운 색으로 이루어진 이 깃발이 고대의 상징에서 유래한 것 같다고 추측하지만, 이를 뒷받침하는 확실한 증거는 없다. 어쨌든 이 추측은 현재 이 지역 전체에서 정설로 받아들여진다.

고대 아즈텍의 상징들이 담긴 멕시코 국기

토착민의 상징이 사용된 유일한 국기를 찾아보려면, 북쪽으로 고개를 돌려 멕시코를 보아야 한다. 사람들은 흔히 멕시코 국기가 이탈리아 국기와 비슷하다고 말한다. 하지만 초록색, 하얀색, 빨간색을 수직으로 배치한 멕시코 국기의 원형이 이탈리아 국기보다 수십 년 먼저 등장했기 때문에 그런 말은 좀 억울하게 들릴 수 있다. 현재의 국기는 1968년에 도입되었다. 그해에 올림픽을 개최하기로 되어 있던 멕시코는 이탈리아 국기와 혼동되는 것을 피하기 위해 멕시코 국기 중앙의 하얀 띠에 항상 독수리를 그려 넣기로 했다. 그 전까지는 전통적으로 국기에 무엇을 그려 넣을지 선택할 수 있었다. 독수리는 호수에 뜬 선인장을 밟고 서서 입에 뱀을 물고 있다. 위대한 '건국신화'를 배경으로 한 그림이다.

멕시코라는 이름은 아즈텍어, 즉 나우아틀어 단어인 메츨릭스식틀리코metzlixcictlico(일반적인 발음을 옮긴 것)에서 유래했다. 스스로를 멕시카Mexihcah라고 부르기도 했던 아즈텍인들은 13세기에 오늘날 멕시코 계곡이라고 불리는 지역에 도착했다. 전설에 따르면, 아즈텍 사제들이 신에게서 살 곳을 새로 찾아보라는 말을 듣고 길을 나섰다고 한다. 신은 거대한 독수리가 선인장에 앉아 있는 곳에 도착하면 그곳이 바로 새로 정착할 땅이라고 말했다. 그런데, 보라! 정말로 독수리가 있었다. 선인장 위에, 바위 위에, 섬 위에, 호수 위에.

그 지역 주민들은 그 호수를 메츠틀리 이아판, 즉 '달의 호수'라고 불렀다. 따라서 어원학자들은 섬의 이름이 메츠틀리 이아판 익식^{Metztli iapan ixic}이었을 것이라고 추정한다. 긴 이야기를 짧게 줄이자면, 이 이름이 '멕식-코^{Mexic-co}'가 되었을 가능성이 있다. 상당히 비약적인 '추정'이지만, 그로부터 300년 뒤에 나타난 에스파냐 사람들도 원래 이름을 변형시켰을 것이다.

그들은 독수리와 선인장 이야기도 받아들이지 않았다. 가톨릭을 믿는 그들의 취향과 어긋났기 때문이다. 그 이야기가 어찌나 짜증스러웠는지, 그들은 그것을 표현한 아즈텍의 예술작품을 대부분 파괴해버렸다. 1642년에 에스파냐 총독이던 후안 드 팔라폭스 이 멘도사^{Juan de Palafox y Mendoza} 박사의 서류를 보면, 그가 멕시코시티의 유력자들에게 독수리가 나오는 그림을 모두 없애고 그 자리에 그리스도교 그림을 두라고 요구하는 분노의 편지를 썼음을 알 수 있다. 그래도 독수리는 1800년대 초 멕시코의 일부 혁명세력 깃발에 다시 내려앉았다. 전설과 상징의 힘을 보여주는 증거다. 현재 이 나라에서 독수리가 지니는 상징적 의미는 이 나라에 새로운 혼합 문화가 형성되었음을 말해준다. 멕시코는 에스파냐에게서 떨어져 나오기 위해 이 지역의 역사를 돌아보았다. 처음 독수리를 상징으로 사용했던 사람들은 역사 속으로 사라졌는지 몰라도(하지만 이 지역에는 아직 나우아틀어를 쓰는 사람들이 남아 있다), 이 나라의 국기 중앙에 바로 고대 아즈텍의 상징이 있다. 이 지역의 토착문화가 그

동안 억압당하면서 희석된 것은 분명하지만, 식민지 지배자들도 해당 지역 문화의 일부 요소를 받아들이는 일을 피할 수는 없는 법이다.

에스파냐에게서 독립하기 위한 멕시코의 전쟁(1810~21)에는 서로 다른 깃발을 내건 여러 집단이 참가했다. 그러나 그들은 '세 보위대의 군'으로 뭉쳐서 초록색, 하얀색, 빨간색의 삼색기를 내걸고 싸웠다. 이 깃발이 1821년에 만들어진 국기의 기반이 되었다. 1822년에 처음으로 게양된 이 국기에는 독수리가 그려져 있었다. 최고임시통치평의회는 국기가 "항상 초록색, 하얀색, 빨간색을 수직으로 배치한 삼색기여야 하며, 하얀색 띠에는 왕관을 쓴 독수리가 있어야 한다"는 규정을 발표했다. 군부의 최고 권력자인 아구스틴 드 이투르비드^{Agustín de Iturbide}는 '왕관을 쓴'이라는 규정을 아주 심각하게 받아들였는지, 1822년 5월에 스스로 멕시코 황제의 자리에 올라 아구스틴 1세^{Agustín I}가 되었다.

그러나 이 격동의 혁명기에 그의 '제국'의 수명은 도합 10개월밖에 되지 않았다. 그가 유럽으로 도망치고 제국이 무너진 뒤 독수리의 왕관도 당연히 사라졌다. 아구스틴이 1824년에 영국에서 돌아왔을 무렵, 독수리는 대머리가 된 대신 오른발 발톱에 뱀 한 마리를 쥐고 있었다. 안타깝게도 아구스틴은 궐석재판에서 사형선고를 받았다는 메모를 받지 못한 탓에 도착하자마자 벽 앞에 세워져 총살당했다.

그러나 초록색, 하얀색, 빨간색 깃발은 살아남았다. 여러 차례 수정을 거치기는 했다. 국기에 월계수 화환과 리본이 추가되기도 하고, 권력을 잡은 지도자의 성격에 따라 독수리의 모습이 황제 또는 신식 황제처럼 바뀌기도 했다. 그러나 독수리가 민주공화국에 한 표를 던질 것 같은 모습으로 그려진 적은 거의 없었다. 멕시코는 명색이 민주공화국이었는데도. 독수리가 바뀐 것은 1916년이었다. 또 한 번의 혁명을 겪은 뒤 베누스티아노 카란사Venustiano Carranza 대통령은 로마 제국의 백부장 깃발 같은 느낌이 덜한 국기를 주문했다. 그가 선택한 것은 측면에서 그린 '아즈텍의 독수리'였다. 독수리는 발톱에 쥐고 있는 뱀을 공격하려고 고개를 숙인 모습으로 묘사되었다. 악에 맞서 나라를 지킨다는 뜻이 명확하게 드러난 상징이었다. 솔직히 독수리가 아직 조금 무섭게 생기긴 했지만 그건 괜찮았다. 이전 대통령 때의 독수리처럼 모두를 오만하게 바라보며 '내가 대장이야'라고 말하는 듯한 인상을 풍기지는 않았기 때문이다.

멕시코 국기의 색깔에 대해서는 때에 따라 많은 설명들이 나왔다. 하지만 깃발을 연구하는 전 세계 학자들 중에서도 일인자인 휘트니 스미스Whitney Smith 박사는 1975년에 쓴 글에서 이렇게 말했다. "전통적으로 초록색은 독립을, 하얀색은 종교의 순수성을, 빨간색(에스파냐의 상징색)은 단합을 상징한다고 한다."

여러 의미에서 이런 설명은 이제 중요하지 않다. 중앙에 그려진 문장과 더불어 이 모든 색깔이 현대 멕시코의 상징이 되었기 때문이다. 약 1억 2,500만 명의 인구가 있고, 점점 성장하는 중인 이 나라는 포르투갈어를 쓰는 브라질과 함께 라틴아메리카에서 큰 비중을 차지한다. 나라의 힘은 아직 약하고 가난이 널리 퍼져 있으나, 경제가 점점 튼튼해지기 시작한 지 벌써 몇 년이 되었다. 때로 중국을 제칠 정도로 임금이 저렴한 제조업 기반이 발전요인 중 하나다. 수많은 문제를 안고 있고, 특히 국가기관에까지 마수를 뻗은 마약 조직의 문제가 심각하긴 해도, 멕시코는 점점 자신감을 얻고 있다. 국민들의 자부심도 아주 맹렬하다. 멕시코는 물론 라틴아메리카 모든 국가들의 건국 이야기에는 여전히 독립이 필수적인 부분을 차지하고 있다. 에스파냐에 맞서 혁명적인 투쟁을 했던 일은 엄청난 자부심의 원천이다. 그래서 독립기념일이면 도처에서 초록색, 하얀색, 빨간색으로 이루어진 삼색기가 휘날린다.

중앙아메리카 지역연합의 탄생

멕시코 아래쪽에는 이 나라보다 훨씬 더 작은 중앙아메리카 7개국이 있다. 그리고 여기에서 이 지역을 모두 아우르는 색깔을 사용한 국기를 또 하나 만날 수 있다. 수명이 길지 못했던 중앙아메리카연방공화국의 국기는 파란색과 하얀색이었다. 지금의 과테말라, 온두라스, 엘살바도르, 코스타리카, 니카라과가 처음에는 '중앙아메리카 지역연합'이라고 불렸던 이 공화국에 속했다. 1821년에 에스파냐 제국으로부터 독립을 선언한 이 나라는 같은 해에 건국을 선포한 멕시코 제1제국의 일부가 되려는 생각이 별로 없었다. 따라서 일부 지역은 멕시코에 맞서 무기를 들었다.

이투르비드가 불행한 종말을 맞은 뒤, 멕시코 제국은 반격하지 않고 이 지역이 제 갈 길을 갈 수 있게 해주었다. 이렇게 해서 '중앙아메리카 지역연합'이라는 주권국가가 1823년에 만들어졌다. 이 나라는 파란색-하얀색-파란색이 수평으로 배열되고, 중앙에 문장이 그려진 국기를 채택했다. 문장은 '중앙아메리카 지역연합'이라는 말이 적혀 있는 타원형이었다. 이 타원 안에는 이 나라를 구성하는 다섯 지역을 상징하는 다섯 개 산이 있었다. 이듬해에 이 나라가 공화국이 되면서 타원에 적힌 국명도 '중앙아메리카연방공화국'으로 바뀌었다.

국기에 파란색과 하얀색을 쓴 것은 아르헨티나의 영향인 것 같다. 그곳에서는 독립혁명가들이 1810년부터 이미 비슷한 색의 깃발을 사용했다. 그런데 그들 중 일부가 멕시코에 맞서 싸우기 위해 조직되던 엘살바도르 출신 민병대에 자기들의 깃발 중 하나를 선물로 주었다고 한다. 그러나 세월이 흐르면서 하얀 띠는 땅을 상징하고, 위아래의 파란 띠는 각각 대서양과 태평양을 상징하는 것으로 알려지게 되었다.

통일의 희망이 담긴 다섯 국기

이 공화국에 속한 다섯 지역을 하나로 묶어주는 공통의 대의는 처음에는 에스파냐와의 싸움, 그다음에는 멕시코 통치에 대한 저항이었다. 그런데 이렇게 서로 힘을 모을 이유가 사라지자, 이들 사이의 정치적, 지리적 차이와 각 지역 내 파당들 사이의 다른 점들이 드러나기 시작했다. 오랫동안 불안한 시기가 이어지던 중, 1838년에 니카라과가 가장 먼저 공화국에서 이탈했고, 1840년에는 이미 나라가 해체되어 이 지역에 사실상 다섯 개의 독립국가가 생겨났다. 가난과 불안정에 시달리는 이 주권국가들에는 모두 새로운 국기가 필요했다. 이들의 국기는 모두 공통의 역사를 바탕으로 삼았으며, 미래에 재결합할 수도 있다는 가능성을 암시했다.

예를 들어 니카라과의 국기는 연방공화국의 국기를 거의 그대로 복사한 것 같은 형태다. 위아래의 파란색 띠 색깔이 더 진하다는 점만 다를 뿐이다. 중앙에 그려진 문장에는 다섯 개의 산이 있고, '중앙아메리카 니카라과공화국'이라는 글자가 원을 이루고 있다. 엘살바도르의 국기도 비슷하지만 중앙의 문장은 삼각형 안에 다섯 개 산이 들어 있는 형태다. 그 뒤에는 파란색과 하얀색으로 이루어진 깃발 다섯 개가 있다. 온두라스의 국기도 파란색과 하얀색이 수평으로 배열된 형태지만, 중앙에 다섯 개 산 대신 다섯 개 별이 그려져 있다. 과테말라의 국기도 역시 파란색과 하얀색이긴 한데 색의 띠가 수직으로 배열된 것이 다르다. 중앙에는 교차된 칼과 총검을 꽂은 총이 있다. 코스타리카는 처음에 다른 나라와 마찬가지로 파란색-하얀색-파란색 국기를 택했으나, 1848년에 프랑스를 비롯한 여러 유럽 국가에서 일어난 공화주의 혁명에 영향을 받아 빨간색 수평 띠를 하나 추가했다. 그러나 과거의 다섯 지역을 표현하기 위해 줄무늬를 다섯 개로 만들었다. 문장의 맨 위에 적혀 있는 '중앙아메리카'라는 글자는 이 다섯 나라가 언젠가 재결합할지도 모른다는 희망의 또 다른 표현이다.

19세기와 20세기 초에 실제로 이 다섯 나라를 통일시키려는 다양한 시도가 있었다. 그러나 모두 실패로 돌아갔고, 때로는 누군가가 총살을 당하기도 했다. 중앙아메리카 국가들은 독립 이후 200년 동안 내내 수많은 독재자, 전쟁, 혁명, 쿠데타, 자유롭지 않은 민주주의, 숨이 턱 막힐 듯 엄청난 부패를 견뎌냈다. 이중에서도 특히 부패는 라틴아메리카 전체의 공통된 현상이다. 부정부패가 극에 이르지 않는 한, 6억 2,600만 명의 인구 중 많은 사람들이 어깨만 으쓱하고 말 정도다. 브라질에는 심지어 "Rouba, mas faz"라는 말도 있다. '그 사람 도둑질은 해도 일은 하잖아'라는 뜻이다.

그래도 처음 독립운동 시기의 민주적인 이상 중 일부가 이번 세기 들어 중앙아메리카는 물론 남과 북의 나라들에서도 힘을 얻었다. 군인 들은 대체로 병영을 지키고, 사법부는 정치가 계급과 끊임없이 싸우면 서 견제와 균형을 지키려 한다. 비교적 안정이 유지되는 현재의 상황 덕 분에 이 지역의 여러 나라를 아우르는 제도와 시스템이 여럿 만들어졌 다. 자유무역지대, 경제 '통합' 시스템, 중앙아메리카 의회(이 의회도 친 숙한 도안의 자체 깃발을 갖고 있다)가 그런 예다. 심지어 국경에 신경 쓰 지 않고 여행할 수 있는 지역도 생겨났다. 이 모든 일에는 과거 연방공 화국의 일원이었던 나라들이 일부 또는 전부 참가한다. 이들 외에 다른 이웃국가들까지 참여하는 경우도 있다. 1823년과 1824년의 옛 국기들 을 다시 꺼내야 할 것 같지는 않지만 이런 가능성은 여전히 사라지지 않 았다. 각국의 국기에서 이 가능성을 분명하게 볼 수 있다.

전 세계 선박 4분의 1이 달고 다니는 깃발

이 다섯 나라의 바로 남쪽에는 전 세계에서 엄청난 인기를 누리는 국기 가 있다. 여러 가지 이유로 이 국기가 편리하기 때문이다. 최소한 큰 배 를 소유한 사람들에게는 그렇다. 어쩌면 그 사람들을 위해 "편의의 깃발 Flag of Convenience"*이라는 말이 만들어진 것인지도 모른다. 인구는 400만 명이 조금 안 되지만, 파나마는 세계 최대의 선박 수를 자랑한다. 사실

---

* 세금 혜택 등을 위해 다른 나라에 선박을 등록하고 단 그 나라의 국기. — 옮긴이

파나마 정부 스스로도 "전 세계 선박 중 약 23퍼센트가 파나마 국기를 달고 있다"고 인정한다. 이건 파나마에 77킬로미터 길이의 유명한 운하가 있기 때문이다. 이 운하는 대서양과 태평양 사이에서 환상적인 지름길을 제공해준다. 2016년에 당국은 50억 달러를 들여 이 수로를 업그레이드했다. 그 결과 갑문의 길이와 깊이가 더 커져서 예전보다 더 크고 무거운 선박도 이곳을 이용할 수 있게 되었다. 당국이 이런 공사를 한 것은 현대 해운의 수요를 충족시키기 위해서였을 뿐만 아니라, 니카라과에 운하를 건설해 경쟁하려는 중국의 계획을 저지하기 위해서이기도 했다. 중국의 계획은 당시 그리 신속하게 진행되지 못하고 있었다. 게다가 반짝반짝 새로이 단장한 이 운하의 매력은 또 있었다. 파나마의 해상 운송 관련법이 세계에서 가장 관대한 편에 속한다는 것.

파나마 정부는 이렇게 홍보한다. "파나마 법에는 선박의 소유주가 개인이든 법인이든 반드시 파나마 국적이어야 한다는 조항이 없습니다." 선박의 등록과 승무원 구성에도 전혀 규제가 없다. 또한 배의 크기에도 제한이 없다. 작든 크든, 최소 용적 톤수 요건이 없기 때문이다. 이보다 더 좋은 것은, 다섯~열다섯 척의 배를 등록하면 20퍼센트 할인을 받을 수 있다는 점이다. 장점은 이것만이 아니다. 배를 등록하는 데 여덟 시간밖에 걸리지 않을 뿐만 아니라, "파나마에 등록된 상선이 국제 해양 상업 활동으로 벌어들인 수입에는 세금이 면제된다…. 또한 파나마에 등록된 선박의 판매 또는 이전에서 발생한 수익은 설사 그 거래가 파나마에서 이루어졌다 해도 양도소득세의 대상이 되지 않는다." 심지어 파나마는 개인 무장보안요원의 승선도 허락한다. 게다가 금상첨화로 2008년 8월 6일에 제정된 파나마 법 57호에 따르면, 선장이 공해상에서 국적을 불문하고 모든 사람의 결혼식(종교 의식을 따르지 않는 결혼식)을 주재할 수 있다.

장점은 아직도 더 있다. 선박 등록에 필요한 서류작업을 위해 선주가 굳이 파나마에 갈 필요가 없다는 것. 전 세계에서 8,000척을 훌쩍 넘는 선박들이 빨간색-하얀색-파란색으로 된 자랑스러운 파나마 국기를 달고 다니는 것도 놀랄 일이 아니다. 8,000여 척이라면 미국과 중국에 등록된 선박을 합한 것보다도 많은 숫자다. 따라서 매년 이 배들이 파나마에 가져다주는 경제적 가치는 수억 달러에 달한다. 미심쩍은 구석이 있는 관대한 법이 바다에서 발생하는 수많은 죄를 덮어버릴 가능성이 있음을 전 세계가 알고 있지만, 대기업과 각국 정부는 이런 시스템이 교역에 도움이 된다는 사실을 인정한다.

파나마의 이런 시스템은 '개방형 등록제'로 불린다. '편의의 깃발'은 이것을 낮잡아 일컫는 말이다. 선박들이 파나마로 적을 옮기기 시작한 것은 파나마 운하가 1914년에 개통된 지 겨우 6년이 지난 때부터였다. 당시 진취적인 미국인 몇 명이 이 방법을 통해 금주법을 피할 수 있을 것 같다는 깨달음을 얻은 덕분이었다.

파나마 운하 앞 이중 지배권이 불러온 비극

미국은 예전부터 파나마와 인연이 있었다. 1821년부터 1903년까지 파나마는 다양한 방식으로 콜롬비아의 일부였다. 1903년에 파나마는 미국을 향해 "운하? 그것 좋은 생각인데"라고 말했으나, 콜롬비아 정부가 거부했다. 그러자 미국이 파나마에서 혁명을 부추겼고, 파나마는 순식간에 독립을 획득했다. 그리고 거의 곧바로 운하 공사가 시작되었다. 돈은 태평양까지 해상 교역로가 생기면 이득이 예상되는 미국이 댔다.

파나마는 이전 세기부터 콜롬비아에서 독립하기를 바랐으므로, 미국과의 관계는 우호적이었다. 파나마 국기의 도안이 미국 성조기에 아주 희미하게 인사를 건네는 듯 보이는 이유가 바로 이것이라고 단언할 증거는 없지만, 나라면 그 가능성을 배제하지 않을 것이다. 네 개의 사각형에 두 개의 별이 그려진 이 국기는 라틴아메리카의 다른 나라 국기와는 다른 과정을 거쳐 도안되었다. 이 도안의 초안을 그린 독립운동 지도자 마누엘 아마도르 게레로Manuel Amador Guerrero는 1904년 갓 독립한 파나마의 초대 대통령이 되었다. 그가 도안한 국기는 파나마가 아직 콜롬비아의 영토일 때 그의 아내 마리아 오사 드 아마도르María Ossa de Amador가 몰래 천을 꿰매서 만들었다.

국기의 왼쪽 위에는 파란색 오각별이 그려진 하얀 사각형이 있다. 그 옆에는 아무것도 그려지지 않은 빨간 사각형이 있고, 그 아래에는 빨간 별이 그려진 하얀 사각형, 그 왼쪽에는 아무것도 그려지지 않은 파란 사각형이 있다. 파란색과 빨간색은 이 나라에 전통적으로 존재해온 보수정당과 자유정당을 의미한다. 그리고 하얀색은 이 두 정당 사이의 평화로운 관계를 뜻한다. 한편 파란색은 이 나라 양편에 위치한 바다의 상징이기도 하다. 빨간색은 애국자들의 피를 상징한다. 이 국기는 1903년에 도안되고 채택되었으며, 그해 12월 20일에 열린 종교행사에서 세례도 받았다. 그리고 지금까지 그 모습 그대로 유지되고 있다.

파나마는 이렇게 주권국가가 되었지만, 운하와 그 양편 8킬로미터의 땅은 미국의 '합병되지 않은 영토'가 되었다. 미국이 지배하지만 미국의 일부는 아니라는 뜻이다. 파나마는 이곳에 이런 지위를 '영구적으로' 부여했다. 그러나 1950년대가 되자, '양키'들이 점점 더 제국주의적 행태를 보인다는 인식 때문에 미국에 대한 호감이 크게 줄어들면서 국기가 주권의 상징으로서 전장의 중심이 되었다.

1958년 5월 반미폭동에서 아홉 명의 사망자가 발생했다. 그 이듬해에는 민족주의자들이 운하구역에 '평화적인 침공'을 감행해 성조기 옆에 파나마 국기를 게양하고, 그 지역에 대한 주권을 선포하겠다고 위협했다. 결국 수백 명의 사람들이 가시철망을 뚫고 그 구역으로 들어가 경비부대와 충돌했다. 이런 시도가 또 한 번 일어났을 때는 미국 군대가 출동했다. 당시 시위대는 미국 관공서 건물들을 공격하고, 대사관저에 걸려 있던 미국 국기를 잡아 뜯었다.

미국 국무부가 파나마 정부에 양보해서 파나마 국기도 게양할 수 있게 해주는 편이 좋겠다는 의견을 내자, 워싱턴에서는 격렬한 토론이 벌어졌다. 펜실베이니아 주의 하원의원 대니얼 J. 플러드Daniel J. Flood는 1959년 12월에 아이젠하워Dwight D. Eisenhower 대통령에게 보낸 개인서신에서 거의 묵시록 같은 분위기로 이 문제를 다뤘다.

게다가 운하구역에서 파나마 국기가 한 번이라도 공식적으로 게양된다면, 그야말로 논란, 갈등, 혼돈의 판도라 상자가 열릴 것입니다. 파나마의 폭도들을 부추겨서 폭력을 휘두르게 만들고 그렇게 파나마의 외교 정책을 수립해온 극단주의자들이 우선 목표로 삼은 것은 이번 세기 초에 훌륭한 지도자들이 영구히 가능성을 막아버렸다고 생각했던 이중 지배권입니다. 궁극적인 목적은 파나마 국유화이고요.

그의 동기가 옳은 것이었든 그른 것이었든, 이중 지배권과 국유화에 대한 지적은 일리가 있었다.

1960년에도 긴장은 여전히 높았다. 미국은 운하구역의 경계선을 표시하기 위해 이미 울타리를 세워두었다. 또 한 번의 '침략' 시위가 계획되었으나, 국무부가 워싱턴의 논쟁에서 승리를 거둬 미국이 운하구역 내의 특별한 장소 한 곳에서만 미국 국기와 파나마 국기가 나란히 게양되는 것을 허락하겠다고 발표하자 시위는 취소되었다.

그해 9월에 열린 기념행사는 그리 잘 진행되지 않았다. 에르네스토 드 라 과르디아Ernesto de la Guardia 대통령은 자신이 직접 국기를 게양해 이 구역에 대한 파나마의 '명목상' 주권을 표시해도 되겠느냐고 공식적으로 문의했다. 미국은 공식적으로 거절했다. 그러자 대통령은 이 행사를 보이콧하고, 그 뒤에 벌어진 대통령 리셉션에도 미국 관리들을 전혀 부르지 않았다. 미국 대사와 대사의 수석 보좌관들만 예외였다. 운하구역의 대표자는 누구도 초대되지 않았다. 이 분쟁이 끝나려면 아직 멀었다는 신호였다.

4년 뒤인 1964년 1월 9일, 약 200명의 고등학생들이 파나마 국기를 들고 운하구역으로 행진해 들어왔다. 그들은 학교 마당에 성조기를 게양하려던 미국 10대들과 대치했다. 운하구역에 살고 있는 미국인 3만

6,000명 중 수백 명이 더 현장으로 나왔고, 곧이어 벌어진 난투극 와중에 파나마 국기가 찢어졌다.

이것이 불씨가 되었다. 파나마인 수천 명이 운하구역 울타리 앞에 모여들기 시작하더니 결국 안으로 몰려 들어왔다. 사흘 동안 계속된 소요로 스무 명이 넘는 사람이 죽고, 수백 명이 다쳤다. 재산상의 피해액은 200만 달러가 넘었다. 두 나라 사이의 외교관계는 3개월 동안 끊어졌다가 회복되었다. 그 뒤로 수년 동안 주권문제를 둘러싼 협상이 거듭 벌어졌다. 1979년에 운하구역이 폐지되고, 양국은 1999년 12월 31일까지 공동으로 운하를 관리했다. 그 이후에는 파나마에 관리권이 온전히 이양되었다. 플러드 하원의원의 말이 옳았다. 파나마에서는 1월 9일을 순교자의 날로 부른다.

국기모독죄로 고발당한 페루 모델

페루의 국기는 파나마 국기에 비해 시각적으로 다소 덜 흥미롭다. 빨간색-하얀색-빨간색이 수직으로 배열된 상당히 기본적인 형태이기 때문이다. 지금 이 국기 이야기를 꺼낸 것은 순전히 페루 축구 국가대표 팀의 유니폼을 언급하기 위해서다. 페루 대표 팀이 1970년 멕시코 월드컵에서 입은 유니폼은 아마 역사를 통틀어 가장 멋진 국가대표 축구 팀 유니폼일 것이다. 국기 모양을 바탕으로 한 이 유니폼은 눈부시게 하얀 바지와 양말, 역시 눈부시게 하얀 반팔 셔츠로 구성되었다. 셔츠 앞면에 대각선으로 그려진 빨간색 띠는 거의 라틴아메리카 독재자의 장식띠처럼 보였다. 그 옷만으로도 우승 메달을 받을 가치가 있었다.

페루를 언급한 또 하나의 이유는 알몸으로 국기를 깔고 앉는 행동과 국기를 말안장으로 사용하는 행위가 옳은지 그른지를 놓고 벌어지는 논란에 있다. 페루의 매력적인 모델 레이시 수아레스Leysi Suárez는 2008년에 본의 아니게 페루 국기법을 시험하는 행동을 저질렀다. 잡지 화보촬영을 하면서 알몸으로 국기를 깔고 앉은 것이다. 그 사진을 보는 사람들의 야한 눈길만큼이나 강렬한 분노가 일었다. 결국 국방부장관이 자신의 말 위에 올라타고 짐짓 거품을 물며 수아레스가 국기모독 혐의로 고발될 것이라고 말했다. 유죄인 경우, 징역 4년이 선고될 수 있는 혐의였다. 이 사건은 2년 동안 질질 끌다가 2010년에 종료될 때까지 이 나라 사람들의 오락거리였다. 국기모독에 대해 분노하는 것이 페루만의 특별한 현상은 아니다. 하지만 매력적인 모델, 말, 출세지상주의 정치인이 등장하는 이 사건은 특히 재미있는 일화였다.

아르헨티나와 우루과이에 비친 5월의 태양

이제는 하늘로 눈을 들어 아르헨티나 국기를 보자. 여기서 가장 먼저 불러낼 이름은 아르헨티나와 영국 독자들에게는 친숙하지만, 다른 나라 사람들에게는 낯설 수 있다. 마누엘 벨그라노Manuel Belgrano. 볼리바르에게 그의 이름을 딴 나라가 있다면, '벨그라노 장군'은 아르헨티나 해군의 경순양함 이름이 되었다. 이 배는 1982년 포클랜드/말비나스 전쟁*

---

* 1982년에 영국과 아르헨티나가 포클랜드(아르헨티나 이름으로는 말비나스 제도) 섬들의 영유권을 놓고 벌인 전쟁. 영국은 1883년부터 아르헨티나 동남쪽에 있는 이 제도를 역외영토로 삼아왔으나 아르헨티나는 섬을 자국에 되돌려줘야 한다고 주장한다.

중 영국 잠수함에 의해 침몰되었다.

　1810년으로 되돌아와서, 벨그라노는 부에노스아이레스에서 대규모 반反에스파냐 시위를 이끌고 있었다. 시위대의 많은 사람들은 모자에 연한 파란색과 하얀색으로 된 장식을 달고 있었다. 이 두 색깔은 몇 년 전 영국의 침공에 맞서 싸우기 위해 결성된 민병대 파트리시아 군단의 상징색이었다. 이 군단은 이미 도망쳐버린 에스파냐 총독에게서 어떠한 도움도 받지 못한 채 싸움을 승리로 이끌었다.

　왜 파란색과 하얀색이었을까? 낭만적인 설명에 따르면, 파란색은 하늘과 라플라타 강을, 하얀색은 은을 상징한다고 한다. 에스파냐 정복 초기 정복자들은 이 지역에 은을 뜻하는 라틴어 argentum에서 따온 아르헨티나라는 이름을 붙였다. 이 지역에 대량의 은이 매장되어 있다고 생각했기 때문이다. 볼리비아와 페루에 대해서는 그들의 생각이 옳았지만, 아르헨티나에서는 포토시 등 일부 지역에서 놀랄 만한 발견이 몇 건 있었을 뿐 대부분의 결과가 실망스러웠다. 이 나라의 은광사업이 활기를 띤 것은 이번 세기에 들어선 다음의 일이다. 어쨌든 1810년 시위의 지지자들에게는 빨간색과 노란색을 상징으로 사용하는 에스파냐 사람들과 자신을 구분해줄 색깔이 필요했다.

　전설에 따르면 5월의 어느 날 시위 중에 구름이 잔뜩 낀 하늘에서 해가 갑자기 나타났다고 한다. 사람들은 이것을 좋은 징조로 받아들였다. 실제로 이날의 현상이 나중에 이 나라의 상징이 되기도 했다. 그리고 이들의 시위는 사실 성공할 수밖에 없는 운명이었다. 에스파냐 총독은 지방정부의 구성을 받아들여야 했다. 당시 라플라타 총독관할구라고 불리던 지역에서 에스파냐의 통치권에 종지부를 찍는 것으로 봉기는 절정에 이르렀다. 라플라타 총독관할구에는 현재의 아르헨티나, 우루과이, 파라과이, 볼리비아가 속했다.

1812년에 장차 아르헨티나로 불리게 될 나라의 국기를 새로 도안할 때, 벨그라노는 시위대가 모자에 꽂았던 연파란색(하늘색)과 하얀색 장식에서 영감을 얻어 파란색-하얀색-파란색을 수평으로 배열한 도안을 만들었다. 1816년에는 온전한 독립선언이 이루어졌고, 1818년에는 인간의 얼굴을 한 '5월의 태양'이 국기 중앙에 추가되었다. 이 태양의 얼굴은 해석하기가 다소 난해하다. 차분해 보인다는 사람도 있고, 감정이 전혀 없는 것처럼 보인다는 사람도 있다. 내 생각에는 애니메이션 〈토머스와 친구들〉의 얼굴을 닮은 것 같다. 아르헨티나는 매년 6월에 국기 주간을 기념한다. 1820년 6월 20일에 세상을 떠난 벨그라노를 기리는 뜻에서, 국기 주간 중 6월 20일에 최고의 행사들이 벌어진다.

아르헨티나 사람들이 영국 국기와 포클랜드 깃발을 대하는 자세는 자기들 국기를 대할 때만큼이나 진지하다. 아르헨티나와 영국이 포클랜드/말비나스 제도를 두고 벌이는 다툼이 거의 전적인 이유다. 1982년에 짧은 전쟁을 치른 두 나라 사이의 긴장은 지금도 은근히 끓고 있다. 현재 아르헨티나는 포클랜드의 깃발(유니언잭이 포함되어 있다)을 정치적, 경제적 무기로 사용한다. 2011년 아르헨티나는 남아메리카의 이웃 나라들을 설득해서, 포클랜드 깃발을 단 선박에는 항구를 닫아버리게 했다. 포클랜드 제도 연안에서 영국이 벌이는 석유탐사와 관련된 기업과는 거래를 하지 않겠다는 협박도 했다.

아르헨티나 깃발처럼 파란색과 하얀색 줄무늬가 있는 우루과이 국기에 아르헨티나의 태양과 아주 비슷한 5월의 태양 역시 그려져 있다는 사실을 알아차린 사람이 있을 것이다. 이 국기에는 두 나라가 공유한 역사가 반영되어 있다. 현재의 우루과이는 에스파냐가 다스리던 라플라타 지역의 일부로, 1810년부터 이어진 봉기에 참여했다. 그리고 그 뒤에 따로 떨어져나왔다. 그러나 거대한 이웃나라인 브라질과 아르헨티나는 1828년에야 이 나라를 주권국가로 인정해주었다. 당시 우루과이에는 현재의 국기와 비슷한 여러 변형들이 존재했다. 5월의 태양은 1810년의 봉기를 뜻하지만, 새로운 나라의 탄생을 상징하기도 한다. 파란색과 하얀색의 줄무늬 아홉 줄은 처음 우루과이에 속해 있던 아홉 개 지역을 뜻한다.

자유를 향한 브라질의 질서와 전진

이제 마지막으로, 남아메리카 대륙에서 가장 쉽게 알아볼 수 있는 국기이자 전 세계적으로 인기가 높은 국기를 살펴보자. 브라질 국기다. 이 국기의 강렬한 초록색과 노란색 도안은 브라질 축구 국가대표 팀의 유니폼 덕분에 수많은 사람들에게 세련된 디자인으로 받아들여지고 있다. 여기에 국가대표 선수들의 열정적인 경기 스타일이 덧붙여져, 전 세계에서 수억 명의 사람들이 이 국기와 그 색깔을 사랑하게 되었다.

현재의 국기 도안은 브라질이 1822년 포르투갈에 맞서 싸워 독립을 쟁취할 때 사용하던 원래 깃발과 다르다. 하지만 비슷하기는 하다. 국기에 지금과 같은 색깔이 사용된 이유에 대한 단서는 이 나라가 독립에 이른 과정에서 찾아볼 수 있다. 1807년 포르투갈의 섭정이던 동 주앙Dom João(훗날 국왕 동 주앙 6세Dom João VI)은 나폴레옹 침략군을 피해 브라질로 도망쳐서 리우데자네이루에 정부를 세웠다. 주앙은 브라간사 왕조의 일원으로, 그의 아내는 합스부르크 왕가의 후손인 카를로타 조아키나Carlota Joaquina였다. 이 사실이 나중에 국기와 관련해서 중요한 역할을 한다.

주앙은 1821년 포르투갈로 돌아가 정치적 위기에 대응하려 했다. 당시 브라질은 '포르투갈, 브라질, 알가르브 연합 왕국'의 일부로서 포르투갈과 동등한 지위였다. 주앙은 포르투갈로 떠나면서 아들이자 후계자인 동 페드루Dom Pedro를 브라질의 섭정으로 앉혔다.

그런데 당시 막 싹을 틔운 일종의 의회로서 왕족들에게 다소 도도하게 굴던 포르투갈 '코르테스Cortes'가 리스본에서 벌어진 다양한 정치 공작의 결과로 브라질의 지위를 다시 식민지로 격하시키는 바람에, 동 페드루는 고작해야 리우데자네이루 총독이나 다름없는 처지가 되고 말았다. 코르테스는 페드루가 혹시 독립운동이라도 벌일까 봐서 그에게 고국으로 돌아오라는 명령을 내렸다. 물론 그는 독립운동의 길을 택했다.

그 뒤로 획기적인 사건들과 연설들이 연달아 역사에 등장한다. 브라질에서는 미국의 게티즈버그 연설*이나 영국 처칠Winston S. Churchill 총

---

* 미국 제16대 대통령 에이브러햄 링컨Abraham Lincoln이 1863년 11월 19일에 남북 전쟁의 격전지였던 게티즈버그에서 행한 연설. 국민의, 국민에 의한, 국민을 위한 정치를 지상에서 소멸해서는 안 된다는 구절은 미국 정치의 민주주의 정신을 한마디로 나타낸 것으로 널리 알려져 있다.

리의 "우리는 결코 항복하지 않을 것이다"라는 말*처럼 유명한 연설들이다. 1822년 9월 페드루는 포르투갈의 최후통첩을 거부하고 독립의 길에 발을 들여놓았다. 그의 동료 중 한 명인 베우시오르 피네이루 드 올리베이라Belchior Pinheiro de Oliveira 신부는 나중에 바로 그 순간에 대해 다음과 같이 썼다.

> D. 페드루는 길가에 서 있는 우리 말을 향해 조용히 걸어갔다. 그러나 길 한복판에서 갑자기 걸음을 멈추고 내게 이렇게 말했다. "베우시오르 신부, 그들이 자초한 일이니 그들의 뜻대로 될 것이오…. 오늘부터 그들과 우리 관계는 끝났소. 나는 포르투갈 정부에 아무것도 원하는 것이 없소. 브라질이 포르투갈에서 영원히 독립할 것을 선포하겠소."
> 우리는 즉시 열렬히 대답했다. "자유 만세! 브라질 독립 만세! D. 페드루 만세!"
> D. 페드루는 일행을 향해 돌아서서 이렇게 말했다. "내가 방금 브라질의 완전한 독립을 선언했다고 내 근위대에게 이르시오. 우리는 포르투갈에서 벗어나 자유가 되었소."
> 그러고 나서 그는 포르투갈을 상징하는 파란색과 하얀색 완장을 벗으며,

부하들에게도 똑같이 하라고 명령했다. 그의 명령은 그 순간에 알맞게 영웅적인 외침으로 끝났다. "Independência ou Morte!", "독립 아니면 죽음을 달라!"

상파울루의 파울리스타 미술관에 가면 페드루 아메리코[Pedro Américo] 가 이 순간을 묘사한 감동적인 그림이 있다. 당시 페드루가 심한 설사에 시달리고 있었다는 사실을 역사가 닐 매콜레이[Meill Macaulay]의 책을 통해 알게 되더라도 감동은 아주 조금만 줄어들 뿐이다. 역사에서 한 시대의 획을 그은 순간들이 다 그렇게 엉뚱하다.

이 이야기는 여러 면에서 사람들에게 들려줄 만하다. 가장 중요한 가치는, 화려한 이야기라는 점. 페드루가 이끄는 브라질 사람들은 나중에 포르투갈과 짧은 전쟁을 벌였을지언정, 구세계와의 연관성을 부정한 적은 한 번도 없었다. 브라질 국기의 파란색과 하얀색에 이 점이 반영되어 있다고 할 수 있다. 초록색과 노란색은 브라간사 왕가와 합스부르크 왕가의 색깔이었다.

페드루는 1822년 브라질의 황제가 되었다. 최초의 브라질 국기는 친숙한 초록색 바탕에 노란색 다이아몬드가 그려진 형태였다. 다이아몬드 중앙에는 이 나라의 지역들을 상징하는 스무 개의 별이 그려진 왕실 문장이 있었다. 1889년에 브라질 제국이 공화국으로 바뀌면서 국기도 바뀌었다. 왕실의 문장이 사라지고, 그 자리에 파란색 구球가 들어왔다. 그 구를 둥글게 감싼 하얀 띠, 이 나라의 좌우명인 "Ordem e Progresso(질서와 전진)"이 별도 추가되었다. 현재 이 별들은 구의 여기

저기에 흩어져 있으며, 영토의 변화를 반영해서 옛날에는 없던 별이 추가되었다. 파란색 구 덕분에 별들이 더 선명하게 보인다. 1889년 이 별들은 새로운 주권국가가 된 브라질의 스물한 개 연방 주를 상징했다. 지금은 별이 스물일곱 개다.

이 국기를 도안한 하이문두 테이세이라 멘데스^{Raimundo Teixeira Mendes}는 브라질의 철학자 겸 수학자였다. 국기의 별들은 브라질이 공화국이 된 날 하늘의 별자리들을 그대로 옮겨놓은 것이다. 여기에는 남십자성도 포함되어 있다. 깃발을 연구하는 학자들과 천문학자들은 이 별자리들의 위치가 정확히 몇 시의 하늘을 표현한 것인지를 놓고 즐거이 논쟁을 벌인다. 저녁 하늘이었다면 사람들이 이 별들을 볼 수 있었을 테지만, 아침 하늘이었음을 보여주는 기록이 몇 가지 남아 있다. 학자들은 심지어 시각이 8시 37분인지 8시 30분인지를 놓고도 논쟁을 벌인다. 브라질의 천문학자 파울루 아라우주 두아르테^{Paulo Araújo Duarte} 교수에 따르면, 8시 30분은 "남십자성 별자리가 리우데자네이루의 자오선상에 오고, [십자가의] 긴 팔이 수직으로 서는 순간"이다.

파란색 구를 둥글게 감싼 하얀색 띠는 브라질이 적도에 위치했음을 나타낸다고 한다. 이 말을 증명하는 증거는 별로 없지만, 멘데스가 수학자였음을 감안하면 그럴 듯한 설명이다. 멘데스는 19세기 초의 철학자 오귀스트 콩트^{Auguste Comte}의 영향을 많이 받았다. 콩트는 세속적인 종교인 '인간 중심 종교'를 창시했으며, 자신의 실증주의 철학을 정리한 글에 "사랑은 원칙, 질서는 기반"이라는 말을 썼다. "질서와 전진"이라는 말은 여기서 나왔다. 멘데스는 1903년 브라질의 실증주의 교회를 이끌기도 했다. 그는 1927년 일흔두 살의 나이로 세상을 떠났다.

현재 브라질 국기의 초록색은 열대우림의 상징으로, 노란색은 이 나라에 매장된 황금의 상징으로 여겨진다. 그러나 누구든 조금 더 깊이 조사해보면, 이 나라의 역사와 만나게 될 것이다. 이 나라에는 부자와 빈민 사이의 분열, 인종 간의 분열 등 여러 종류의 분열이 존재한다. 과거에는 폭력적인 시기도 있었고, 부패한 지도자들도 다른 나라만큼 있었다. 사실 지금도 다시 부패한 지도자들이 활동하는 중이다. 그러나 다른 라틴아메리카 나라들에 비하면 브라질은 비교적 질서 있게 발전한 편이다. 국민들의 정체감도 강한 편인데, 그들이 사용하는 언어가 포르투갈어라는 사실이 에스파냐어를 쓰는 이웃들과의 관계에서 스스로를 정의하는 데 도움이 되는 듯하다.

초록색과 노란색의 이 깃발은 현재 전 세계에 이러한 메시지를 전달하고 있다. 또한 국기 전체에 세계적인 느낌이 있어서, 소프트파워로 자리를 잡으려는 브라질의 시도에 힘을 실어준다. 구와 별은 우리 모두가 공유하고 있는 것이고, 초록색과 노란색에는 인류의 활기가 반영되어 있다. 브라질은 다른 나라들이 거의 해내지 못한 독특한 방식으로 사람들을 사로잡는다. 누구나 보기만 하면 금방 알 수 있는 상징이 브랜드의 판매에 얼마나 도움이 되는지 상인이라면 다 알 것이다. 브라질은 우리 모두에게 친숙하고 사랑받는 깃발을 몸에 두르고 있다.

우리도 알다시피 현재 브라질의 정치와 경제에는 문제가 많다. 빈민가도 문제다. 그러나 이 나라의 정수는 축구, 음악, 사람들을 통해 여전히 우리의 마음을 사로잡고 있는 것 같다. 프랑스 철학자 알베르 카뮈

Albert Camus는 다음과 같이 썼다. "안타깝지만, 어느 나이가 지나면 누구나 자기 얼굴에 책임을 져야 한다." 브라질의 유쾌한 국기는 브라질 사람들 2억 명이 전 세계에 내보이는 얼굴 중 하나다. 그들에게 잘 맞는 얼굴이기도 하다.

라틴아메리카는 신세계의 일부였으나, 이 대륙의 나라들은 전 세계의 많은 나라들과 비교했을 때 더 이상 신생국가라고 할 수 없다. 이 대륙에는 이미 새로운 문화도 형성되어 있다. 지난 2세기 동안 이 대륙의 나라들은 단단한 정체성을 벼려냈으며, 그들의 국기는 옛것과 새것의 융합을 보여준다. 그들의 상징은 이제 이 융합된 문화에 닻을 내리고 있는 것 같다. 그 덕분에 때로 혼란스러웠던 이 지역이 점차 안정되고 있다.

제9장

좋은 깃발, 나쁜 깃발, 못생긴 깃발

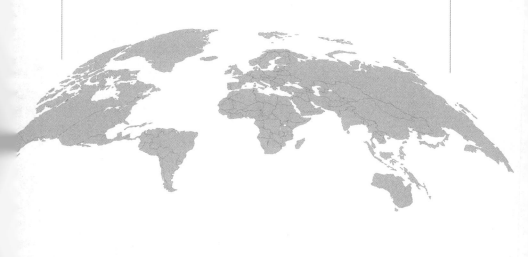

해적기부터 무지개 깃발까지,
정체성의 정치학

스위스에 있는 유엔 제네바 사무국 앞에 줄지어 늘어선 전 세계 국기들. 건물 위에서 유엔 깃발이 휘날리고 있다.

우리는 하나의 종족이다.
원한다면 부족이라고 해도 된다.
깃발은 힘을 선언하는 것이다

🏴 길버트 베이커Gilbert Baker(프라이드 깃발* 도안자)

해적은 왜 해적이라 불리는가? 그들이 해적이기 때문이다. 졸리 로저 Jolly Roger**는 왜 졸리 로저라고 불리는가? 아무도 분명한 이유를 모른다. 이 두 질문 모두 누군가에게는 전혀 재미가 없을 것이다. 확실히 해적은 예나 지금이나 웃어넘길 대상이 아니다. 도둑질과 살인을 일삼는 험악한 인간들이 즐겁게 보이는 경우는 아주 드물다. 그러나 교차시킨 뼈 두 개와 두개골이 그려진 깃발, 한쪽 눈의 안대, 나무 의족, 허세에 가득 차서 "요호!"하고 지르는 소리는 지난 수백 년 동안 거의 낭만적인 대상으로 변모했으며, 조니 뎁이 연기한 카리브해의 해적에 이르러서는 만화 같은 존재가 되었다.

교차시킨 두 개의 뼈와 두개골

졸리 로저는 이번 장에서 다룰 다른 깃발들과 마찬가지로 전 세계에 널

* LGBT에 속한 집단들을 상징하는 모든 종류의 깃발을 일컫는 말. — 옮긴이
** 해적 깃발을 부르는 이름. — 옮긴이

리 알려져 있다. 국경을 초월하는 깃발 중 하나인 셈이다. 반드시 한 국가나 정치적 이념을 상징하는 깃발만 감정을 불러일으키고 메시지를 전달하는 것은 아니다. 깃발은 평화의 상징이 될 수도 있고, 국제사회를 불러 모으는 연대의 상징이 될 수도 있다. 심지어 성공한 브랜드의 한 형태일 수도 있다. 이런 깃발들은 다양한 신념과 주장을 상징하지만, 여러 수단을 동원해서 사람들에게 알려져야 한다는 공통점을 갖고 있다. 졸리 로저처럼 맥락에 따라 다른 메시지를 전달하는 깃발도 있다. 예를 들어, 야외 음악축제에 졸리 로저가 걸린다면 약간의 '로큰롤' 분위기를 뜻할 수도 있지만, 소말리아 근해에서 이 깃발을 발견한 상선은 아주 심각해질 것이다.

해적은 항해의 역사만큼이나 오랜 역사를 갖고 있고, 전 세계 어디에나 존재한다. 하지만 교차시킨 뼈 두 개와 두개골 깃발이 해적과 함께 연상되기 시작한 것은 12세기부터인 것 같다. 당시 이 깃발을 내건 템플기사단은 세계 최대의 함대를 갖고 있었으며, 하나의 제국을 형성한 기사단의 사업을 보호하기 위해 이 함대를 배치했다. 그들이 뼈와 두개골의 이미지를 사용한 이유는 단순히 섬뜩한 수준을 넘어선다. 이 깃발은 '시돈의 두개골'이라는 전설에서 유래했는데, 12세기에 월터 맵Walter Map이라는 사람이 기록한 이 전설은 1100년대 중반에 있었던 거슬리는 사건을 다루고 있다.

마라클레아Maraclea의 훌륭한 레이디가 시돈Sidon 경이라는 템플기사의 사랑을 받았으나, 젊은 나이에 세상을 떠났다. 그녀를 땅에 묻은 날 밤에 이 사악한 애인은 몰래 무덤으로 가서 그녀의 시신을 파내 능욕했다. 그때 허공에서 들려온 목소리가 그에게 9개월 뒤 다시 오면 아들을 만나게 될 것이라고 지시했다. 그가 이 지시에 따라 정해진 때에 무덤을 다시 열었더니 두 개의 다리뼈 위에 머리가 놓여 있었다(교차시킨 뼈 두 개와 두개골). 그때 전에 들린 그 목소리가 그에게 그것으로 인해 좋은 일이 생길 테니 잘 지키라고 명령했다. 그래서 그는 그것을 들고 그 자리를 떠났다. 그것은 그의 수호신이 되었고, 그는 그 마법의 머리를 적에게 보여주기만 해도 승리를 거둘 수 있었다. 나중에 때가 되었을 때 그것은 기사단의 소유가 되었다.

템플기사단은 자신이 해적과 대적하는 하느님 편에 서 있다고 생각했으나, 바다에서 그들이 보인 행동은 해적과 비슷할 때가 많았다. 엄청난 재산을 소유한 이 '가난한 기사들'은 자기보다 약한 배들을 멈춰 세워 귀중품을 빼앗는 일을 그만두지 못했다. 따라서 그들의 상징이 후대의 '해적들', 즉 달리 말하자면 '도둑들'에게 영감을 주었을 가능성이 있다.

우리가 알고 있는 전형적인 해적의 이미지는 1700년대 초에 생겨났다. 해적의 상징으로서 졸리 로저를 목격한 최초의 기록 중 하나는 영국 해군의 HMS 풀 호에 타고 있던 존 크랜비John Cranby 선장의 일지다. 현재 큐의 영국 국립문서보관소에 소장되어 있는 이 일지에는 "놀라운 관찰과 사건"이라는 제목 아래 "지난 24시간 동안 맑은 날씨와 소규모 폭풍"이 있었다는 기록과 1700년 7월에 카보베르데 인근의 바다에서 프랑스 해적선을 추적했다는 이야기가 있다. 해적들은 도주했으나,

선장은 그들의 검은 깃발에 "교차시킨 뼈와 죽음의 머리, 그리고 모래시계"가 있었다는 기록을 남겼다.

이 깃발은 18세기 초반에 해적 세계에 널리 퍼졌고, 대중의 상상력까지 사로잡았다. 해적들은 새로운 유행이 된 검은 바탕 위에 고전적인 이미지를 그려 넣은 다음, 마음이 내키는 대로 끔찍한 이미지들을 추가했다. 모래시계를 넣은 것은 자신들이 접근하는 배 위의 사람들에게 그들의 시간이 다했음을 알리기 위해서였다. 혹시 상대방이 자신들의 뜻을 똑똑히 알아차리지 못할까 봐 전신 해골을 다 그려 넣은 깃발도 있었다. 단검 같은 무기가 그려진 깃발은 희생자들에게 곧 어떤 죽음을 맞을지 일깨워주는 역할을 했다. 해적들은 '해적의 암호'를 만들어냈다. 대부분의 사람이 문맹이던 시절에 이 암호는 많은 정보를 전달하는 역할을 했다. 교차시킨 뼈와 두개골은 다른 배들에게 상대가 누구인지 알려주었다. 만약 해적들이 이 깃발과 더불어 아무 그림이 없는 검은 깃발도 내걸었다면, 그것은 싸우지 않고 항복하는 경우 목숨을 살려주겠다는 뜻이었다. 만약 상대가 저항하거나 도망치려고 시도하면, 자비를 베풀지 않겠다는 뜻으로 빨간색 기가 올라갔다.

PR이라는 측면에서 이것은 훌륭한 마케팅 방법이었다. 이 암호체계는 의도를 명확하게 전달했으며, 누구나 이를 알아보고 끔찍한 일들을 연상할 수 있었다. 따라서 싸우지 말고 항복하라는 뜻을 알아들은 상대방은 대부분 이 지시에 따랐다. 만약 선장이 '검은 수염', '검은 남작', '피' 등의 별명으로 유명한 사람이라면 더 효과적이었다. 멀리서 망원경으로 이 무서운 깃발을 발견한 사람들은 피가 차갑게 식는 경험을 했다.

그들은 재빨리 머리를 굴려 계산해야 했을 것이다. 저 배의 속도가 우리보다 더 빠를까? 싸움에서 우리가 저들을 이길 수 있을까? 화물을 지키기 위해 처참한 죽음마저 무릅쓸 각오가 되어 있는가?

이 질문들은 1,000년 전만큼 지금도 중요하다. 소말리아, 나이지리아, 인도네시아 등의 근해에서 여전히 해적들이 활동하고 있기 때문이다. 심지어 교차시킨 AK-47 두 정 위에 두개골을 그린 깃발을 목격한 사례도 몇 건 있다. 그때나 지금이나 이런 깃발을 내거는 의도는, 앞서 IS 깃발을 이야기할 때 살펴보았듯이, 적에게 엄청난 공포심을 심어 도주 또는 항복을 유도하는 것이다.

이런 무법자의 이미지에도 불구하고, 아니 어쩌면 그런 이미지 때문에, 18세기의 해적들은 대중의 상상력을 사로잡았다. 그들의 삶을 낭만적으로 그려낸 작가, 시인, 극작가 중에는 대니얼 디포^{Daniel Defoe}*도 있다. 후대의 할리우드 시나리오 작가들도 마찬가지다. 에롤 플린^{Errol Flynn}이 출연한 1935년 영화 〈캡틴 블러드^{Captain Blood}〉가 훌륭한 예다. 이 영화에서 블러드의 배에는 교차시킨 뼈와 두개골 문양이 그려진 하얀 깃발이 걸려 있다.

이 깃발의 영화 속 이름은 졸리 로저가 아니지만, 이 이름은 당시 이미 영어권 사람들의 머릿속에 단단히 박혀 있었다. 이 이름이 처음 언급된 때는 18세기 초다. 찰스 존슨^{Charles Johnson}은 1724년에 내놓은 《해

---

* 17세기 영국의 소설가. 리얼리즘의 개척으로 근대 소설의 시조로 불리며 대표작으로는 《로빈슨 크루소^{Robinson Crusoe}》가 있다.

적통사 *A General History of the Pyrates*》에서 두 해적 집단이 서로 다른 깃발을 사용하면서도 모두 졸리 로저라는 이름을 붙였다고 썼다. 어떤 역사가들은 이 이름이 다양한 모양의 해적 깃발에 널리 쓰이고 있었다는 뜻으로 이 구절을 받아들인다.

이 이름이 쓰이게 된 이유에 대해서는 세 가지 가설이 있다. 첫째, 당시 악마를 부르는 이름 중에 '올드 로저^Old Roger'가 있었으므로, 깃발에 히죽 웃는 두개골을 그리면서 이 이름을 떠올렸을 것이라는 가설. 이보다 좀 더 널리 알려진 두 번째 가설은 옛날에 일부 해적들이 아무 문양이 없는 빨간색 깃발을 달고 다녔는데, 그것을 부르는 프랑스어 이름 '졸리 루쥬^Jolie rouge'가 '졸리 로저'로 자리를 잡았다는 것이다. 마지막으로, 당시 '로저^roger'라는 단어가 '떠돌아다니는 무뢰한'을 뜻했기 때문에 바다를 떠돌아다니는 무뢰한들의 상징에 졸리 로저라는 이름이 붙었다는 가설이 있다.

이제 "arrr"를 살펴보자. 이건 깃발과는 상관없지만, 확실히 설명할 가치가 있다. 우리가 생각하는 '해적 말투'는 거의 전적으로 1950년대의 배우 로버트 뉴턴^Robert Newton에게서 유래했다. 롱 존 실버를 연기할 때나 검은 수염을 연기할 때나 "arrr"는 그의 대표적인 특징이었다. 그의 연기가 가장 빛을 발한 순간은 〈롱 존 실버 보물섬에 다시 오다^Long John Silver's Return to Treasure Island〉에서 죽은 선원을 위해 기도한 뒤 그가 발음을 길게 끌며 "아~~멘^arrrrrmen"이라고 말하는 장면일 것이다.

항복하려거든 백기를 들어라

해적을 만난 뱃사람들은 그들의 손에 불행한 끝을 맞지 않기 위해 항복을 뜻하는 하얀 깃발을 올렸을 것이다. 이 깃발은 수천 년의 역사를 지닌 상징이며, 모든 문화권에 공통적으로 존재한다. 로마의 연대기작가들은 제2차 포에니 전쟁(기원전 218~201) 때 이 깃발을 휴전의 깃발로 언급했고, 서기 69년의 제2차 크레모나전투 때도 항복의 깃발이라고 표현했다. 중국도 같은 시기에 항복의 뜻을 밝힐 때 하얀색을 사용했다. 깃발을 연구하는 학자들은, 중국에서 하얀색이 죽음과 애도를 뜻했으므로 전투에 패배했을 때의 슬픔 또한 상징했던 것 같다고 추측한다.

백기는 멀리 떨어진 곳이나 혼란스러운 전장에서 쉽게 보고 이해할 수 있는 신호를 통해 몹시 중요한 정보를 전달한 또 하나의 사례다. 이 깃발은 대부분의 사람들이 글을 사용하게 되기 수천 년 전부터 사용되었다. 글을 모르는 사람도 이 깃발의 의미를 읽는 데에는 아무 문제가 없었다. 지금은 국제적, 문화적, 언어적 장벽을 넘어, 이 깃발이 전장에서의 협상, 안전한 통행로, 휴전, 항복의 상징으로 어디서나 인정받는다. 헤이그협약과 제네바협정이 규정한 전쟁 중의 행동지침에는 백기의 사용도 포함되어 있다. 관련규정을 보면 다음과 같은 구절들이 있다. "휴전의 깃발을 부적절하게 사용하는 행위로 인해 사망이나 심각한 부상이 발생하는 경우, 이 행위는 국제적인 무장분쟁에서 전쟁 범죄에 해당한다", "부적절한 사용이라 함은 휴전의 깃발이 원래의 의도, 즉 예를 들어 휴전이나 항복을 협상하기 위한 대화 요청 등의 의도와 달리 사용되는 모든 경우를 말한다. 이런 경우, 예를 들어 적에 비해 군사적인 우위를 점하기 위해 이 깃발을 사용하는 경우 등은 부적절하고 불법적이다."

대부분의 국가는 백기와 맞닥뜨렸을 때 그 깃발을 해석하고 상대하는 최선의 방법을 문서로 작성해두었다. 예를 들어, 영국군이 2004년에 펴낸《무장분쟁법에 대한 합참 안내서 Joint Service Manual of the Law of Armed Conflict》는 다음과 같이 설명한다.

백기를 내거는 행위는 자신이 보내는 통신을 받겠느냐고 상대에게 묻는 것을 의미할 뿐이다. 어떤 경우에는 백기를 내건 측이 특정한 목적, 즉 부상자 이송 등의 목적을 위해 일시적으로 적대행위를 중단하는 협상을 하고 싶다는 뜻이 되기도 한다. 그러나 백기가 항복 조건을 협상하고 싶다는 뜻일 때도 있다. 모든 것은 그 특정한 순간의 상황과 조건에 달려 있다. 예를 들어, 현장에서는 개별 병사나 소규모 일행이 작전 수행 중에 백기를 들면 항복의 뜻으로 받아들여지게 되었다.

10.5.2. 백기를 내거는 쪽은 상대의 응답이 있을 때까지 반드시 총격을 중지해야 한다. 백기를 악용하는 모든 행위는 전쟁 범죄가 될 가능성이 높다. 그러나 적 부대를 상대할 때는 항상 경계심을 크게 드러내야 한다.

안타깝게도 적을 속이기 위해 백기를 악용했다고 알려진 사례가 많다. 예를 들어 보어 전쟁 때 영국군도 보어군이 이런 행동을 했다고 비난했다. 백기가 무시당했다는 주장도 여러 차례 나왔다. 예를 들어 2009년에 스리랑카 내전에서 벌어진 '백기사건'은 국제적인 비난을 받았다. 타밀호랑이 지도자 세 명이 비무장 상태로 백기를 들고 항복하려 했으나 공식적인 사살명령으로 인해 목숨을 잃었다고 알려진 사건이다. 백기의 악용을 증명하는 결정적인 증거는 아주 드물지만, 이런 주장들이 사람들의 감정에 화르르 불을 붙인다는 사실은 전쟁의 광기와 잔혹함 속에서도 우리가 다른 수단이 모두 실패했을 때 공통의 인류애에 호소할 수 있는 수단, 모종의 질서나 규칙 같은 것을 내심 바라고 있음을 보여준다. 어떤 의미에서 백기는 단순한 호소 이상이다. 그것은 신뢰를 바탕으로 자비를 베풀어달라고 요구하는 수단이다. 백기가 지금도 존재한다는 사실 자체가 전 세계 사람들이 이 깃발에 대해 갖고 있는 믿음을 보여준다.

중립이라는 이상을 찾아 변화 중인 적십자기

헤이그협약과 제네바협정은 국제적십자사 깃발의 사용법도 규정해놓았다. 적십자사는 하얀 바탕에 네 팔의 길이가 모두 똑같은 빨간 십자가가 그려진 자신의 깃발을 군대가 사용할 수 있게 해주고, 대신 승인받지 않은 사용이나 악용 사례를 감시한다. 이 깃발의 사용에는 엄격한 규칙이 적용되는데, 평화시와 전시의 규정이 다르다. 예를 들어, 이 깃발을 내걸 수 있는 건물이나 깃발의 크기 등이 상황에 따라 달라질 수 있다. 전시에는 "보호를 뜻하는 상징을 내건 사람이나 장비, 건물 등에 대한 고의적인 공격이 국제법에 따른 전쟁 범죄"가 된다.

적십자사 상징은 1863년에 채택되어, 1864년 1차 제네바협정에서 공식적으로 인정받았다. 중립국인 스위스 국기의 색깔을 반전시킨 깃발을 선택한 것은 중립성이라는 개념 때문이었다. 이 색깔과 도안을 멀리서도 쉽게 알아볼 수 있다는 사실 역시 작용했다. 이 깃발은 종교와 상관없는 보편적인 의미로 만들어졌지만, 십자가가 그려져 있는 탓에 십자군 전쟁 때 십자군이 들었던 일부 깃발과 아주 흡사하다는 사실에서 도망칠 길이 없었다. 13년 뒤 러시아와 터키의 전쟁이 발발했을 때, 오스만 제국은 적십자 깃발의 십자가를 초승달로 바꿨다. 무슬림이 대다수인 다른 나라들도 나중에 그 뒤를 따랐다.

국제적십자사는 분쟁 중에 깃발의 진정한 의미가 간혹 간과된다는 점, 원래 어느 한쪽 편을 드는 상징이 아닌데도 감정이 크게 달아오른 어려운 상황에서는 십자가와 초승달이 특정한 상징으로 보일 수 있다는 점을 오래전부터 걱정해왔다. 문제는 이것만이 아니었다. 십자가와 초승달이라는 상징이 각각 종교적인 의미로 만들어진 것은 아닐지라도, 유대인이 대다수인 이스라엘이나 종교가 없는 사람, 불교도, 도교 신자 등 다양한 사람들이 존재하는 중국 같은 나라에서는 종교의 상징으로 보일 수 있었다.

1992년 당시의 적십자사 총재가 또 다른 상징이 필요하다고 말했다. 그러나 각국 정부는 2005년에야 비로소 새로운 깃발을 받아들였다. 적수정이라고 불리는 이 깃발에 우리는 아직 익숙해지는 중이다. 하얀 바탕에 빨간 다이아몬드를 그린 이 깃발은 공식적인 건물들에 걸려 있으며, 때로는 현장에서도 볼 수 있다. 정치, 종교, 지리와 관련된 의미가 전혀 없기 때문에, 십자가와 초승달이 그려진 두 깃발에 문제가 있다고 생각하는 나라들도 적십자사 운동에 합류할 수 있게 되었다. 다이아몬드 또는 수정이라고 불리는 이 깃발은 이미 널리 유명한 두 깃발과 똑같은 지위, 의미, 적법성을 갖고 있다. 그러나 국제적인 인지도 면에서는 아직 그 두 깃발에 미치지 못하는지도 모르겠다.

나토 깃발을 둘러싼 끝없는 자리다툼

적수정처럼 국제적으로 널리 알려지지 않은 깃발을 하나 더 꼽는다면 나토 깃발이 있다. 이 깃발의 도안은 상당히 간결하다. 어두운 파란색 바탕에 하얀색 방위표시판이 그려져 있는 형태인데, 공식적인 설명이 없다면 평범한 사람들은 방위표시판이 아니라 별이 그려진 원이라고 생각할지도 모른다. 이 별의 꼭짓점에서는 각각 하얀 선이 뻗어나가 있다.

나토는 1949년에 12개국이 모여 결성한 군사동맹이다. 목적은 당시 위협적으로 여겨지던 소련에 대응해서 평화를 지키는 것이었다. 깃발은 1953년에야 도입되었다. 나토 이사회 워킹그룹에서 이 깃발의 도안을 맡은 사람들에게 주어진 임무는 "간결하면서도 강렬"하며 이 군사동맹의 "평화로운 목적"을 상징하는 깃발을 만들어내는 것이었다.

1952년에 나온 첫 번째 시안은 열네 개의 별과 파란 줄 두 개가 들어 있는 은색 방패 모양이었다. 방패는 나토가 방어기구임을, 줄무늬는 대서양을, 별은 당시 14개국이던 회원국을 각각 상징했다. 마치 16세기의 깃발 같은 도안이었다. 회원국들은 장차 더 많은 나라가 가입할 것 같은데 그러면 매번 도안을 바꿔야 할 것이라면서 이 시안에 찬성하지 않았다. 이듬해에 나토 이사회는 지금의 깃발을 승인했다. 나토의 초대 사무총장인 헤이스팅스 이스메이^{Hastings Ismay}(제1대 이스메이 남작, KG

GCB CH DSO PC DL*) 장군은 이 깃발의 의미를 다음과 같이 설명했다. "파란색 바탕은 대서양을 상징하고, 꼭짓점이 네 개인 별은 우리가 올바른 길, 즉 평화의 길을 벗어나지 않게 해주는 나침반을 뜻한다. 원은 나토의 14개 회원국의 단합을 상징한다."

지금은 회원국이 28개국이다.* 이는 이 기구의 인기가 높아졌을 뿐만 아니라, 초기 회원국들이 새 회원국이 가입할 때마다 별을 추가해야 하는 도안을 거부한 것이 옳았음을 보여준다.

1950년대에는 회원국이 겨우 14개국에 불과했는데도, 당시 파리 외곽에 있던 나토의 유럽연합군 최고사령부SHAPE에서 깃발을 둘러싸고 가벼운 불화가 발생하면서 상황이 복잡해졌다. SHAPE의 사령관인 아이젠하워 장군이 본부 건물 앞에 회원국들의 국기를 반원형으로 배치하고 맨 앞에 본부가 위치한 나라인 프랑스 국기를 거는 방안을 승인한 것이 문제였다. 이 방안에 따르면 각국의 깃발은 프랑스어 알파벳 순서대로 배치되는데, 매일 각 깃발이 한 칸씩 옆으로 옮겨가게 되어 있었다. 이렇게 해서 시작도 끝도 없는 '원'을 완성하고, 어느 국기도 끝이 되지 않게 한다는 아이디어였다. 누가 이런 아이디어에 불만을 품을 수 있을까?

네덜란드가 즉시 반대하고 나서서, 자국의 이름을 프랑스식으로 쓰면 'Pays Bas'가 되는데 이것을 '네덜란드'로 바꿔달라고 요구했

* 모두 영국의 기사작위나 훈장 등을 뜻하는 약자다. — 옮긴이
** 이 책 집필 당시인 2016년에는 28개국이었으나, 이후 2017년 몬테네그로, 2020년 북마케도니아가 회원국으로 가입하면서 30개국으로 늘어났다.

다. 이렇게 해서 네덜란드 국기는 룩셈부르크와 노르웨이(프랑스어 표기는 Norvège) 사이에 오게 되었다. 네덜란드에게는 훨씬 편안하게 느껴지는 자리였다. 2년 뒤 나토의 변호사 한 명이 조금 한가했는지, 영국United Kindom의 프랑스어 공식표기는 'Grande Bretagne'가 아니라 'Royaume-Uni'이기 때문에 영국 국기가 G가 아닌 R의 자리에 와야 한다는 의견을 냈다. 이 주장에 따라 국기의 위치가 변하자 영국인들은 "아!"라고 말할 뿐이었지만, 프랑스인들은 달랐다. "그렇다면 우리가 전에 말했던 것처럼 우리나라에서 네덜란드의 올바른 표기는 'Pays Bas'야." 이때 국기의 게양과 하강을 맡은 사람들이 어쩌면 이렇게 물었는지도 모른다. "P자리를 받겠습니까?" 답은 '예'였다. 네덜란드 국기는 원래 자리로 돌아갔다.

터키는 나토에 가입하고 몇 년 뒤인 1959년에 국기의 순서가 '맨 마지막'인 것에 불만을 표시하면서, 기존의 시스템을 버리고 영어 이름을 사용하자는 안을 내놓았다. 예를 들어, 미국의 이름을 'Étas-Unis d'Amérique'가 아니라 'United States of America'로 표기하자는 안이었다. 프랑스가 이 제안을 받아들일 리가 없었다.

프랑스가 1966년에 나토의 군사사령부에서 빠져나가자, SHAPE는 이듬해에 벨기에 카스토로 옮겨갔다. 그러나 유구한 역사에 따라, 국기를 둘러싼 불화는 계속되었다. 지금까지 50년 동안 어느 나라 국기를 어떻게 표기하고, 어느 자리에 배치할 것인지를 두고 훌륭한 아이디어들이 많이 나왔다. 지금은 사령부가 위치한 나라의 국기가 가장 앞에 있고, 프랑스어 표기도 그대로 유지되고 있다. 매주 일요일 자정이면 각각의 국기가 한 칸씩 옆으로 이동해서, 시작도 끝도 없는 원이라는 상징을 이어나간다. 의도는 그것이지만, 의도와 달리 '한없는 다툼' 또한 상징하게 되었다. 회원국들은 나토 깃발 자체에는 아무런 불만이 없다. 다만 그 깃발과 자국 국기가 얼마나 가까이 있는지에 몹시 신경을 쓸 뿐이다. 예를 들어 프랑스의 경우 자국 깃발보다 영국 깃발이 나토 깃발에 더 가까이 있는 것이 결코 달가울 리 없다. 영국과 프랑스의 입장이 바뀐다면 영국도 마찬가지다.

따라서 단합을 상징한다는 깃발을 내걸었으면서도, 막후에는 엄청나게 많은 불화가 있다. 그러나 이와 달리 올림픽 깃발은 서로 경쟁관계인 나라들이 단합하게 만드는 힘이 아주 대단한 것 같다. 전 세계 나라들이 자국의 국기를 내걸고 열심히 뛰는 행사가 올림픽인데도, 이웃 국가들에게 진심 어린 적의를 드러내는 나라는 없다.

다섯 대륙을 스포츠로 결합시키는 다섯 고리

부패, 부정, 약물, 상업성, 카메라를 향해 멍청한 손짓을 해서 짜증을 유발하는 선수 등 여러 문제들을 일단 제쳐둔다면, 올림픽 깃발에 대해 따스한 감정을 품는 것이 가능하다.

올림픽의 모토인 Citius, Altius, Fortius, 즉 "더 빨리, 더 높이, 더 힘차게"는 약을 먹고 강해지라는 뜻이 아니라, 올림픽 강령에 들어 있는 정신, 즉 살아가면서 가장 중요한 것은 승리가 아니라 경쟁 그 자체라는 정신을 가리킨다. 스포츠 경기에서 이것은 확실히 고결한 이상이지만, 노르망디 상륙작전* 같은 일에도 이 원칙을 적용할 수 있을지에 대해서는 논란의 여지가 있다.

어쨌든 올림픽 모토와 강령은 하얀 바탕에 다섯 개의 고리가 있는 올림픽 상징과 보완관계를 이룬다. 이 도안을 처음 세계에 소개한 사람은 현대 올림픽의 창시자인 피에르 드 쿠베르탱Pierre de Coubertin 남작이었다. 어렸을 때인 1871년에 그는 프랑스가 비스마르크의 프로이센에 패한 현실**을 쉽사리 받아들이지 못했다. 그는 프랑스 사람들이 스포츠를 잘 하지 않아서 신체적인 능력이 딸리기 때문에 전쟁에 졌다고 믿었다. 세월이 흐른 뒤에는 스포츠 경기가 여러 나라를 하나로 모으는 방법이 될 수 있다는 확신을 품고, 1892년에 현대 올림픽 경기대회 창설을 위한 로비를 시작했다. 2년 뒤에는 12개국의 대표자 일흔아홉 명이 국제올림픽위원회를 결성했고, 1896년에는 제1회 현대 하계 올림픽이 아테네에서 개최되었다.

당시만 해도 올림픽 운동의 상징이 없었다. 다섯 개의 고리는 1913년 쿠베르탱이 보낸 편지 맨 위에 스케치 형태로 처음 등장했다. 그리고 이듬해에 그가 이 고리들을 깃발의 도안으로 제시하자 곧바로 채택되었다. 그 뒤에 예정되어 있던 올림픽 대회는 제1차 세계대전으로 인해 1920년에야 안트베르펜에서 열렸다. 이때 올림픽 깃발이 경기장에 처

---

* 1944년 6월 6일. 미군 사령관 아이젠하워의 지휘 아래 연합군이 프랑스 노르망디 해안에 상륙했다. 이 작전이 성공하면서 연합군은 동쪽으로 진격해 프랑스를 나치 독일의 지배에서 해방시킬 수 있었다. 2차 세계대전의 판도를 결정지은 작전 중의 하나로 꼽힌다.

** 프로이센–프랑스 전쟁. 1870년부터 1871년까지 프로이센과 프랑스가 에스파냐 국왕의 선출 문제를 둘러싸고 벌인 전쟁. 프로이센이 크게 이겨서 독일 통일이 이루어졌다.

음으로 선을 보였다. 개회식에서 깃발이 펼쳐지고, 평화의 상징인 비둘기 다섯 마리가 날아오르고, 이 깃발을 든 선수가 올림픽 선서를 하는 모습이 이때 처음으로 연출되었다.

다섯 개의 고리는 세계의 다섯 대륙을 상징하며, 이들이 서로 연결되어 있는 모습은 단합을 상징한다(전 세계의 대륙이 일곱 개라고 주장하는 사람들도 있다는 사실은 잠시 옆으로 제쳐두자). 하얀 바탕은 평화의 상징이다. 고리의 색은 각각 다르다. 위에 있는 고리 세 개는 파란색(왼쪽), 검은색(가운데), 빨간색(오른쪽)이고, 아래의 고리 두 개는 노란색(왼쪽), 초록색(오른쪽)이다. 이 색깔들이 각각 대륙을 상징한다는 오해가 있다. 올림픽 운동 안내서에까지 이 주장이 실린 적이 있으나, 이 말이 옳다는 증거가 없기 때문에 1950년대에 안내서에서 삭제되었다. 1931년에 쿠베르탱은 다음과 같이 썼다. "이 도안은 상징적이다. 다섯 대륙이 올림픽 정신으로 하나가 된 것을 의미하며, 여섯 개의 색깔[하얀색도 포함]은 현재 전 세계의 모든 국기에 사용되는 색이다."

이 깃발이 재앙 같은 전쟁 직전에 도안되어 전쟁 직후에 선을 보였다는 점을 생각하면, 당시 대회에 참가했던 사람들도 그 상징성을 놓치지 않았을 것이다. 참가국 29개국 중에는 아르헨티나와 이집트처럼 아주 멀리서 온 나라들도 있었다. 그러나 전 세계의 단합과 평화라는 이상은 독일이 초대되지 못했다는 사실 때문에 다소 빛을 잃었다. 제2차 세계대전 이후인 1948년에도 역시 독일에 대해 같은 결정이 내려졌다. 1920년 대회에는 오스트리아, 헝가리, 불가리아, 터키도 초대받지 못했다.

이때 경기장에 걸렸던 첫 올림픽 깃발은 대회가 끝난 뒤 감쪽같이 사라졌다가 77년 뒤에야 다시 나타났다. 옛날 할리우드 영화에 으레 등장하던 얼빠진 경찰관 같은 일생을 살아온 밴조 연주자 겸 곡예사 해리 프리스테^{Harry Prieste}는 1997년 100세의 나이로 미국 올림픽위원회가 주최한 만찬에 참석했다. 어느 기자가 안트베르펜대회 때의 올림픽 깃발이 사라져 행방을 알 수 없다는 이야기를 하자, 프리스테는 이렇게 말했다. "그거라면 내가 도와줄 수 있어요. 그게 내 가방 안에 있거든." 그는 1920년에 다이빙 경기에 출전해 동메달을 딴 뒤, 동료의 부추김으로 4.5미터 높이의 깃대를 타고 올라가 깃발을 훔쳤다고 밝혔다. 이 사실을 고백한 뒤 3년이 지난 2000년 시드니 올림픽에서 그는 103세의 나이로 그 깃발을 IOC에 돌려주었다. IOC는 그 보답으로 그의 '기증'에 대한 감사패를 주었다. 이 깃발은 현재 스위스 로잔에 있는 올림픽 박물관에 전시되어 있다.

올림픽 대회가 열릴 때마다 깃발은 당연히 눈에 띄는 요소다. 개회식 때 메인스타디움에 게양된 올림픽기는 대회기간 내내 그 자리를 지킨다. 깃발은 1896년 제1회 현대 올림픽 대회 때 처음으로 '찬가'가 연주되었을 때부터, 올림픽 찬가에도 언급되었다.

옛날의 경기를 함께하려고
전 세계에서 모인 우리
모든 나라의 깃발을 펼쳐라
형제애 속에서

정말로 고귀한 정신이다. 하지만 올림픽에서 국기들이 아주 눈에 띄는 자리를 차지한다는 점, 관중들 역시 자기 나라 국기를 단 선수들을 응원하고 그들의 승리를 축하하기 위해 경기장에 나온다는 점이 흥미롭다. 사실 올림픽은 정확히 말해서 각 나라가 스포츠 실력을 뽐내기 위해 마련된 자리가 아니기 때문이다. 이 대회의 초점은 원래 각 나라의 전체적인 성적과 메달 획득 실적이 아니라 선수 개개인에게 맞춰져야 한다. 올림픽 헌장에도 "메달을 딴 선수 각자에게 경의를 표하는 대신 나라별 순위를 매기면 안 된다…. 올림픽은 나라 간 경쟁이 아니라 선수 개인 또는 팀 사이의 경쟁이다"라고 되어 있다. 그래도 각국은 이에 굴하지 않고 자신이 획득한 메달 개수에 초점을 맞추며, 올림픽을 이용해 국가적 자부심을 끌어올리고 우월성을 뽐내고 스포츠 분야에 대한 대규모 투자를 정당화하려 한다.

이런 일들이 올림픽에서만 이루어지는 것은 아니다. 스포츠와 국가적 자부심은 서로 밀접히 연결되는 경우가 많다. 모든 종류의 국제경기에서는 눈에 띄게 국기가 그려진 옷, 얼굴에 국기를 그린 사람들을 볼 수 있다. 온갖 종류의 홍보물품과 기념품에도 역시 국기가 등장한다. 각자 자기 나라의 성취와 자부심을 이렇게 축하하는 것은 대체로 무해한 행위지만, 상황이 고약하게 변하는 극단적인 사례도 일부 존재한다. 사람들의 열정이 한껏 높아진 상태에서, 스포츠 경기는 전쟁의 현대적인 대체물로 인식될 때가 많다. 옛날 전쟁 때의 군대처럼, 서로 대적하는 세력들이 저마다 자신의 깃발 아래로 모인다는 점이 비슷하다.

2016년 유럽 선수권 대회 때는 프랑스의 젊은 남성들(과 그리 젊지만은 않은 남성들) 무리가 거리를 뛰어다니며 상대 팀 팬들을 공격하는 일이 벌어졌다. 영국인들도 조국을 대표한다는 뚜렷한 생각을 갖고 먼저 싸움을 걸었다. 그러나 이런 감정이 누구보다 강한 것은 러시아인들이었다. 게다가 러시아 당국은 스포츠와 정치를 불길하게 연결시켜, 상황을 더 악화시켰다. 거리를 돌아다니는 러시아인 불한당들에게 뒤틀린 자부심을 느끼는 것처럼 굴었을 뿐만 아니라, 일부 러시아인들이 폭력적인 행동으로 프랑스에서 쫓겨난 뒤에는 심지어 모스크바 주재 프랑스 대사를 불러들이기까지 한 것이다. 이것은 올림픽 경기 관중들의 정신과는 거리가 멀어도 한참 먼 행동이다.

개막식 때 각국 선수단은 국기를 들고 행진한다. 가장 먼저 경기장에 입장하는 팀은 언제나 그리스 선수단이다. 그 뒤를 이어 다른 나라 선수단이 주최국 언어의 문자 순서에 따라 입장한다. 주최국 국기와 선수단은 맨 마지막으로 들어온다. 폐막식 때는 올림픽기를 내리는 것으로 대회가 공식적으로 끝난다. 이 자리에서 올림픽기는 곱게 접혀 4년 뒤 다음 올림픽을 개최할 도시의 대표에게 인계된다. 그리고 고대 올림픽 경기를 기리고 기억하기 위해 그리스 국기가 게양된다.

올림픽기에 대해 말할 것이 하나 더 있다. 사실을 확인하고 또 확인해야 한다고 일깨워주는 이야기다. 일부 신화적인 허구들이 이 책에 스며들었을 가능성은 얼마든지 있지만, 쿠베르탱 남작이 고대 그리스의 도시 델포이에서 발견된 바위를 보고 영감을 얻어 다섯 개의 고리 모양 상징을 만들었다는 이야기는 내가 아직 하지 않았다. 그 바위에 바로 다섯 개의 고리 모양이 새겨져 있었다고 하는데, 이 이야기가 여러 곳에서 거듭 확인되었으나 미국 고고학연구소 등 또 다른 곳에서는 그보다 덜 낭만적이지만 어쩌면 더 나은 사연이 있다고 주장한다.

1936년 베를린올림픽을 앞두고 있을 때, 당시 올림픽조직위 위원장이던 카를 딤$^{\text{Carl Diem}}$은 고대에 비슷한 운동 경기가 열렸던 델포이의 스타디움에서 행사를 열고 싶어 했다. 그래서 올림픽의 상징인 다섯 고리가 새겨진 바위의 제작을 의뢰했다. 거기서 올림픽 성화를 든 주자가 출발해 베를린까지 오게 하자는 것이 그의 아이디어였다. 행사는 그의 뜻대로 열렸지만, 올림픽 상징이 새겨진 바위는 그냥 그 자리에 남았다.

20년 뒤 미국의 대중적인 과학 저술가인 린 풀$^{\text{Lynn Poole}}$과 그레이 풀$^{\text{Gray Poole}}$이 《고대 올림픽의 역사 *A History of the Ancient Olympic Games*》라는 저서를 쓰기 위해 델포이로 자료조사를 하러 왔다. 그때 그 바위를 발견한 두 사람은 이것을 고대 그리스의 유물로 착각하고, 이 고대 올림픽의 상징을 쿠베르탱이 깃발로 부활시켰다고 썼다. 그 뒤로 지금까지 이 이야기는 여러 책에서 그대로 되풀이되고 있다. 하지만 사실 그 바위는 '카를 딤 바위'라고 불리고 있다.

올림픽 개막식 때는 각국 선수단이 주최국의 국가원수 앞을 지날 때 국기를 살짝 내렸다 올리는 것이 전통이다. 대부분은 이렇게 하지만, 미국은 하지 않는 쪽이다. 미국이 이런 전통을 갖게 된 뿌리는 1908년 올림픽에 있다. 사상 최초로 선수단이 입장해 행진하는 순서가 마련된 이 대회에서 미국 선수단은 "우리 국기는 세속의 군주에게 인사하지 않는다"면서 국기를 내리지 않았다. 그러나 펜실베이니아 주립대학교의 역사교수 마크 다이리슨$^{\text{Mark Dyreson}}$은 그것이 공식적인 결정은 아니었으며, 1912년, 1924년, 1932년에는 미국 팀도 국기를 내렸다고 주장한다. 그는 저서《세계 지배를 위한 애국심 만들기: 올림픽 경기 때의 미국 *Crafting Patriotism for Global Dominance: America at the Olympics*》에서, 1928년 당시 미국 올림픽 선수단 단장이던 맥아서 장군이 국기를 내리지 않기로 결정한 것이 선례가 되어 이 방침이 공식화되었으나 미국 정부가 이 방침을 받아들여 정치적 행위로서 지지한 것은 1936년 베를린올림픽 때였다고 말한다.

베를린올림픽은 여러 이유에서 기억할 만한 대회다. 그중에서도 중요한 이유 하나를 꼽는다면, 아리아인의 정신과 신체가 우월하다고 믿는 정권 앞에서 미국의 흑인 선수인 제시 오언스Jesse Owens가 네 개의 금메달을 땄다는 사실이 있다. 많은 참가 팀들이 히틀러에게 나치식 경례를 한 장면도 기억에 남을 만하다. 미국 선수단은 '시선을 오른쪽으로' 돌려 예의를 지키기는 했으나 국기를 내리지는 않았다. 히틀러를 포함한 독일 당국자들은 불같이 분노했다. 1936년에는 그런 행동이 확실히 무례로 받아들여졌다. 다른 때였다면 미국 선수단의 의도도 그런 것이 아니었을 것이다. 국기를 내리지 않는 것은 미국인들이 존중하는 자국 국기에 대해 예를 표하는 행동에 더 가깝다.

자동차 경주 결승선의 상징인 체크무늬 깃발

이렇게 스포츠 세계의 깃발들을 둘러보았다. 이 순례의 끝을 장식하는 것은 경기에서 결승선을 표시하는 깃발, 즉 검은색과 하얀색의 체크무늬가 있는 깃발이다. 겨우 몇십 년 만에 세계적으로 인정받은 이 깃발은 이제 경주의 끝을 나타내는 데서 그치지 않고 경기의 흥분 또한 상징한다. 이 깃발의 유래는 다소 재미가 없지만, 이 깃발의 역사에 대한 연구는 거의 모두 민담과 맞닥뜨린다. 이 민담에 따르면, 체크무늬 깃발은 1800년대에 미국 중서부에서 처음 생겨났다. 경마가 끝날 무렵이 되면, 음식이 준비되었으니 이만 경주를 끝내야 한다는 뜻으로 사람들이 식탁보를 흔들었다고 한다. 당시의 식탁보에는 보통 검은색-하얀색 또는 빨간색-하얀색의 체크무늬가 새겨져 있었는데, 시간이 흐르면서 경주가 한 번 끝날 때마다 이 식탁보를 흔들게 되었다. 민담의 기반에는 약간의 진실이 깔려 있는 경우가 많다. 그러나 안타깝게도 이 민담의 경우에는 그 내용을 뒷받침해주는 자료가 없다. 단지 이야기가 그럴듯해 보였기 때문에 여러 사람의 입에서 입으로 퍼진 것 같다.

그러나 중서부 역사 전문가인 프레드 R. 이글로프Fred R. Egloff의 저서가 이 수수께끼를 해결해준 듯하다. 그는 오랫동안의 연구 끝에 2006년 저서 《체크무늬 깃발의 기원: 경주의 성배를 찾아서 *Origin of the Checker Flag: A Search for Racing's Holy Grail*》를 발표했다. 원래 일리노이 출신인 프레드는 제시 제임스Jesse James* 같은 사람들의 일생을 전설로 만든 이야기들을 찾아다니며 증거와 비교하는 데 평생을 바쳤다. 나는 현재 텍사스 주에 살고 있는 그와 연락을 취해 이야기를 나눠보았다. 그는 《체크무늬 깃발의 기원》을 쓸 때도 같은 방법을 사용했다고 말했다. 프레드는 자동차 경주의 팬일 뿐만 아니라, 경주용 자동차도 한 대 갖고 있다. 60대 때인

---

* 19세기에 활동한 미국 갱단 두목.

1997년 빈티지 스포츠카 경주에서는 1930년대에 생산된 BMW 328을 몰고 자랑스러운 우승을 차지하기도 했다. 그의 차는 그냥 BMW 328이 아니었다. 처음 이 차의 주인이었던 네덜란드 사람이 제2차 세계대전 중 나치에게 들키지 않으려고 어느 박물관 지하실에서 수백 개의 의자 아래에 묻어놓았던 자동차였다.

따라서 프레드는 역사에 대해서도 자동차에 대해서도 일가견이 있다. 그의 이야기는 1930년대에 그랑프리 대회에서 뛴 최고의 드라이버 중 한 명인 프랑스인 르네 드레퓌스René Dreyfus의 미국 방문으로 시작된다. 르네는 미국 중서부에 왔을 때 이렇게 물었다. "체크무늬 깃발이 언제 어디서 사용되기 시작했습니까? 그 깃발의 정확한 의미는 뭐죠?" 하지만 아무도 그의 질문에 답하지 못했다. 프레드는 이렇게 말했다. "이 이야기를 듣고 몇 년 뒤부터 내가 조사를 시작했어요. 쉽게 알아낼 수 있을 줄 알았지. 옛날 사람을 많이 아니까. 그런데 10년이 걸렸어요!"

그는 그 식탁보 이야기 때문에 경마 쪽을 조사해보았지만 아무 수확도 얻지 못했다. 그래서 다시 원점으로 돌아와 자전거 쪽으로 방향을 틀었다. 미국 자전거연맹의 자료실, 미국 자전거 박물관 등 여러 곳을 뒤져 자전거와 관련된 시시콜콜한 정보를 알아냈지만, 체크무늬 깃발은 어디서도 나오지 않았다. 그는 이렇게 말한다. "또 막다른 길에 부딪혀서, 내 연구는 원점으로 돌아왔습니다. 경마와 식탁보가 그 깃발의 유래라는 이야기는 전부 추측이었어요. 대부분의 사람들이 그 점을 인정했고요. 나는 유럽 쪽도 조사해보았지만, 이 깃발은 그쪽에서 유래한 것이 아니었습니다. 여기 미국에서 시작되었어요."

미국 최초의 자동차 경주는 1895년 추수감사절에 시카고에서 열렸으므로 프레드는 시카고 대학교 도서관(공교롭게도 최초의 자동차 경주가 출발한 지점과 가깝다)으로 갔다. "《오토모빌 _The Automobile_》이라는 격주 간지가 있었습니다. 도서관 쪽에서 그 잡지를 꺼내줬죠. 나는 잡지를 한 권, 한 권 뒤지면서 체크무늬 깃발의 사진이나 설명을 찾아보았습니다." 1902년 7월에 나온 잡지에서 그는 중앙에 검은색 사각형이 있는 하얀색 깃발이 결승선에서 사용된 사진을 찾아냈다. 1906년에는 뉴욕의 어느 자동차 전시장에서 무늬가 있는 여러 깃발과 함께 체크무늬 깃발이 걸려 있는 사진도 있었다.

흥미로웠다. 그가 찾던 증거는 아니지만, 그는 진실에 점점 접근하고 있었다. 그는 장거리 도로 경주의 초기 형태인 '글리든 투어 _Glidden Tour_'에 대해 공부하기 시작했다. 장거리를 달리며 자동차의 '신뢰성과 내구성'을 알아보는 테스트에서 기원한 이 경주에서 참가자들은 최대 1,600킬로미터에 이르는 거리를 달려야 했다. 자동차 제조사들은 자신의 제품을 홍보하기 위해 이 경주에 참가해 경쟁을 펼쳤고, 미국자동차협회도 이 경주를 후원했다.

《오토모빌》 잡지에서 나는 패커드 자동차 회사의 홍보를 담당했던 시드니 월든 Sidney Walden 이라는 사람의 이야기를 보았습니다. 당시 이 회사는 글리든 투어와 관련된 일을 하고 있었죠. 시드니 월든은 우승자를 확실히 가려내려면 코스를 여럿으로 나누고 시간제한을 두어야 한다는 아이디어를 냈습니다. 그렇게 해서 일정한 거리마다 사람이 배치되어 시간을 체크하게 되었는데, 이 사람들을 '체커Checker'라고 불렀습니다. 그들은 자신이 누구이며 어디쯤에 있는지를 표시하기 위해 체크무늬checkered 깃발을 사용했습니다.

1906년 5월에 나온《오토모빌》에서 마침내 나는 어느 자동차 앞에 체크무늬 깃발을 든 남자가 서 있는 사진을 찾아냈습니다. 그해 초에 열린 글리든 투어 때의 사진이었습니다. 경주에서 사용된 체크무늬 깃발을 찍은 최초의 사진일 겁니다. 사진 속의 그 차는 지금도 있습니다. 1906년식 다라크* 모델인데 뉴질랜드에 보관되어 있어요. 하지만 이건 다른 얘기니까요.

확실하다. 정말로. 하지만 이 확실한 사실을 확인하기 위해 프레드는 경마와 자전거 쪽의 막다른 길과 자동차 경주의 탁 트인 도로를 몇 년 동안 수없이 달려야 했다. 이글로프가 진실에 도달하는 데 시간이 걸렸을지는 몰라도, 지금은 승리자의 단 위에 서 있다.

자동차 경주 세계의 상징인 체크무늬 깃발이 지금은 빠른 속도와 함께 연상되지만, 원래는 운전자에게 속도를 늦추라는 신호로 사용되었다는 사실이 얄궂다. 그래도 지금은 속도와 승리의 상징으로 자동차 측면과 티셔츠에 이 문양이 인쇄되고, 광고에도 이용된다. 포뮬러 1 경주에 가보면, 자신이 응원하는 선수나 팀의 소속국가 국기와 더불어 체크무늬 깃발을 흔들어대며 즐거워하는 사람들을 볼 수 있다.

* 1896년에 세워진 프랑스의 자동차 회사. — 옮긴이

남극의 얼음 위부터 북극의 바닷속까지 휘날리는 기들

깃발을 내거는 것은 고대와 현대를 막론하고 전 세계적인 현상 중 하나다. 앞에서 보았듯이 중국 사람들은 수천 년 전부터 상징을 그린 비단 깃발을 들었다. 아랍인들은 무함마드가 등장하기도 전부터, 유럽인들은 적어도 십자군 때부터 역시 깃발을 들었다. 깃발은 전투에서 군기로 사용되기도 하고, 나라의 상징이 되기도 했다. 어느 영토에 대한 소유권을 표시하는 데 사용되기도 했다.

예를 들어, 2007년에 러시아가 지리적인 북극의 바닷속에 국기를 꽂은 것은 단지 보기에 좋아서가 아니었다. "이건 우리 땅이야. 너희 것이 아니야"라고 말하기 위해서였다. 이 행동의 정당성, 그리고 그곳에 석유와 천연가스 시추공을 뚫을 권리가 있는지 여부는 협상으로 해결해야 할 일이지만, 순전히 선전을 위한 행동이라 해도 그런 행동은 자신의 영토를 표시하는 데 도움이 된다. 북극처럼 경쟁이 치열한 지역에서는 깃발을 둘러싼 문제가 점점 더 까다로워질 수 있다. 깃발이 꽂히지 않은 지역, 즉 지배하는 나라가 없는 지역은 누구든 와서 차지하기만 하면 될 것처럼 보일 수 있다. 많은 나라들이 북극의 여러 지역에 대해 각각 소유권을 주장하고 있기 때문에 북극을 대표하는 국기는 하나가 아니다. 덴마크, 캐나다, 러시아, 미국 등 북극에서 소유권을 주장하는 나라들은 모두 특정 지역에 시추공을 뚫을 권리를 유보해두고 있다. 이 문제를 둘러싼 경제적/외교적 분쟁이 군사적 분쟁으로 번지는 일을 피하려면 세심한 협상이 필요할 것이다.

북극의 반대편에 있는 남극에서도 역시 소유권 다툼이 벌어지고 있다. 남극조약* 체제에 참여한 수십 개국이 합의한 공식 깃발이 있기는 하다. 남극조약은 군대배치, 자원채굴, 핵실험을 금지한다. 남극에서 쐐기꼴로 나뉜 지역 여러 곳을 7개국이 차지하고 있지만(지역이 겹치는 경우도 있다), 전통적인 의미의 영토주권을 주장하면 안 되고 그 땅에서 순전히 과학적인 연구만 시행해야 한다. 이 7개국 중에는 자신이 차지한 땅에 국기를 꽂은 곳도 있고, 이곳에서만 독특하게 사용하는 깃발을 따로 만들어 꽂은 곳도 있다. 예를 들어 영국이 그렇다. 하지만 남극에 땅을 소유한 나라는 하나도 없다. 1959년 이 조약에 서명한 미국은 남극의 땅에 대한 소유권을 주장하지도 않고 다른 나라의 소유권도 인정하지 않는다. 하지만 남극에 설치한 미국의 과학기지에 성조기가 걸려 있기는 하다. 그러니 나중에 어떻게 될지는 아무도….

다양성의 상징, LGBT의 무지개 깃발

깃발이 여전히 국민국가의 독점물처럼 보일지 몰라도, 지금은 깃발의 시대다. 지역 스포츠 팀에서부터 세계적인 운동과 조직에 이르기까지 모두가 깃발을 갖고 있는 것 같다. LGBT의 권리를 상징하는 무지개 깃발이나 유엔의 파란 깃발이 좋은 예다. 물론 IS가 지배하는 땅에서 이 두 깃발을 볼 수는 없을 것이다. 북한에도 이 두 깃발이 흔하게 걸려 있을 것 같지 않다. 하지만 유엔 깃발은 전 세계의 연합을 상징하고, 무지

---

* 남극의 대륙과 바다를 군사적으로 이용하는 것을 금지하고 과학 조사 연구의 자유와 국제 협력, 핵실험이나 방사 물질 처리 금지 등에 관해 결정한 조약. 1959년 남극회의에 참가한 12개국이 조인했다.

개 깃발은 누구나 자유를 누릴 수 있다고 주장하는 선진국들이 모두 인정하는 상징이다.

과학적인 의미에서 무지개는 빛의 스펙트럼이 하늘에 호弧 모양으로 나타난 것에 불과하다. 빛이 물방울에 반사, 굴절, 분산된 것이 원인이다. 하지만 정말 대단한 광경이 아닌가! 무지개는 우리가 지구상에 거주하며 자연의 아름다움을 알아차리게 된 후부터 내내 우리의 상상력을 사로잡았다.

유대교-그리스도교 문명에서 무지개는 하느님이 다시 대홍수를 보내지 않으실 것이라는 징조다. 그리스도교 이전의 북유럽에서는 지상과 신들의 고향을 이어주는 다리였다. 이 다리는 품성이 훌륭한 사람들만 이용할 수 있었다. 길가메시의 서사시에 따르면, 수메르에서 무지개는 전쟁을 승인하는 상징이었다. 가봉의 팡족은 아이들이 무지개를 보지 못하게 막는다. 초월적인 경험을 통해 그들의 종교에 입문할 때 무지개가 사용되기 때문이다. 미얀마의 카렌족은 무지개가 악마의 상징이라고 믿는다.

일부 미국 인디언들은 무지개가 태양 주위에 뜨면 곧 큰 변화가 있을 것임을 알리는 신의 신호라고 생각한다. LGBT 단체들은 이 전설을 바탕으로 무지개를 선택했다. 비록 대다수의 단체들은 이런 사실을 모르지만. 우리는 지금 변화의 시대를 살고 있다. 이전의 수백 년에 비해 변화의 속도가 훨씬 빠르다. LGBT에 속한 사람들을 대하는 태도도 과거 1,000년에 비해 놀랍게 변했다.

최초의 무지개 깃발은 현재 뉴욕의 현대미술관MOMA에 전시되어 있다. 이 깃발을 도안하고 대중에게 널리 알린 공로는 대부분 길버트 베이커Gilbert Baker라는 미국인에게 있다. 2017년에 세상을 떠난 그는 1976년 미국이 건국 200주년을 맞았을 때 성조기가 평소보다 훨씬 더 많이 사방에 걸려 있는 것을 보고 동성애자들의 깃발이 필요하다는 생각을 하게 되었다고 말했다. 무지개는 그가 가장 먼저 떠올린 아이디어 중 하나였다. 그에게 무지개는 자연의 다양성을 상징했다. 동성애자들의 피부색, 성별, 나이가 다양한 것과 비슷했다.

1970년대 초에 베이커는 군에서 전역한 뒤 샌프란시스코에 정착했다. 그는 드래그 퀸*으로 생활비를 벌면서, 동성애자 모임이나 행사에 쓸 깃발을 만들었다. 1977년에 캘리포니아에서 공직자로는 처음으로 동성애자라는 사실을 밝힌 하비 밀크Harvey Milk가 그의 친구였다. 밀크는 1978년 샌프란시스코 게이 퍼레이드에 상징이 하나 있어야 할 것 같다면서 베이커에게 아이디어를 청했다. 베이커는 2015년 MOMA와의 인터뷰에서 다음과 같이 설명했다.

[하비 밀크는] 눈에 잘 띄는 것이 얼마나 중요한지 강조했다…. 깃발은 이런 목적에 잘 맞는다. 자신도 남들의 눈에 띌 수 있는 존재라고 선언하는 방법, 또는 '이것이 바로 나!'라고 말하는 방법이기 때문이다…. 그것은 그냥 그림도, 그냥 천 조각도, 그냥 로고도 아니다. 수많은 기능을 갖

---

* 드래그drag란 남성이 코르셋, 하이힐, 드레스를 착용하고 스펀지를 넣은 가슴과 엉덩이, 화려한 헤어스타일과 화장 등으로 '여성적 이미지'를 과장되게 흉내 내는 퍼포먼스다. 드래그를 하는 남성을 드래그 퀸이라고 부른다.

고 있다. 나는 우리에게 그런 상징이 필요하다고 생각했다. 누구나 보자마자 알 수 있는 상징이 하나의 종족으로서 우리에게 필요하다고 생각했다. [무지개 깃발은] '게이'라는 단어를 말하지 않는다. 미국 국기에도 '미국'이라는 단어는 없지만 누구나 그 깃발을 보기만 해도 의미를 알아차린다. 거기서 영향을 받아 나는 우리에게도 깃발이 있어야 한다는 결론을 내렸다. 하나의 상징으로서 우리에게 잘 맞는 깃발. 우리는 하나의 종족이다. 원한다면 부족이라고 해도 된다. 깃발을 힘을 선언하는 것이다. 따라서 우리에게 아주 잘 맞는다.

최초의 두 깃발, 18×9미터 크기에 줄무늬 여덟 개가 있는 이 깃발들은 샌프란시스코의 게이커뮤니티 센터에서 자원봉사자 서른 명이 만들었다. 1978년 6월에 열린 퍼레이드에서 이 깃발들이 펼쳐졌다. 장소는 샌프란시스코 유엔플라자였다. 다섯 달 뒤 밀크는 동성애가 점점 허용되는 것에 분노한 전직 정치인의 손에 조지 모스콘^{George Moscone} 시장과 함께 암살당했다.

밀크는 죽었지만 깃발은 살아남았다. 아니, 오히려 수요가 치솟았다. 사람들이 LGBT 운동과 밀크의 유지遺志에 연대감을 표시하고 싶어 했기 때문이다. 그 뒤로 이 깃발은 급속히 전 세계로 퍼져나가, 국적을 초월한 또 하나의 세계적 부족을 대표하고 있다.

원래 도안에는 여덟 가지 색이 쓰였다. 분홍색은 섹스를 상징했는데, 베이커는 동성애자들에게 강제로 분홍색 삼각형을 달게 했던 나치에게서 이 색깔을 되찾아오기 위해 일부러 깃발에 포함시켰다. 빨간색은 생명을, 주황색은 치유를, 노란색은 햇빛을, 초록색은 자연을, 청록색은 예술을, 파란색은 조화를, 보라색은 인간의 정신을 뜻했다. 분홍색은 깃발에 워낙 잘 쓰이지 않는 색인 데다가 제작비를 상승시키는 요인이었기 때문에 상당히 빨리 깃발에서 사라졌다. 1979년에는 청록색도 사라져서 깃발에는 여섯 개의 줄무늬가 남았다.

이제 이 여섯 줄은 다양한 형태로 많은 것을 표현한다. 전 세계 어디서나 이 깃발을 내건 가게, 호텔, 식당, 건물은 동성애자들에게 안전한 포용적인 장소다. 이 깃발은 튀니지의 캐나다 대사관과 런던의 영국 국무조정실 건물에도 걸려 있다. 에펠탑과 백악관에 이 여섯 줄의 이미지가 빛으로 영사된 적도 있다.

2016년 여름 올랜도의 나이트클럽 펄스에서 LGBT 사람들이 다수 목숨을 잃은 총격사건이 벌어지자, 전 세계의 수많은 장소에서 곧바로 이 깃발을 내걸었다. 소셜미디어에도 무지개 아이콘을 단 메시지들이 잔뜩 올라왔다. 추모집회에서는 수천 개의 무지개 상징들이 휘날렸다. 사람들이 성적 취향을 드러낼 수 있고 희생자들에게 연대감을 표현해도 걱정할 필요가 없는 전 세계의 여러 도시에서는 창문에 이 깃발이 걸렸다. 이것은 정체성의 정치학이자 그 이상이었다. 무지개 깃발은 어떤 사람이 LGBT임을 밝히는 데 사용되었을 뿐만 아니라, 그 사람과의 연대감을 표현하는 도구이기도 했다. 어떤 의미에서는 전장의 군기와 같았다. 그들은 끊이지 않고 이어지는 문화 전쟁을 치르는 중이었다. 이 깃발은 특히 서구 세계의 도시 지역에서 커다란 진전을 일궈냈지만, 그런 곳에서도 이 깃발을 내거는 데에는 아직 위험이 따른다. 다른 지역,

특히 아프리카와 중동에서는 이 깃발을 내걸었다가 감옥에 가거나 더 나쁜 일을 당할 수도 있다.

2016년에는 이 깃발이 영국 정보국인 MI6 본부 건물에도 걸렸다. MI6가 동성애자 인권 운동을 지지할 뿐만 아니라 다양한 배경의 신입 직원들을 환영한다는 국장의 신호였다. 여섯 개의 줄무늬가 있는 깃발 하나에 불과하지만, 여기에는 여러 겹의 의미가 담겨 있었다. 제임스 본드가 봤다면 충격까지는 받지 않더라도 혹시 동요했을지 모르겠다.

행성 지구의 70억 인구를 대변하려는 시도

이제 마지막으로 유엔 깃발을 살펴보자. 이것은 세계적인 깃발이다. 아니, 세계적인 깃발이라는 주장을 내세우고 있으나 다소 미흡하다. 어쩌면 유엔 내부의 복잡한 정치적 이해관계 때문일 수도 있고, 유엔이 국민 국가들을 대변하지만 앞에서 보았듯이 각국 내부에는 심지어 자국 국기에 대해서도 그리 충성하지 않는 사람들이 많기 때문일 수도 있다. 아니면 단순히 이 깃발이 딱히 사람들의 마음을 움직이지 못하고 시대에 뒤떨어졌기 때문일 수도 있다. 물론 이건 주관적인 판단이다.

'행성 지구의 국제적인 깃발'이라는 것도 있다. 우리가 지금까지 해온 것보다 더 대담하게 나아간다면 언젠가 멀고 먼 행성에 이 깃발을 꽂을 수 있거나 아니면 하다못해 그 행성의 주민들에게 보여주기라도 할 수 있을 것이라는 생각을 품고 도안된 것이다. 하지만 그 행성의 주민들이 우리 역사에 대해 조금이라도 알게 되면 우리 의도를 회의적으로 바라볼지도 모른다. 이 깃발을 도안한 사람은 스톡홀름 베크만스 디자인 칼리지의 오스카르 페르네펠트^{Oskar Pernefeldt}다. 이 깃발은 지금까지 많은 주목을 받았으나 어디서도 공식적으로 인정받지는 못했다.

바다처럼 파란색 바탕에 서로 연결된 고리 일곱 개가 있는 형태인데, 이 깃발의 웹사이트에 따르면 이 고리들은 "지구상의 생명을 상징하는 꽃 모양이다. 고리들이 서로 연결되어 있는 것은, 우리 행성의 모든 것이 직간접적으로 서로 연결되어 있음을 상징한다." 이를 통해 사람들에게 "각국의 국경과 상관없이 우리가 이 행성에 함께 살고 있다는 것, 우리가 살고 있는 이 행성과 우리 서로를 보살펴야 한다는 것"을 일깨워준다는 것이다. 좋은 말이다. 하지만 유엔에 대해서도 역시 같은 말을 할 수 있다. 실제로 수천 그루의 죽은 나무로 만든 종이에 수십 개의 언어로 인쇄된 수백만 개의 성명서로 계속 발표되고 있기도 하다.

유엔 깃발은 1947년 10월에 뉴욕에서 열린 유엔 총회에서 처음 게양되었다. 1945년에 도널 맥래플린^{Donal McLaughlin}이 유엔 헌장 제정을 위해 샌프란시스코에서 열린 회의용으로 제작한 유엔 배지가 유엔 깃발의 바탕이 되었다. 맥래플린은 1995년에 발표한 저서《유엔 기장의 기원 및 1945년 유엔 회의에 관한 회상^{Origin of the Emblem and Other Recollections of the 1945 UN Conference}》에서 그 디자인을 아주 서둘러 만들었다고 밝혔다. 뭔가를 빨리 내놓아야 한다는 압박 속에서 그는 여러 도안을 그렸다가 곧바로 제쳐버리고, 둥그런 모양의 상징을 생각해냈다. 원으로 표현된 위선과 수직선으로 표현된 경선을 배경으로 대륙들이 자리하고, 서로 이어진 올리브 가지 두 개가 이 그림을 에워싼 형태였다. 이 도안이 약간의 수정을 거쳐 유엔의 공식적인 인장과 기장이 되었다.

1947년에는 유엔의 지도제작자인 레오 드로즈도프Leo Drozdoff가 이 도안을 바탕으로 유엔 깃발을 만들었다. 파란 바탕 중앙에 북극을 중심으로 한 다섯 개 대륙의 지도가 하얀색으로 그려져 있는 모양이었다. 대륙들 뒤편에는 동심원 다섯 개가 있다. 당시에는 대륙이 다섯 개뿐이라고 생각했기 때문이다. 하지만 나중에 대륙은 각자의 견해에 따라 여섯 개 또는 일곱 개가 되었다. 어쨌든 다섯이라는 숫자는 유엔의 구조, 특히 안전보장이사회에 지금의 세계가 아니라 1945년 당시의 세계가 반영되어 있음을 일깨워준다. 제2차 세계대전에서 승리를 거둔 다섯 나라 (소련, 미국, 영국, 프랑스, 중국)는 자기들에게 맞게 세계질서를 구축했다. 그러면서 안전보장이사회에서 거부권을 지닌 영구회원의 자리에 자기들만 앉을 수 있게 했다. 브라질, 멕시코, 인도네시아, 인도, 독일 등 다른 나라들이 21세기의 현실을 반영해 안전보장이사회의 구조를 바꾸자고 주장할 수는 있다. 실제로도 그런 일이 종종 일어난다. 그러나 그런 주장이 나오기 시작한 지도 이미 오래되었다. 가까운 시일 안에는 지금의 구조와 깃발에서 벗어날 수 없을 것 같다.

유엔 깃발의 동심원들은 특정한 기질을 지닌 사람들에게는 무섭게 보일 수도 있다. 세계가 외계 종족의 조준선 안에 들어가 있는 것처럼 보일 수 있기 때문이다. 허무맹랑한 소리를 믿지 않는 사람들이 보기에 그들의 생각은 틀린 것이지만, 유엔 깃발의 도안은 당연히 음모론을 즐기는 다양한 사람들의 관심을 끌었다. 예를 들어, 잘 보면 이 깃발에 그려진 지구가… 평평하다!라고 주장하는 식이었다. 이런 사람들 사이에는 도마뱀 종족/프리메이슨/일루미나티 등 온갖 괴상한 비밀 집단의 상징이 이 깃발 안에 누구나 훤히 볼 수 있게 숨겨져 있다는 소문 또한 파다하다. 삼차원 물체를 평면에 그리기가 힘들다는 설명은 그들의 믿음에 흠집조차 내지 못한다. 동심원 안에 칸막이로 나뉜 공간이 서른세 개인데 33은 일루미나티에게 의미 있는 숫자라는 식의 주장이 훨씬 더 재미있기 때문이다. 다행히 이 음모론자들은 누구의 진실이 진짜 진실인지를 놓고 자기들끼리 싸우는 데 더 많은 시간을 쏟기 때문에 우리 같은 '주류'를 잘 건드리지 않는다.

주말에는 유엔 깃발만이 유엔 본부에 걸려 있다. 중요한 회의가 열릴 때는 예외인데, 주말에 유엔과 연락해보려고 시도한 적이 있는 사람이라면 주말에 열리는 회의가 드물다는 말을 듣고도 놀라지 않을 것이다. 유엔은 지금도 월요일부터 금요일 오후 중반까지만 일하는 곳이다.

회원국 국기들은 매일(주말 제외) 아침 여덟 시에 게양되고 오후 네 시에 하강된다. 이 일을 맡은 10여 명의 직원이 있다. 게양식과 하강식에는 30분이 걸린다. 순서대로 걸려 있는 각국 국기는 모두 1.2×1.8미터 크기로 세로와 가로의 비율이 2대 3이다. 다행이다. 이렇게 정해놓지 않으면 '우리 국기가 너희 국기보다 크다'고 주장하는 병이 언제나 도지기 때문이다. 그러나 가로와 세로의 비율이 다른 국기가 많아서 이런 일률적인 규정 자체가 문제를 일으키고 있다. 국기의 비율이 다른 나라의 대사나 고관들은 물론 심지어 국가원수까지도 자기 나라 국기가 조금 이상하게 보인다거나 조금 늘어난 것처럼 보인다고 불평을 늘어놓는다.

국기의 위치는 뉴욕 1번 애버뉴를 따라 북쪽에서부터 남쪽으로 영어 알파벳순으로 정해진다. 이스트 강변에서 드물지 않은 산들바람이 불 때면 장관이 펼쳐진다. 그러나 그 장관의 의미는 복잡하다. 영국의 저명한 깃발 학자인 바트럼은 낙관적인 주장을 펼친다. "지난 몇 년에 걸쳐 나는 깃발에 실제로 무엇이 그려져 있는지는 중요하지 않다는 결론에 이르렀다. 깃발에 그려진 것이 깃발을 강하게 만들어준다고 생각한 것이 우리의 실수 중 하나다…. 깃발을 강하게 만들어주는 것은 누군가에게 그 깃발이 갖는 의미, 그리고 이를테면 한 1,000만 명쯤 되는 사람들이 그 깃발에 소속감을 느낀다는 사실이다."

유엔 깃발은 지구상에 살고 있는 70억 명의 사람 모두를 대변하고 그들 모두에게 의미를 갖는 깃발이어야 한다. 국가들이 '연합'된 곳이 유엔 아닌가. 다양한 사람이 모여 있는 만큼 유엔 내부에는 필연적으로 다양한 의견이 존재하고, 유엔 외부에는 유엔을 향한 다양한 감정이 존재한다. 수많은 위원회는 회원국뿐만 아니라 지역적인 블록이나 종교적인 블록의 정치적 이해관계 때문에 몸살을 앓고 있다. 유엔 깃발에 정이 잘 가지 않더라도 우리에게는 다른 깃발이 없다. 만약 70억의 사람을 대변한다는 유엔 같은 기구와 깃발이 이렇게 존재하지 않았다면, 누군가가 기어코 그런 기구와 깃발을 만들어냈을 것이다. 우리가 항상 그렇다.

행성 지구의 국제적인 깃발은 발상도 아름답고 도안도 훌륭하다. 그러나 이 깃발 역시 '우리' 깃발로 공식적으로 채택되었다면 금방 정치에 물들었을 것이다. 그 깃발을 선택한 사람이 누구인지, 누가 위원회를 운영할 것인지를 놓고 싸우지 않겠는가? 그건 누가 그 깃발을 대변함으로써 결국 우리 모두를 대변하는 자리에 설 것인지를 결정하는 과정이기 때문이다. 하나의 행성으로서 우리는 연합되어 있지 않다. 우리가 동의하지 않는 사람이나 집단이 깃발 채택 업무를 맡는다면, 우리는 아마 그 깃발에도 동의하지 않을 것이다. 세상 일이 그렇다.

보통 깃발은 정체성을 의미한다. 해당 깃발을 사용하는 사람들이 어떤 사람인지를 밝힘으로써, 그들이 어떤 사람이 아닌지도 밝히는 역할을 한다. 한 나라의 국기나 종교적 깃발이 사람들의 상상력과 열정을 그토록 강렬히 사로잡는 이유가 바로 이것이다. 하지만 유엔 깃발은 외부의 적과 맞서는 깃발이 아니다. 그래서 우리가 그 깃발 아래 하나로 연합하기가 더 어려워진다. 어쩌면 우리가 공통의 목적을 갖고 하나로 뭉친 우리 자신을 상상하는 능력이 부족한 탓인지도 모른다. 그러면 언젠가 화성이 우리를 공격하는 날에서야 비로소 우리가 연합을 진심으로 이해하게 될까?

하지만 그보다는 긍정적인 말로 마무리를 하고 싶다. 화성 친척들이 우리를 찾아오는 그날까지 우리에게는 유엔 본부의 한 면을 가득 채운 각국의 국기들이 있다. 국제적으로 인정받는 모든 나라의 사람들을 대표하는 그 국기들이 순서대로 차례차례 늘어서 있는 모습은 우리의 다양한 피부색, 언어, 문화, 정치를 시각적으로 선명하고 똑똑하게 확인해준다. 또한 그와 동시에 우리가 가진 모든 결점과 다양한 깃발에도 불구하고 우리는 한 가족이며 하나로 뭉칠 수 있음을 일깨워준다.

참고문헌

일반 참고자료

다음은 내가 이 책을 쓰기 위해 자료조사를 할 때 무엇보다 도움이 된 자료들이다. 이보다 더 구체적인 자료들은 이후 장별로 나열했다.

· *Complete Flags of the World*(London: Dorling Kindersley, 2002).
· Devereux, Eve, *Flags: The New Compact Study Guide And Identifier*(London: Apple Press, 1994).
· Eriksen, Thomas Hylland and Jenkins, Richard(eds), *Flag, Nation and Symbolism in Europe and America*(Abingdon: Routledge, 2007).
· Marshall, Alex, *Republic or Death! Travels in Search of National Anthems*(London: Random House 2015).
· Smith, Whitney, *Flags Through The Ages And Across The World*(New York: McGraw-Hill, 1976).
· Tappan, Eva March, *The Little Book of the Flag*(Redditch: Read Books Ltd, 2015).
· Znamierowski, Alfred, *The World Encyclopedia of Flags*(Wigston: Lorenz Books, 1999).
· The Flag Research Centre website, http://www.crwflags.com/fotw/flags/vex-frc.htm.

들어가는 말

· 'Guns, Drones and Burning Flags: The Real Story of Serbia vs Albania', YouTube. 17 October 2015, https://www.youtube.com/watch?v=WuUUGIn8QuE.

제1장. 성조기

· Hughes, Robert, *American Visions: The Epic History of Art in America* (New York: Knopf Publishing Group, 1999).
· Luckey, John R., 'The United States Flag: Federal Law Relating to Display and Associated Questions', CRS Report for Congress, 14 April 2008, http://www.senate.gov/reference/resources/pdf/RL30243.pdf.
· 'Every race has a flag…' Notated Music, Library of Congress, (Jos. W. Stern & Co., New York, 1900) https://www.loc.gov/item/ihas.100005733/.
· *Sunday Spartanberg Herald*, 4 August 1935.
· http://nomoretatteredflags.org.

제2장. 유니언잭

· Lister, David, 'Union Flag or Union Jack', Flag Institute Guide (2014).
· Bartram, Graham, 'Flying flags In The United Kingdom', Flag Institute Guide (2010).
· Groom, Nick, *The Union Jack: The Story Of The British Flag* (London: Atlantic Books, 2006).

제3장. 십자가와 십자군

· Buckley, Richard, *Flags of Europe: Understanding Global Issues* (Cheltenham: European Schoolbooks, 2001).
· Schulberg, Jessica, 'Video: The Ridiculous Meaning of Europe's Flag, Explained', New Republic, 29 September 2014. https://newrepublic.com/article/119601/european-flag-doesnt-have-anything-do-europe.
· Walton, Charles, *Policing Public Opinion in the French Revolution* (Oxford: Oxford University Press, 2009).
· 'The European Flag', Council of Europe http://www.coe.int/en/web/about-us/the-european-flag.
· http://www.radiomarconi.com/marconi/carducci/napoleone.html.
· http://www.portugal.gov.pt/en/portuguese-democracy/simbolos -nacionais/decreto-que-aprova-a-bandeira-nacional.aspx.

제4장. 아라비아의 깃발

· *Guinness World Records 2015* (Vancouver: Guinness World Records, 2014).

· 'Muslims World Cup Flag Anger', *Burton Mail*, 7 June 2006. http://www.burtonmail.co.uk/muslims-world-cup-flag-anger/story-21485018-detail/story.html#ixzz41ZDlrhWL.

제5장. 공포의 깃발

· McCants, William, 'How ISIS Got Its Flag', Atlantic Magazine, 22 September 2015.
· SITE Intelligence Group, https://ent.siteintelgroup.com/.

제6장. 에덴의 동쪽

· Bruaset, Marit, 'The legalization of Hinomaru and Kimigayo as Japan's national flag and anthem and its connections to the political campaign of "healthy nationalism and internationalism"', Department of East European and Oriental Studies, University of Oslo(Spring, 2003).
· 'Constitution of the Peoples Republic of China'(1982). http://www.npc.gov.cn/englishnpc/Constitution/node_2825.htm.
· 'Chinese National Flag: Five-starred Red Flag', http://cn.hujiang.com/new/p478857/
· Daily NK.com Kim Tu Bong and the Flag of Great Extremes[Fyodor Tertitskiy Column].
· Sun Tzu, *The Art of War*(London: Penguin Classis, 2002).

제7장. 자유의 깃발

· Barrett, A. Igoni, 'I remember the day ⋯ I designed the Nigerian Flag', Al Jazeera, 3 September 2015. http://www.aljazeera.com/programmes/my-nigeria/2015/09/nigerian-flag-150901092231928.html.
· Hill, Robert A.(ed.) *The Marcus Garvey and Universal Negro Improvement Association Papers*, Vol. IX, Africa for the Africans 1921~1922(Berkeley: University of California Press, 1995).
· Official Website of the Universal Negro Improvement Association And African Communities League, http://www.theunia-acl.com/.
· Shepperson, George, 'Notes On Negro American Influences On The Emergence Of African Nationalism', *Journal Of African History*, 1, 2,(1960), 299~312.
· 'Taiwo Akinkunmi: An Hero Without Honour', Online Nigeria, 15 January 2007 http://article.onlinenigeria.com/ad.asp?blurb=478#ixzz41fRsUZGe.

제8장. 혁명의 깃발

· Flood, Daniel J., official correspondence, 1959 http://www.foia.cia.gov/sites/default/files/document_conversions/5829/CIA-RDP80B01676R000900030089-5.pdf.

· 'Advantages of the Panamanian Registry', Consulate General of Panama in London Website, http://www.panamaconsul.co.uk/?page_id=115.

· Carrasco, David and Sessions, Scott, *Daily Life of the Aztecs: People of the Sun and Earth*(Westport, CT: Greenwood Publishing Group, 1998).

· von Goethe, Johann Wolfgang, *Goethe's Theory of Colours: Translated From The German, With Notes*(Cambridge: Cambridge University Press, 2014).

· Jensen, Anthony K., 'Johann Wolfgang von Goethe(1749~1832)', Internet Encyclopedia of Philosophy, http://www.iep.utm.edu/goethe/.

· 'Latin America Has Achieved Progress in Health, Education and Political Participation of Indigenous Peoples in the Last Decade', Economic Commission for Latin America and the Caribbean, Press Release, 22 October 2014. http://www.cepal.org/en/pressreleases/latin-america-has-achieved-progress-health-education-and-political-participation.

· Macaulay, Neill, *Dom Pedro: The Struggle for Liberty in Brazil and Portugal, 1798~1834*(Durham, NC: Duke University Press, 1986).

· 'Panama Canal Riots-9-12 January 1964', GlobalSecurity.org. http://www.globalsecurity.org/military/ops/panama-riots.htm.

제9장. 좋은 깃발, 나쁜 깃발, 못생긴 깃발

· Ship's Log, British Navy Ship HMS *Poole*, July 1700. From records held at The National Archives.

· Antonelli, Paola and Fisher, Michelle Millar, 'MoMA Acquires the Rainbow Flag', Inside/Out, Museum of Modern Art website, 17 June 2015, http://www.moma.org/explore/inside_out/2015/06/17/moma-acquires-the-rainbow-flag/.

· Dryeson, Mark, *Crafting Patriotism for Global Dominance: America at the Olympics*(Abingdon: 2015, Routledge).

· Egloff, Fred R., *Origin of the Checker Flag: A Search for Racing's Holy Grail*(Watkins Glen: International Motor Racing Research Centre, 2006).

· 'Geneva Conventions 1949 And Additional Protocols, and their Commentaries',

International Committee of the Red Cross website, https://www.icrc.org/applic/ihl/ihl. nsf/vwTreaties1949.xsp.

- 'Joint Service Manual of the Law of Armed Conflict', UK Ministry of Defence, 2004 https://www.gov.uk/government/uploads/system/uploads/attachment_data/ file/27874/JSP3832004Edition.pdf.

- Leigh, Richard, Baigent, Michael and Lincoln, Henry, *The Holy Blood and the Holy Grail*(London: Arrow Books, 2006).

- McLaughlin, Donal, 'Origin of the Emblem and Other Recollections of the 1945 UN Conference', 1995. https://www.cia.gov/news-information/blog/2015/images/ McLaughlinMonograph.pdf.

- Olympic Games website http://www.olympic.org/documents/reports/en/en_ report_1303.pdf.

- Rawsthorn, Alice, 'Skull and Crossbones As Branding Tool', New York Times, 1 May 2011.

- Shirer, William L., *The Rise and Fall of the Third Reich*(New York: Simon & Shuster, 1990.

- Young, David C., 'Myths About the Olympic Games', Archaeology online, 6 April 2004 http://archive.archaeology.org/online/features/olympics/games.html.

감사의 말

그레이엄 바트럼, 데이비드 웨이웰David Waywell, 사미르 밤바즈Samir Bambaz, 미나 알오라이비, 제인 자파Zein Jafar, 올리 듀이스Ollie Dewis, 사라 애더Sarah Ader, 프레드 R. 이글로프, 프레드 브라우넬, 선데이 올라왈리 올라니란, 마흐디 F. 압둘 하디 박사에게 감사한다.

또한 내 책을 출판해준 엘리엇 앤드 톰슨 출판사에게도 감사한다. 특히 배드 조크 프리벤션 유닛의 편집자 제니 콘델Jennie Condell과 피파 크레인Pippa Crane은 최종 편집본에 나쁜 농담을 하나라도 몰래 추가하는 일을 엄청 어렵게 만들어주었다. 이 책에 혹시 형편없는 농담이 하나라도 들어 있다면, 그것은 전적으로 내 책임이다.

깃발은 감정적인 주제이고, 특정 깃발의 이야기는 역사적으로 전해지는 다양한 이야기에 좌우될 때가 많다. 나는 역사적 증거가 불분명한 부분을 명확히 밝혀내려고 최선을 다했다. 혹시 실수가 있다면 모두 내 책임이다.

찾아보기

옮긴이 김승욱

성균관 대학교 영문과를 졸업하고 뉴욕 시립대학교에서 여성학을 공부했다. 동아일보 문화부 기자로 근무했으며, 현재 전문 번역가로 활동하고 있다. 옮긴 책으로 에릭 와이너의《행복의 지도》, 앨런 스턴과 데이비드 그린스푼의《뉴호라이즌스, 새로운 지평을 향한 여정》, 존 윌리엄스의《스토너》, 유발 하라리의《유발 하라리의 르네상스 전쟁 회고록》과《대담한 작전》, 필 주커먼의《신 없는 사회》등이 있다.

왜 우리는 작은 천 조각에 목숨을 바치는가

깃발의 세계사

첫판 1쇄 펴낸날 2022년 2월 7일
　3쇄 펴낸날 2022년 3월 31일

지은이 팀 마셜
옮긴이 김승욱
발행인 김혜경
편집인 김수진
책임편집 이지은
편집기획 김교석 조한나 김단희 유승연 임지원 곽세라 전하연
디자인 한승연 성윤정
경영지원국 안정숙
마케팅 문창운 백윤진 박희원
회계 임옥희 양여진 김주연

펴낸곳 (주)도서출판 푸른숲
출판등록 2003년 12월 17일 제2003-000032호
주소 경기도 파주시 심학산로 10(서패동) 3층, 우편번호 10881
전화 031)955-9005(마케팅부), 031)955-9010(편집부)
팩스 031)955-9015(마케팅부), 031)955-9017(편집부)
홈페이지 www.prunsoop.co.kr
페이스북 www.facebook.com/prunsoop　　인스타그램 @prunsoop

ⓒ 푸른숲, 2022
ISBN 979-11-5675-934-8(03900)